不適切な関わりを予防する

教室「安全基地」化計画

川上康則 編著

武田信子／村中直人／荻上チキ 著

東洋館出版社

「風を変えたかったから」なんです。
「社会に吹く風」を。

——（村中直人／第2章対談より）

はじめに

学校は今、「いつ割れるかわからない風船」を抱えているような、過酷ではりつめた空気感に包まれています。山積する課題が、何一つと言ってよいくらい解決の糸口も見いだされないまま、今も止まらずに稼働しています。本来業務である「子どもの学び」への対応になかなかたどり着けず、日々の授業準備も追いつかないまま教室に向かう毎日が続いています。メンタルヘルスの不調による休職者が毎年のように過去最多を記録し、代替の教師のなり手も来ないマイナス状況の中、必死のやりくりが続いています。余裕がない、やっつけ仕事の日々。どんなに声高に叫んでも、支援の手は届かない。空回りするばかりの教育政策。現場の声など全く届いていないのではないか……。そんな思いを多くの教師が胸に抱きながら、毎日穴を空けずに学校に行くことだけに精いっぱいな状況に置かれています。

そのような状況の中、2022年4月、『教室マルトリートメント』（東洋館出版社）という書籍を刊行しました。

子どもの心を傷つける何気ない言葉、子どもたちを委縮させる威圧的・支配的な態度、恫喝や子どもの事情を踏まえない頭ごなしの叱責、「もういい、さよなら」などの見捨てるような関わりなど、不適切な関わりを具体的に取り上げつつ、なぜこのような状況が生まれるのか、構造的な問題や背景について考えた書籍です。

教育現場における不適切な関わりは、これまで、資質や能力に欠けた教師の個人的な問題であるかのごとく捉えられてきました。しかし、前述したような現場の状況を踏まえれば、誰もが陥る可能性があり、むしろ教育界の構造的な問題に端を発していると考えるべきではないかと、同書では指摘しました。本当は「子どもたちの前で、いつも笑顔を絶やさず、穏やかな気持ちでいたい」と思い描いていても、それを実現できるだけの心の余裕が確保されていない……。教師という仕事に付きまとう不安や焦りに寄り添うことなくしては、不適切な関わりの問題は解決しないということも述べました。

そんな書籍の内容に共感の声が集まり始めたことを受け、同年夏に、問題意識の重なる書籍を書かれている専門家をゲストにお招きし、3回シリーズの刊行記念オンラインセミナーを実施しました。そのイベントの内容を加筆修正し掲載するとともに、あらためて、教師が子どもたちにとっての「安全基地（Secure Base）」としての役割を果たすために何ができるのかを考えること、これが本書の目的です。

序章では、教室マルトリートメントが起きやすい背景や、それを考えるポイントをあらためて整理しました。前作をまだお手に取っていないという方にも、教室マルトリートメントについて把握できるように心がけました。

第1章では、武田信子先生との対談を掲載しました。武田先生は昨今の社会全体が、子どもたちの発達の変化や道筋を知らないまま、よかれと思ってしたことが子どもたちの育ちを阻害している可能性を示唆されています。「子どもの権利に無頓着な社会から変えていこう」というメッセージに参加者一同の心が奮い立つ対談になりました。

第2章では、村中直人先生との対談を掲載しました。村中先生のご著書『〈叱る依存〉がとまらない』（紀伊國屋書店）で語られている内容は、筆者の前作の主張と合致しています。対談では「なぜ人は、相手に対するネガティブな関わりを止められないのか」という人の関わりの本質に迫りました。

第3章では、荻上チキさんとの対談を掲載しました。荻上さんも、教師の仕事量の多さと学校のマンパワー不足が喫緊の課題であることを指摘され、具体的なアクションを起こしていらっしゃいます。そして、精神的な疲労や危機への関心が薄いことを取り上げ、学校が「安全基地」としての機能を果たすためのアイデアを示していただきました。

第1章から第3章には、対談だけでなく、参加された方々のチャットのコメントや、終了後のご感想も掲載しました。臨場感溢れる感覚をお楽しみいただけることと思います。

そして、第4章では、対談を振り返りながら「教室マルトリートメントの処方箋」というテーマで、現場にいる私たち教師一人ひとりができることをまとめました。思い描いたとおりに進まない現実に直面したときの、物事の捉え方にも踏み込んでいます。

本書が、学校現場やそれを支える全ての関係者の方々に届くことを願ってやみません。

川上康則

［凡例］

○本書では、全ての学校種を対象と考え、通常の学級・特別支援学級（通級指導含む）・特別支援学校という区分けをあえて行わないスタイルをとっています。具体的な事例が書かれている場合も、基本的には学級の種類を限定していません。ただし、付記が必要だと思われる場合には「特別支援学校では……」などのように、場面を限定することにしています。

○事例の使用に関しては、本人および保護者から許可・承諾を得たもののみを使用しています。また個人情報の保護、研究倫理の観点から、複数の事例情報を組み合わせたり、内容を一部変更したりしながら、個人が特定されないように十分な配慮を行っています。

○本書の製作に当たっては、セミナー参加者全員に対して内容を書籍化する旨とチャット上のコメントを使用する旨を報告しています。また、「参加者のみなさまからの声」のページは、セミナー後に実施したアンケートの中から、東洋館出版社のコンテンツへの掲載に対して「可」とご回答のあったコメントのみを抜粋し、誤字脱字や補足等の最低限の加筆修正を加えた上でご紹介しています。

○本書に掲載しているウェブページのURLおよびQRコードは全て2023年7月25日閲覧時点のものです。

目次

第1章

「やりすぎ教育」と教室マルトリートメント

対談　武田信子×川上康則

第2章 学校現場の〈叱る依存〉と教室マルトリートメント

対談　村中直人×川上康則

第3章　子どもの「心理的危機状態」とは何か
――教室マルトリートメントの視点から考える

対談　荻上チキ×川上康則

第4章 教室マルトリートメントの処方箋

――対談を終えて

編著者

川上康則

かわかみ・やすのり

東京都杉並区立済美養護学校主任教諭。公認心理師、臨床発達心理士、特別支援教育士スーパーバイザー。NHK Eテレ『ストレッチマンV』『ストレッチマン・ゴールド』番組委員。立教大学卒業、筑波大学大学院修了。肢体不自由、知的障害、自閉症、ADHDやLDなどの障害のある子に対する教育実践を積むとともに、地域の学校現場や保護者などからの「ちょっと気になる子」への相談支援にも携わる。著書に、『〈発達のつまずき〉から読み解く支援アプローチ』（学苑社）、『通常の学級の特別支援教育 ライブ講義 発達につまずきがある子どもの輝かせ方』（明治図書出版）、『子どもの心の受け止め方』（光村図書出版）、『教室マルトリートメント』（東洋館出版社）など。

序章

教室マルトリートメントを考えるポイント

マルトリートメントの概念の整理

「マルトリートメント」という言葉は、国際社会では広い意味での子どもへの不適切な関わり全てを意味します。マル（mal＝悪い）＋トリートメント（treatment＝扱い）で、マルトリートメントです。**「不適切な養育」**や**「避けたい関わり方」**などの意味で使われます。

マルトリートメントは、日本において「児童虐待の防止等に関する法律」（以下、「児童虐待防止法」）で規定された虐待（身体的虐待、性的虐待、ネグレクト、心理的虐待の四つ）よりも広く捉えられている概念です。

例えば、日常的な拒否、愛情をかけられないこと、関心を向けられないこと、能力を超えた過度な期待、しつけの一貫として語られるような強い高圧的な指導、夫婦間の暴言・暴力を目にさせることなどが含まれています。

世界保健機関（WHO）は、「18歳未満の子どもに起こるあらゆる種類の身体的・心理的・性的虐待とネグレクト、商業的またはその他の搾取を行うこと、さらに責任、信頼または権力の関係の文脈において、子どもの心身の健康・発達・対人関係などに害をもたらすこと」を「チャイルド・マルトリートメント」と定義づけています。定義の前段には、関わりの内容が広く捉えられていることが示されています。後段では、どのような関係性の下で起きるのか、子どもにどのような影響をもたらすものなのかが示されています。

後段に書かれた「責任、信頼または権力の関係の文脈において」の部分は、家庭の問題だけを捉えるのでなく、**大人と子どもがいる場全てで起き得ること**を示唆しています。

元来、身体的虐待、性的虐待、ネグレクト、心理的虐待などについて、日本では「特殊的で極めて悪質」あるいは「一般的な日常とはかけ離れた異質な行為」と捉えられてきました。また、それらは「家庭内の出来事」であり、「主に親子間で起きること」というイメージで語られてきました。日本の児童虐待防止法（第2条）では、当該の子どもの「保護者」（親権を行う者、未成年後見人その他の者で、児童を現に監護するものをいう）以外による行為は、どれだけ虐待に類似した行為であっても法律上は児童虐待の範疇に含まれていません。そのため、教育関係者（教師・保育士・指導者・支援員・介助員等、学校・幼稚園・保育所・こども園等で子どもの育ちに関わる関係者の全てを含む）は、家庭での虐待の事案を見聞きしたら即座に通報する義務を負う立場であると語られてきました。すなわち、学校や園には「子どもを守る場」であるという前提が備わっていたわけです。

しかし、大人と子どもがいる場であれば、そこには必ず上位者と下位者という立場が生まれます。学校も無関係ではありません。指導者や支援者は専門職であるのだから不適切な関わりなど起こすはずがない、とは言い切れません。

マルトリートメントという概念は、基本的に親子関係の養育において扱われる概念です。しかし、家庭において、「しつけ」という名の下に虐待行為が行われることがあるのと同様に、学校においても、「指導」という名の下に、実は無意識に子どもの心を傷つけていたり、無自覚に子どもの意欲を失わせていたりすることがあるのではないか……。そのような問題意識から、筆者は「教室マルトリートメント（classroom maltreatment）」という言葉をつくりました。

その発想の原点は「現場」にありました。

例えば、頭ごなしの強い叱責や威圧的な指導、「もういい、先生知らないからね」と見捨てるような言葉、子どもたちをコントロールしようとする締め付けが強いルールの設定、指示に従わない子どもがいると「はい、全員やり直し」と連帯責任を課すなどのような光景は日常的に行われていませんか。

そのような指導で、子どもたちを押さえつけ、不平や不満を言わせなくするような教室の空気感をつくり上げることによって、「一見静かで何も問題が起きていない」学級に仕立てているようなことはありませんか。

さらに、そうした教師像があたかも「指導力・統率力が高い」かのごとく勘違いされ、職員室内での発言力も強く、「子どもが付け上がらないように締める」「力で押さえつけないと、子どもからナメられる」「叱れない教師は力がない」といった発言が容認されているようなことはないでしょうか。

これらの例は、おそらくどの学校においても全くの無関係ということはないでしょう。いや、むしろ身近に起きすぎていて、決して他人事ではないという気持ちで受け止められたはずです。子どもたちが、「人や世界への信頼感をもつことができない関わり」は、実はごくごく身近なところにあると言えます。

ネガティブなヒドゥンカリキュラムが子どもの「育つ権利」を奪っている

加えて、教室は密室的であり、指導者側の都合で学級の構成メンバーが決められています。子どもたちは一年間そこから逃れることができないという特徴を有しています。

子どもたちにとって教室が「明日も通いたいと思える場」なのか、それとも「無理して通うしんどい場」なのかは、そこにいる教師が醸し出す「空気感」によって左右されると言っても過言ではないでしょう。あらためて述べるまでもなく、前者の教室が「心地よく穏やかで、一人ひとりの持ち味が尊重されるポジティブな空気感」で包み込まれているのに対して、後者の教室には「気持ちの余白のない、苛立ちの多いトゲトゲした空気感」が漂っています。

後者の空気感にさらされ続けた学級では、ネガティブなヒドゥンカリキュラム（The

hidden curriculum）が増長されます。ヒドゥンカリキュラムとは、その学校や学級に潜在的に漂う雰囲気やその場の風土（climate）など、教師が意図する・しないにかかわらず、学校生活の中で子どもが自ら学び取っていく全ての事柄を指す言葉です。

特に、教師によって威圧的・支配的にコントロールされた教室では、子どもの主体性がことごとく奪われていきます。子どもたちは「叱られたくない」「責められたくない」という気持ちを強く抱くようになります。問題となる行動は一時的に減るかもしれませんが、教師の顔色をうかがいながらでないと行動できなくなります。そのため、よい行動であっても「おうかがいを立てて許可を得てから」でないと発揮できなくなります。換言すれば、自分で考えられない子どもたちが育っていくということになります。このシステムに慣れてしまうと、**「自分たちには状況を変えることすらできない」という過剰適応の状態**へと追い込まれていきます。

その一方で、クラスメイトのマイナス点の告発が増えます。「先生、Aさんがまた××しています」「先生、Bさんが今日も××できていません」といったネガティブな報告が増えていきます。「懲らしめの連鎖」が生まれるのです。

お互いの弱点や欠点のあぶり出しや、ミスやエラーを許さない雰囲気が拡大した教室の中では、集団効力感（collective efficacy）が育ちません。

集団効力感は「集団に所属するメンバーが共有する信念」であり、他者との協働や支え合い等によって育まれるものです。しかし、ネガティブなヒドゥンカリキュラムが蔓延《まんえん》した教室では、集団効力感は生まれないどころか、互いに信じ合う経験の獲得も阻害された状況で一年間過ごすことになります。

良質なコミュニティで培われる経験の獲得は、子どもたちが育つ上での重要な「権利」です。1989年11月20日、国連総会によって採択された「子どもの権利条約（児童の権利に関する条約）」では、生きる権利・育つ権利、あらゆる暴力からの保護、休み、遊ぶ権利など、さまざまな権利が定められています。権利の中には、それぞれの子どもたちがもって生まれた能力を十分に伸ばしながら「育つ権利」や、自由に意見を表すことができる「意見を表す権利」が含まれています。この条約を守ることを約束した締約国・地域の数は196に及び、日本も1994年に批准しています。

このことを踏まえれば、子どもに有無を言わせない雰囲気を醸し出す教師の存在は、もうそれ自体が、子どもの育つ権利や意見を表す権利を奪うマルトリートメントであると言えるのではないでしょうか。そこに、良質なコミュニケーションや子どもたちの「納得感」が伴わないのであれば、たとえ静かで落ち着いているように見える学級であっても、やはり適切な関わりとは言い難いです。

処分の対象にはなっていないグレーゾーンを言語化する

あらためて「児童虐待防止法」に示された虐待の四つの領域（身体的虐待・性的虐待・ネグレクト・心理的虐待）を見つめ直してみると、教育関係者においても身体的虐待と性的虐待の二つは、違法行為として位置付けられています。例えば、身体的虐待の内容は「体罰」として学校教育法において違法行為とされています。また、性的虐待の内容も「わいせつ行為」として「教育職員等による児童生徒性暴力等の防止等に関する法律」により処分の対象とされています。では、ネグレクトや心理的虐待についてはどうでしょう。

教室マルトリートメントには、教室内で行われる指導のうち、体罰やわいせつ行為のような違法行為として認識されたものではないものも含まれると筆者は定義しています。例えば、心理的虐待に類似した関わりについては、以下のようなものが想定されます。

・力で押さえる指導
・威圧的・高圧的な指導
・子どもの人格を尊重しない言動
・子どもが自信をなくすような強い叱責
・子どもの主体性を妨げるような指導　など

○これまでの「不適切な指導」の考え方

体罰・わいせつ行為

問題のない指導・関わり（のような捉え）

- 違法行為に当たることが既に認識されている。
- 「ごく一部のけしからん教師」という認識で済まされている。
- 防止研修等の実施により、事案が減るという予測。

○ グレーゾーンにも目を向ける「教室マルトリートメント」

体罰・わいせつ行為

信頼関係のない、心理的虐待やネグレクトに類似した指導

子どものためにならない関わり

「安全基地」となれる教師の存在

- 「指導」という名の下に半ば黙認・看過されてきた部分。
- 「常に隣り合わせ」という認識に立つ必要がある。
- 大人側がそれほど深刻なものと考えていなくても、子どもの心にトラウマを残す可能性があることに目を向ける。
- 言語化・可視化されることで、日常を見直すという視点に立てる。
- 「子どものためにならない関わり」とは、あきれる、ため息をつく、「もう嫌になる」「もうお腹いっぱい」等の嫌味な表現が含まれる。
- 職員室と教室はつながっている。職員室内の会話から改めていく。

図0-1　グレーゾーンを言語化・可視化する

また、ネグレクトに類似した関わりについては、以下のようなものが想定されます。

・励ましや賞賛などをしない
・支援が必要な子の合理的配慮を行わない
・必要な授業準備を怠る
・いじめや差別的発言など、取り組むべき課題を放置する
・支援が必要な子を支援員や介助員に「丸投げ」するような対応
・「もういい」「さよなら」等の見捨てる言葉　など

日常的によく見かけがちで、子どもの心を知らず知らずのうちに傷つけているような指導は、本来ならば避けたい関わりです。しかし、よほど行きすぎていると判断されないかぎりにおいては、処分の対象になることはありませんでした。いわばグレーゾーンです。

マルトリートメントの概念は、児童虐待防止法よりも広い範囲であることを考えると、さらに**「子どものためにならない関わり」**や**「教師にその意図がなかったとしても子どもの心にマイナスをもたらす関わり」**も含めて整理していく必要があるでしょう。

筆者は、このグレーゾーンこそが言語化・可視化されることが大切だと考えてきました。なぜなら、そこにさまざまな教育現場の課題が集約されているからです。

【図0-1】に示すように、従前までの「不適切な指導」の防止は、白か黒かで判断されることが多く、処分の対象について研修等で周知徹底し、綱紀粛正によって現場の秩序を維持するという発想が中心でした。しかし、現実には「黒でなければ白」という考え方では収まり切らない指導や関わりがあります。指導者側がそれほど深刻なことと考えていなくても、子どもの心にトラウマ（心的外傷）を残すような言葉・表情・しぐさ・関わりがあり、それらの多くは「指導」という名の下に半ば看過・黙認されてきた部分でもあります。

そのグレーゾーンを示す言葉が、これまでの現場にはありませんでした。「教室マルトリートメント」という言葉を当てはめることで、多くの指導者が自分とは無縁・無関係なことと考えたものが、むしろ、「誰もが常に日々の指導と隣り合わせ」にあったことなのだと感じ、日常の関わりを見直すきっかけにしていきたいと考えるに至りました。

教室と職員室をつなぐマインドセット

教室で起こるエピソードは日々の職員室で語られ、やがて職員室内の「マインドセット」が築き上げられていきます。

マインドセットとは「人がもっている思考回路の基本的枠組み」のことを言います。人の意識や心理状態を一面的な捉え方で終えるのではなく、全体像を可変的・多面的に捉えるという考え方に基づいていきます。成功体験などから築かれていく良質なマインドもあれば、暗黙の了解や先入観や思い込みといった残念な方向に向かいやすいマインドもあります。

マインドセットは、その人が置かれた環境に大きく影響されます。

職員室で子どものことを「あの子は大変だ」「あの子は難しい」「あの子がいることでクラスが落ち着かない」などと諦めモードで不機嫌そうに語られるエピソードが多い職員室では、「上手くいかないのは子どものせいだ」というムードが漂います。「クラスを乱す行為を叱れない教師は甘すぎる」といったマインドセットが積み上げられ、やがて「教室で怒鳴ったり、子どもを圧でコントロールしたりすることは正しい指導だ」と自身の指導を正当化するようになってしまうことも十分に考えられます。

「今日はあの子を泣かせてやった」「クラスがたるんでいるからシメてやった」などと、まるで武勇伝を語るような発言が職員室内で聞かれるようになったら、もう学校経営の末期状態です。職員室も教室も、窮屈で息苦しい空気に支配されているはずです。

北海道の小学校教師である大野睦人氏（2019）は、「教室と職員室はつながっている」と看破しています。ある程度の経験を築き上げた年代の教師こそ引き返せないレベルのこじれたマインドセットをもっていて、職員室内に負のエネルギーをもたらしている危険性すらあります。無自覚なまま築き上げられていった負のマインドセットは、子どもたちにも必ず伝わるものです。

学校は本来、みんなが気持ちよく過ごせる場でなければなりません。子どもたちの主体的な学びの阻害要因も、教師のメンタルヘルスの問題も、実は根っこはつながっています。そうした学校の多くは、職員室で子どものことを嘲笑したり、保護者のことを揶揄《やゆ》したりするような会話で溢れています。**教室マルトリートメントの解決に真剣に取り組みたいのであれば、まずは職員室が笑顔で溢れ、プラスの空気感に包まれること、**これに尽きると思います。

なぜ、教室マルトリートメントは続くのか？

なぜ、教室マルトリートメントは生まれるのでしょうか。そして、なぜなかなかなくすことができないのでしょうか？

その問いに対する答えは、以下に挙げるようなさまざまな要因が絡み合っています。

学校には「子どものネガティブな姿を許さない傾向」が備わっている

要因の一つとして、そもそも、学校が求める「子ども像」には、人間が自然にもち合わせているネガティブな側面を許さない傾向が備わっているということが挙げられます。

例えば、どの学校にも「学校教育目標」が掲げられています。そこには我が校ではこんな子どもたちを育てたいという理想の「子ども像」が並んでいます。

・心身ともに健康で、明るく元気で素直
・意欲的・主体的に学んで、創意工夫ができる
・さまざまなことに興味・関心を示す
・感じる心や思いやりの心をもつ　など

確かに、子どもたちはみな「元気で明るく素直であってほしい」とは思います。しかし、実際にはそこを求められると苦しい子どもがいます。また、その流れになじめない子どももいます。

教室内では選択肢がなく「やる一択」の状況しか認められていない

学校では、行事への参加や課題への取組のほとんどの場面で、一斉一律を求めます。「全員が同じことに取り組む」という傾向を強く求められると、次第に「やらねばならない」「やるのが当たり前」という考え方が固着化していきます。そして、「やらないのは、その子のわがまま」と誤った捉えられ方が為されたり、「やらないのだから、自己責任 or 連帯責任」という考え方やそれに基づく指導が正当化されていったりします。

「周囲の様子を見てから参加したい」や「今は参加せずに、少し自信がもてるようになってから参加したい」といった選択権が子どもにはないのが現状です。これでは、「取り組む（やる）」を選べない子どもは、もう「学校に行かない」という選択しか残されていないということになってしまいます。

子どもたちは、多様化した価値観や個別化した社会の中で育っています。**「場面限定の参加」「条件付きの参加」「自分なりの方法での参加」「見ているだけ、聞いているだけの関与」**など、参加の形態の多様化を認めていくことが、子どもたちの息苦しさ解消の一つのカギとなり得ると考えますが、多くの学校現場で「それは難しい」と非難されるのが実情でしょう。それだけ、子どもの事情というものがなかなか認められない状況が残っています。

学校という場が、子どもたちの実態とどんどん乖離《かいり》していく一方で、これまでに取り組まれてきた多くのことをなかなか「手放せない」ことが不適切な関わりのきっかけをつくり続けていると言えるのではないでしょうか。

子どもを正そう・直そう・変えようというエネルギーが働きやすい

学校は、ＰＤＣＡのＰ（Plan）にとらわれがちな組織です。学校長による「学校経営計画」や各教科等の「年間指導計画」をはじめとして、日々の授業における「指導案」や発達につまずきがある子どもの育ちに関わる「個別の指導計画」に至るまで、あらゆる計画が作成されます。

これらの計画は、教育活動の指針となるものなので、ないよりもあったほうがよいのは言うまでもありません。しかし、それ「ありき」になってしまうと危険です。「計画に沿わない方向」に事態が向かうことへの苛立ちを生むからです。計画どおりに物事が進まないと、「何とか元に戻さなければ」という気持ちが強くなります。そして、計画に沿わない動きに対する不安や危機感が生まれます。その不安や危機感を早く解消したい教師ほど、目の前の状況を強引にコントロールしようとします。

状況のコントロールのエネルギーが、教師側の指導の見直しや授業改善の方向へと向かうのであれば大きな問題には至りません。ところが、学校は、教育機関であるという特性も絡んで「子どものほうを正す・直す・変える」という方向に向かいやすいところがあります。

例えば、指導案の中に「予想される子どもの発言」という項目があります。教師側が期待する理想的な発言や行動が並べられています。その背景には、「この場面で子どもはこう発言・行動するのが望ましい」という一方的な期待があるのではないでしょうか。このような気持ちで作られた指導案では、想定外の出来事に対応し切れません。実際の授業で、事前の想定とは異なる意見が出たり、想定から外れる行動が見られたりすると途端に教師側の焦りが強くなるのは、その前提に「教師は子どもたちの行動をコントロールできる存在である」という捉え方が潜んでいるからだと言えるでしょう。

また、校内研究のテーマ設定のプロセスにも、「子どもを正す・直す・変える」という考え方が見られることがあります。「うちの学校は話を聞けない子どもが多い。ならば『話を聞く子どもの育成』をテーマにしよう」とか「自発的に動ける子どもが少ない。ならばテーマは『主体的に考えて行動できる子どもを育てるために』でどうか」などと、安易に「子どもを変えよう」とするようなテーマが設定されていることはありませんか？本来、**研究とは、大人側の見方や授業のあり方を変えるために行われるべきものであって、子どもを変えるために行うものではありません**。にもかかわらず、「子どもを変えたい」というテーマの設定に違和感を覚えない学校現場が少なからず存在します。

相手を変えようとする取組は大抵空回りし、好ましい成果が得られずに終わります。結果的に、「指導案なんか書いても意味がない」とか「校内研究などやっても意味がない」という気持ちを植え付けることにもなります。教室マルトリートメントは、実は、教師自身がつくり上げてきてしまったマインドの問題と表裏一体な側面があるのです。

教師もまた「権威勾配」の影響を受ける当事者である

前項では、教師と子どもの間の上下関係を中心に考察しましたが、その一方で、教師もまた、「権威勾配（authority gradient）」の影響を受ける側の立場にいます。

権威勾配は、もともとは航空業界の用語で、コックピット内の「機長」と「副操縦士」との関係性を語るときに使われていました。飛行機の操縦の際に、立場が上の者（上位者）が、立場が下の者（下位者）に対して絶対的な「権威」を振りかざしていると、下位者がミスやエラーに気付いていても発言できないため、大きな事故が起きてしまうというのです。その戒めの言葉として生まれました。

権威勾配は、次のような「上の立場」と「下の立場」がいる場であれば必ず存在します。

・スポーツ指導の「指導者―競技者」の関係
・部活動の「先輩―後輩」の関係
・家庭での「親―子」の関係
・職場での「上位職位者―下位職位者」の関係
・教育現場における「教育行政―学校」の関係
・教室の中の「教師―児童生徒」の関係

その勾配の角度が急になると、管理・服従型の指導スタイルが強まります。その特徴として、①一方的な指示・説明、②監視と押さえつけに似た雰囲気を強める、③事情を聞かない頭ごなしの指導、④「こうあるべき」の押しつけ、⑤さまざまなルールで縛る、などが挙げられます。このような状況の下では、下位者は従わざるを得ない立場になります。常に上位者の顔色をうかがって行動しなければならず、主体的に動こうとする意欲がどんどん削《そ》がれていきます。

権威勾配の怖いところは、上位者が何も言わせない雰囲気を醸し出すため、「自分は正しい」という認知バイアスが強くなっていく傾向があるところです。しかも、負の連鎖の構造になっていて、最上位者から受けた権威の強さを、中間層はさらに下の者に使っていくという特徴もあります。上意下達の雰囲気が強まると、例えば、自治体の首長や議員が教育委員会等にもたらす何らかの圧が、「通達」や「通知」のような形で学校現場にもたらされ、それが現場の教師を心理的・時間的に追い込んでいくことにつながります。追い詰められた結果が、子どもたちへの指導に何らかの影響をもたらすことは十分考えられることです。まるで、スポーツの指導者が暴力・暴言を用いると、そのクラブに所属するメンバー間においても互いの上下関係を利用した体罰やいじめが行われるというような「懲らしめの連鎖」が、実際の教室においても起こり得るわけです。

今、学校現場に必要なのは、**あらゆるタイプの権威勾配の角度を緩めること**です。「上が言えば下は聞く」的な上意下達の雰囲気は、さまざまな人のメンタルに好ましくない影響をもたらしています。

そのためには、対話を進めながら、相手の意見を尊重する組織風土をつくる必要があります。具体的に言えば、下位者が「ＮＯ（できません、やれません、無理です）」と言える権利を大切にし、上位者から歩み寄っていく姿勢を明らかにすることです。そうでなければ、学校は、健全で安心できる場にはなりません。先に述べたように、上から下への「やる一択」を見直すという提案はここにつながっています。

「上が言えば下は必ず聞く」という悪しき文化は、実は着実に継承されてしまっています。それでも、そこに防波堤になれる管理職や現場の教師がいれば何とか救われます。そうでなければ、最終的に苦しむのは子どもたちです。

「働き方改革」がもたらした「時間をかけたくない」気持ちの増長

近年、学校の職員室内で強烈に強くなってきたと感じるのが「時間をかけたくない」という指向性です。「もめ事を抱えたくない」と表現してもよいかもしれません。

２０１５年、教員の長時間労働問題がクローズアップされたことにより、各学校への「学校の業務改善のための取組状況調査」が開始され、「ワークライフバランス」や「校長のリーダーシップ」が現場に強く求められるようになりました。この調査は、２０１８年度からは「学校の働き方改革のための取組状況調査」と名前を変えて実施され、教師の働き方改革を求める動きが一気に加速しました。

ところがどうでしょうか。退勤時間を早めることばかりが進められ、削減するべき業務が一向に削減されないまま今日に至ります。これでは「やっつけ仕事」が増えるだけです。

働き方改革の本丸は、不要業務を徹底的に洗い出すことではないでしょうか。子どもの姿が変わってきているのに、学校現場には、いまだに残っている不要な業務が山積しています。具体例を挙げれば、実際の指導には関わりのない事務的な手続き、自治体や学校の独自のしきたり、ＩＣＴ環境における限定的で窮屈な制限、地域の行事に半ば強制的に参加させられることなど、挙げればきりがないほどです。子どもたちにとってよかれと思って行われていることの中にも、実際に個々の子どもの実態を鑑みたときにはやはり不要だと思えるものがたくさんあるはずです。

結果的に、削減されたのは「子どもたちとの良質なコミュニケーションを確保する時間」や「子どものことを理解し合うための職員間の対話の時間」だ、というのが学校現場の本音でしょう。

こうなってしまうと、「とにかく余計なことには時間をかけたくない」「ハプニングやトラブルは最小限にしたい」「予定したとおりに授業を進めたい」という気持ちが強まっていきます。そういった気持ちは、働き方改革が、教師の権威勾配を強める結果となってしまうのではないでしょうか。そしてそのことは、教師にとっても、子どもたちにとっても、学校を息苦しくてしんどい場にすることになるのは疑う余地もありません。

２０２２年、不登校の児童生徒数は約24万５０００人となりました。本来大切に守るべきものである「校内の良質なコミュニケーション」が確保されていない結果が、ここに反映されていると言えるのではないでしょうか。

例えば、不登校を経験したことがある子どもが回答した「不登校児童生徒の実態把握に関する調査」によれば、「あなたが一番最初に学校に行きづらい、休みたいと感じ始めたときのきっかけは何でしたか」という問いに対し、小学生の一番割合が高かったものに、「先生のこと（先生と合わなかった、先生が怖かった、体罰があったなど）（30％）」が挙げられています。「学校に無理して通って行っても楽しめないし、気持ちよく過ごせない。家にいたほうが安全だ」と考える子どもは少なくないはずです。筆者が中高生だった時代には、権威を振りかざすような教師に対しては、強く反発したり、対立の構図を生み出したりするような雰囲気もありましたが、今の子どもたちはそういうやり方ではなく「離脱」という方法を選択します。

内田良氏（２０２３）は、「時代は変わった。子どもは、他者を攻撃することではなく、自分自身が学校やこの世から離脱することを選択する」と述べています。学校からの離脱が不登校であり、この世からの離脱が自死を選択することだというのです。不登校だけでなく、2022年の小・中学生の自殺者も514人と過去最多の状況になっています。

さらに「離脱」は、私たち教師の間にも広がっています。「定年退職まで勤めたい」と語っていた同僚が「もう疲れた」と言って離職を選んでいます。その傾向は年々加速しているように感じます。また、初任者の教師たちは「時間が足りなくて本当に必要なことに全く手が回らない」と話しています。「教師のなり手が少ない」という昨今の教員採用の事情も、受験資格をもつ人たちが「離脱」を選択した結果だと言っても過言ではありません。

学校の本来業務は「子どもの発達と成長」です。そのために、最も優先順位が高く、まず死守しなければならないのが**「教師の笑顔と良質なコミュニケーション」**です。それを失ってからでは、もはや対応すらできなくなります。いや、もはや既に失いつつある状態の中で、何とか気力で持ちこたえているというのが正直なところなのかもしれません。

筆者が専門領域としている特別支援教育も、昨今風当たりが強くなっているのを肌感覚で感じています。特別支援教育を「自分たちとは無関係」「厄介なことを背負いたくない」という雰囲気は、通常の学級の先生たちの間に少なからず残っていましたが、むしろ、近年はその傾向も強まっているように思います。

「ハプニングやトラブルは最小限にしたい」という教師側の思惑に対して、特別支援教育を必要とする子どもたちはどうしても「時間がかかる」「手がかかる」という一面をもたらします。「手に負えない」「自分には扱えない」などの理由から、支援を要する子どもたちを、支援員や介助員に丸投げするような関わりは「ネグレクト（関わりの放棄）」に類似した関わりにつながる危険があります。

不適切な関わりはトラウマを残す

教室マルトリートメントが子どもたちにもたらす影響として一つ明確に言えることは、不適切な指導を受けた子どもたちは「学校を好きになれなくなる」ということです。彼らは教師を信じることができず、学校に行っても自分には居場所がないという気持ちを強く抱きます。不登校が増加している現状には、そうした背景があるのかもしれない、ということは先に述べたとおりです。今、学校で何が起きているのか。例えば、先生が醸し出す指導の雰囲気や教室に漂う苦しい空気感がもたらす子どもへの影響なども調査・検証する必要があるのではないでしょうか。

筆者が出会った子どもの中で最も深刻だったのは、ある自閉症の男の子のケースです。彼はパニックになったとき、過去の経験がフラッシュバックし、他者に投げかけられた言葉をオウム返しのように繰り返す遅延性エコラリアという特性をもっていました。トラウマがあった場面と似た光景や音、教室内の雰囲気がきっかけとなってフラッシュバックが起きるのですが、彼が発した言葉の多くは、過去の担任から言われたのであろう言葉でした。例えば、「また悪いことして」「ごめんなさい、でしょ」「最高学年なのに」といった言葉です。

「ごめんなさいは？」などの謝罪の強要は家庭でも起き得るかもしれませんが、「最高学年なのに」という学校独特の表現は、おそらく当時の担任から言われた言葉であろうことは想像に難くありません。このように小学校のときに言われた言葉が、時間がたってからもフラッシュバックして出てきます。彼の心の中に、癒やすことのできない傷となって残っていることを痛感しました。

通常の学級にいる子どもたちの中にも、過去の教師の一言が忘れられないというような経験をしているケースはあり得ます。それを自分の言葉にして、周囲の大人たちに相談できたり、何とか自分の中で消化できたりする場合はあると思いますが、その一方で、先ほど述べた自閉症児のケースのように、言葉にできずに精神的な症状や身体的な症状が出る子どももいます。前作『教室マルトリートメント』を出版した後、「我が子が、教師からの不適切な指導によって精神疾患に追い込まれた」という手紙が複数届きました。その内容の多くは悲痛な叫びとともに、このような悲劇を繰り返し起こしてほしくないという切実な願いに溢れていました。

子どもたちが学校に行こうとするエネルギーは、教師の温かいまなざしと、学級内の支持

的な雰囲気に支えられています。学校で得た経験は、それだけよくも悪くも大きな影響を子どもたちにもたらします。教師に言われた一言で勇気づけられることもあれば、地の底に突き落とすほどの負のエネルギーをもたらすこともあります。自分の一言が子どもたちの心の傷として深く残ってしまう危険性があることを、私たち教師は肝に銘じるべきなのではないでしょうか。

教室マルトリートメントがもたらすさまざまなストレス

教室マルトリートメントが及ぼす、子どもたちへの悪影響をあらためてまとめましょう。

一つめは、先で述べたとおり、**子どもにネガティブな記憶を残しやすいこと**です。教師がよかれと思って告げた一言であっても、子どもには「一生忘れられない傷」として心の中に残る可能性があります。

二つめは、「見捨てられないように」「叱られないように」という気持ちが芽生え、**教師の顔色をうかがうことが子どもの行動の判断基準になること**です。これは「悪いことはやらないようにする」というモードとして働きますが、その一方で、よいことも自分で考えてやろうとはしなくなる、「〜してもいいですか」といちいち許可を得なければ行動できなくなるということにつながります。その結果、主体性が奪われていくことになります。

三つめは、**教室の中が「監視社会化」していくこと**です。例えば、「静かにしなさい」と教師が言ったとします。それでも静かにならない子がいると、騒いでいる子どもたちに「静かにして」と注意する子どもが現れます。教師がその子どもを褒めると、ほかの子どもたちも「逸脱行動を注意して直そうとすることは正しい行為なのだ」と考えるようになります。学級全体が、マイナスな行動やミスなどに対して過剰な制裁行動を加えていくモードに変わっていきます。次第にお互いのミスやエラーを指摘し合い、教師にネガティブな報告ばかりするようになっていきます。

四つめは、**不登校や登校しぶりにつながること**です。今までは、不登校の主な原因は学力不振や親子関係、友だちとの関係などとされてきましたが、教師の不適切な指導も原因の一つである可能性に着目していく必要があります。

このように教室マルトリートメントは、もはや放置できない教育課題の一つになりつつあります。対策を講じるには、研修などで啓発するだけでは不十分です。ここまで述べてきたように、「なぜ教師は、不適切な指導をしてしまうのか」を考察することが大切です。その上で、教師一人ひとりが**「私は、自分を変えられる」という決意と覚悟**をもつようにします。日常の一つ一つの関わりを、より優しく、より丁寧で、より温かいほうを選ぶようにしていくのです。

不穏で尖った空気感をつくり出す「毒語（毒のある言葉）」

日常のコミュニケーションの中で使われがちで、無自覚のうちに子どもの心を傷つけてしまう可能性のある言葉についても見直してみましょう。以下に例示する言葉は些細で軽微ではあるけれども、相手へのストレッサーになり得ます。そして伝えたほうは、たいてい「そんなつもりではなかった」というような言葉ややりとりであることが多いものです。

筆者は、意図する・しないを問わず、子どもの心を傷つける恐れがある関わりを「毒語（毒のある言葉の意）」と名付けました。例えば……

・質問形式の問い詰め
「何回言われたら分かるの？」「どうしてそういうことするの？」
「ねぇ、何やってるの！」「誰に向かってそんな口のきき方をするんだ？」

・裏を読ませる言い方
「やる気がないんだったら、もうやらなくていいから」（↓本当は「やりなさい」）
「勝手にすれば」（↓本当は「勝手なことは許さない」）
「あなたの好きにすれば」（↓本当は「言うことを聞きなさい」）

・脅しで動かそうとする

「早くやらないと、□□させないよ」「じゃあ、□□できなくなるけどいいね」
・虎の威を借る言い方
「お母さんに言おうか」「お父さん呼ぶよ」「○○先生に叱ってもらうから」
・下の世代・年代の人と比較する
「そんなこと小学生でもやりません」「そんな子は1年生からやり直してください」
・見捨てる
「じゃあ、もういいです」「さよなら。バイバーイ」

これらの言葉は、教室の日常の中に散見され、それを向けられた子どもたち（職員室での同僚も含む）に不快な感情を植え付けます。

また、「毒語」と重複するところがありますが、高山静子氏（2021）は、保育現場において「保育の専門職としてふさわしくない言葉」を例示しており、教育現場にも十分に援用できるものと感じました。例えば……

・脅し
「早く片づけないと鬼がくるよ」「置いていくよ！」

・行動や人格の否定
「○ちゃんのせいで、みんな迷惑だよ」
・否定的な感情の吐き出し
「またおしっこ出たの？」「だから言ったのに！」
・罰の示唆
「泣いてると、あのお部屋に入れるよ！」「そこに立ってなさい！」
・執拗に長い説教
・強要
「（無理強いするように）食べなさい！」
・子ども同士の比較
「（A児の前で）Bくんはできるのにね～」
・あきれ
「いつまで食べてるんだか……」「こんなこともできないのね……」
・冷やかしやからかい、茶化す
「なにこれ？　○○みたい」「ウケる～」
・謝罪の強要
「『ごめんね』は？」「『ごめんなさい』は？」

・保護者の否定
「(その子の前で) ○ちゃんのお母さんは、しつこいから……」
・乱暴な言葉
「ふざけてんじゃねえよ!」「超むかつく!!」

これらを「無自覚のうちに子どもたちの心を傷つける可能性が高い言葉」としてあらためて認識し、日頃から職員室内で共有しておくことから始めていくことが教室マルトリートメントを予防することにつながります。

マルトリートメントの対義語は「非マルトリートメント(不適切な関わりをしないこと)」ではなく、良質なコミュニケーションを取ることです。

その一方で、例示したような言葉が発せられる場面ほど、大人側の「想定どおりに物事が進められていない」という焦りにも似た感情があることを十分に理解する必要があります。「毒語」や「保育の専門職としてふさわしくない言葉」をただリストアップして、NGワードとして現場の関係者に突きつけたとしても、物事は何も解決につながりません。それぞれの教師が、自身の焦りや不安を自覚した上で、自身に向けて「焦らなくていい」「呪縛にとらわれなくていい」と唱え、自分の心に言い聞かせるようにすることを心がけていくことが最善の予防策だと言えます。

さらに、近年の人権感覚の高まりによって、ジェンダー、性的指向、人種等の観点から少数派におかれる人に対して、発言者にはその意図がなかったとしても差別になる言葉**「マイクロアグレッション」**(microaggression)についても取り扱っていく必要性を感じています。マイクロアグレッションは「小さな攻撃」を意味する言葉です。「ありふれた日常の中にある、ちょっとした言葉や行動や状況であり、意図の有無にかかわらず、特定の人や集団を標的とし、人種、ジェンダー、性的指向、宗教を軽視したり侮辱したりするような、敵意ある否定的な表現のこと」と定義されています(デラルド・ウィン・スー、2020、34頁、出所はSue, Capodilupo, et al., 2007)。例えば……

・「男の子なのだからメソメソと泣くな」
・「女の子なのだからもっとおとなしくしていなさい」
・「(ピンク色を選んだ男子に)男子なんだから青色でしょ」
・「(人種差別的な意図を含みながら)日本人らしくない」
・「(肌の色を取り上げながら)日焼けしすぎじゃない?」

これらの言葉の背景には、文化や社会に浸透している固定観念や自分とは異なるものに対する差別・偏見が隠されています。**教師から子どもに向けたマイクロアグレッションの**

一例として捉えることができるでしょう。

あらためて子どもへの適切な関わりを考える

『クラリネットをこわしちゃった』という曲があります。父親からもらったクラリネットの音が鳴らずに「どうしよう」と子どもが困惑している様子を歌う曲です。タイトルには「壊した」と書かれているため誤解を生みやすいのですが、実はクラリネットは壊れてはいないそうです。原曲はフランス語で、「オパッキャマラド」の部分は「Au Pas Camarade」と表記されます。これは「友よ、一歩一歩行こう」という意味です。出したい音階の音が出せずに焦る我が子に向かって、「大丈夫だよ、練習して、一つ一つ音を出せるようになっていこう」と励ます父親の台詞《せりふ》です。

子どもたちに対するアプローチも「オパッキャマラド」です。上手くできないことに混乱し、ときにパニックに陥ったり無気力になったりする子どもたちがいても、その気持ちに寄り添い、「大丈夫だよ、一つ一つ乗り越えていこう」と伴走するような関わりが必要です。子どもたちが学習課題や対人関係の解決等に取り組もうとするエネルギーは、きっと「大丈夫、一緒に歩こう。あなたのペースでいいから、一つずつ着実に充実感や達成感を積み重ねていこう」とそばで伴走してもらえるような教師の関わりに支えられています。

ときに、子どもは全く変わろうとしない姿を見せることもあります。そんなときも見放さずに、**人の成長には「階段の踊り場」のような時間が必要**だと考えるようにしてください。踊り場は、方向転換のために必要な空間です。

学校という場にいると、どうしても、その中で重視される学習や運動ができるか、対人関係にトラブルがないか、リーダーシップがあるかなど、定まった価値観に沿う子どもばかりが評価されてしまうところがあります。しかし、そうした大人側の凝り固まった視点は、もしかしたら子ども一人ひとりの本来の「音色」を消してしまっているのかもしれません。子どもの音色が輝くまで、温かいまなざしをもって「大丈夫だよ」と伝えていくこと、これこそが教師に求められる役割と言えるのではないでしょうか。

教室マルトリートメントを防止するのは、子ども理解をより深め、指導技術をより高め、あらゆる子どもに対して適切なアプローチへと導くための「教師のあり方」であると考えています。

「安全基地」としての教師の役割

本書は、教室を子どもたちの「安全基地（Secure Base）」にすることを目指しています。
「安全基地」は場所ではなく、人の役割のことを指し、発達心理学の用語です。

かつて、子どもの育ちと愛着の関係に着目した心理学者のボウルビィは、「子どもたちが順調に穏やかに育つためには、安全と探索が必要だ」と述べ、その土台として「アタッチメント」の形成が不可欠であると説明しました。信頼できる大人がそばにいて、安全な空間をつくってくれるという「安心感」が子どもたちの心を支えます。そして同時に、広い社会に勇気をもって飛び出すことへの後押しを受け、子どもは主体的に「探索」をし始めます。

アタッチメントは日本では「愛着」と訳されていますが、本来の意味は「接続・装着・連結・取り付け」です。必要な場面でグッと距離を近づけ、そうでない場面では、背中をそっと押して飛び立たせるというイメージです。離れていてもお互いのことを思い、何かあったときには戻って安心感をもたらすことができる存在が、子どもの育ちには必要です。後年、心理学者メアリー・エインズワースによって、この役割をもった大人の存在が「安全基地（Secure Base）」と名付けられました**【図0-2】**。

安全基地の必要性は、親子関係だけに限定されるものではありません。

赤坂真二氏（2013）は、「自信を持つことにおいても、失うことにおいても、他者の役割は無視できない」（23頁）と述べた上で、教師が子どもの安全基地としての役割を果たしているかどうかが極めて重要であるとしています。

子どもの安全基地でいるために、すごい技術や腕や手立てが必要なわけではありません。子どもが「自分のことを気にかけてくれている」あるいは「自分のことを分かってくれている」という安心感に包まれるような関わりを、日常的に心がけるようにすることが大切です。なぜなら、安全基地は「信頼に足る人が常にそこにいてくれるという日常」で成り立っているからです。

残念ながら、これまでの学校現場には、教師が子どもたちの安全基地たり得ているかという議論がほとんどありませんでした。学校が安心して通える場であるためには、そこに「安全基地」としての役割を自覚した教師が必要です。

そのために、日頃から意識して繰り返しておきたいことがあります。それは、以下に示すような七つのプラスの関わりです。

①目を合わせる
②笑いかける
③語りかける
④触れ合いを大切にする
⑤子どものあらゆる行動を当たり前と見なさずに「ありがとう」と感謝を伝える
（「今日も登校してくれてありがとう」「耳を傾けてくれてありがとう」など）
⑥「やる／やらない」にかかわらず、前向きな気持ちを後押しする
⑦成果や結果を承認するのではなく、存在を承認する

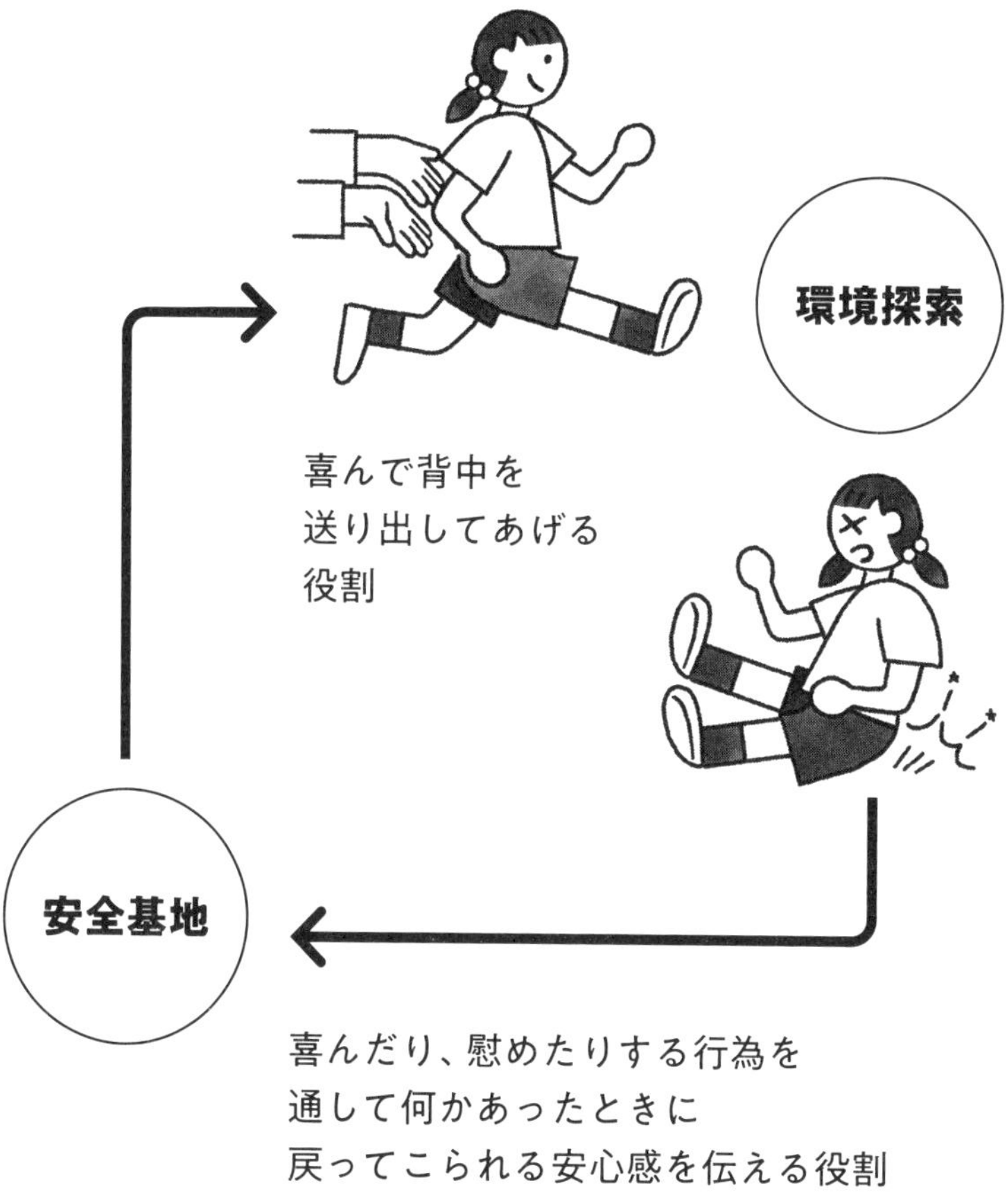
環境探索
喜んで背中を
送り出してあげる
役割
安全基地
喜んだり、慰めたりする行為を
通して何かあったときに
戻ってこられる安心感を伝える役割

図0-2　安全基地（Secure Base）と
探索行動（exploration）

人には「情動的支えを求める欲求」や「情動や経験を共有したいという欲求」がありま す。そして、それらが十分に満たされているという土台があればこそ、主体的に活動できるものです。子どもが順調に育つためには「愛情」が不可欠です。言うなれば、**「人の意欲の根っこには、愛情が欠かせない」**ということでしょう。

「愛情をかける」とは、言い換えれば、その子の存在そのものが大切であることを認めた上で、「今のままのあなたで、大丈夫」という肯定的な関わりを続け、「その先もきっと、大丈夫」という気持ちをつくり出す継続的な営みだと言えます。

そのように考えていくと、あいさつや名前を呼ぶこと、話に耳を傾け頷《うなず》くこと、労いや感謝の言葉を伝えること、ちょっとした変化に気付いて声をかけること、約束を守ること……などの日常の何気ない関わりにこそ、実は、子どもの育ちにとって重要な価値があったのだということに気付けます。

本書を通して、一日でも早く、子どもたち一人ひとりが「安全基地」として位置付けられた教室で日常を過ごせる日がくることを強く願っています。

（川上康則）

引用・参考文献

・ＷＨＯウェブサイト https://www.who.int/news-room/fact-sheets/detail/child-maltreatment
Child maltreatment ページ内の説明を筆者意訳。原文は左記。
"Child maltreatment is the abuse and neglect that occurs to children under 18 years of age. It includes all types of physical and/or emotional ill-treatment, sexual abuse, neglect, negligence and commercial or other exploitation, which results in actual or potential harm to the child's health, survival, development or dignity in the context of a relationship of responsibility, trust or power"

・Sue D. W., Capodilupo, C.N., Torino, G. C., Bucceri, J. M., Holder, A.M.B. Nadal, K. L., et al., "Facial microaggressions in everyday life: implications for clinical practice". *American Psychologist*, 62(4), 2007, pp. 271-286

・赤坂真二『ほめる　叱る　教師の考え方と技術：何のために・何を見て・どのように』ほんの森出版、２０１３年、23-26頁

・内田良「生徒を信じるということ」『月刊生徒指導』２０２３年4月号、学事出版、２０２３年、18-21頁

・大野睦人「対話の場を意図的につくり伴走者として寄り添おう」『教育技術小一小二』２０２０年1月号、39-42頁、小学館、２０１９年

・川上康則「子どもたちは、なぜ教室で『助けて』と言えないのか」松本俊彦編『「助けて」が言えない　子ども編』日本評論社、２０２３年

・厚生労働省自殺対策推進室・警察庁生活安全局生活安全企画課「令和４年中における自殺の状況」２０２３年　https://www.npa.go.jp/safetylife/seianki/jisatsu/R05/R4jisatsunojoukyou.pdf

・多賀一郎『ヒドゥンカリキュラム入門：学級崩壊を防ぐ見えない教育力』明治図書出版、２０１４年

・高山静子『改訂　保育者の関わりの理論と実践：保育の専門性に基づいて』郁洋舎、２０２１年、

95-97頁
・デラルド・ウィン・スー著、マイクロアグレッション研究会訳『日常生活に埋め込まれたマイクロアグレッション：人種、ジェンダー、性的指向：マイノリティに向けられる無意識の差別』明石書店、2020年
・不登校児童生徒の実態把握に関する調査企画分析会議「不登校児童生徒の実態把握に関する調査報告書」2021年 https://www.mext.go.jp/content/20211006-mxt_jidou02-000018318_03.pdf
・増沢高「児童虐待への対応と子どもへの支援」日本臨床発達心理士会千葉支部研修会（2019年5月12日）資料
・文部科学省「令和3年度 児童生徒の問題行動・不登校等生徒指導上の諸課題に関する調査結果について」 https://www.mext.go.jp/content/20221021-mxt_jidou02-100002753_1.pdf
・横藤雅人・武藤久慶『その指導、学級崩壊の原因です！「かくれたカリキュラム」発見・改善ガイド』明治図書出版、2014年

第1章　武田信子×川上康則

「やりすぎ教育」と教室マルトリートメント

【参考図書】武田信子『やりすぎ教育』（ポプラ新書）

『教室マルトリートメント』刊行記念オンラインセミナー記念すべき第1回は、子どもたちのよりよい養育環境のために活動を続ける臨床心理士の武田信子先生をゲストにお迎えしました。武田先生は「教育虐待」という言葉を初めて学会の場で使用したのに加え、2011年から「エデュケーショナル・マルトリートメント」という造語を用いて、大人から子どもへのさまざまな形でのマルトリートメントが社会的な事象として起きていること、それが特に子どもの養育の中心となっている教育において一般化して顕著であることを指摘し続けてこられました。約40か国の子どもの育ちを視察してきた経験をもとに、海外との比較を交えながら日本の学校現場への提案をお示しいただきました。

武田信子

たけだ・のぶこ

臨床心理士。武蔵大学教授、トロント大学、アムステルダム自由大学大学院で客員教授などを歴任した後、一般社団法人ジェイスを立ち上げ、代表理事。ウェルビーイングな発達を保障する養育環境の実現とマルトリートメントの予防のために、対人援助職の専門性開発に取り組む。著書に、『教師教育学』（F・コルトハーヘン編著書の監訳／学文社）、『教員のためのリフレクション・ワークブック』（編著／学事出版）、『やりすぎ教育』（ポプラ新書）、『教師の育て方』（多賀一郎氏との共著／学事出版）など。

イントロダクション／川上より（30分間）
→講演／武田より（35分間）
→対談（20分間）→Q&A（30分間）

【イントロダクション／川上より】私たちはなぜ、機嫌よくいられなくなるのか

川上　『教室マルトリートメント』刊行記念オンラインセミナーシリーズ第1回は、『やりすぎ教育』（ポプラ新書）の著者であります、武田信子先生をお招きしました。本当にうれしい限りです。今日は、学校関係者の方だけでなく、福祉職の方や心理職の方、保護者の方なども参加してくださっているかと思います。みなさんぜひ、普段思っていらっしゃることをチャット欄にいろいろ書きこんでいただければと思います。最初に私のほうからイントロダクションという意味でミニ講演をさせていただきますが、武田先生のご著書『やりすぎ教育』と拙著『教室マルトリートメント』を読んでくださった方は、この2冊は問題意識がかなり重なり合っていることに気付かれたのではないかと思います。

私は、教師として、職員室の中から見てきた学校現場、あるいは廊下から眺めてきたいろいろな教室、特別支援学校のコーディネーターという立場で、小・中学校、高等学校、幼稚園、保育所、学童クラブなど、子どもたちが集まるさまざまな場を訪ねてきました。そこで感じてきた違和感や、どういったことで私たち教師が苦しんでいて、そしてその苦しみの感情が、子どもたちにそのままぶつけられてしまうことがあるのではないか、というようなことを『教室マルトリートメント』にまとめたつもりです。

武田先生は、2022年6月に、多賀一郎先生（※元・小学校教諭で、親塾や教師塾を開講。

著書『ヒドゥンカリキュラム入門』（明治図書出版）26-27頁にて、教師の醸し出す空気感を「風」と表現した）との共著『教師の育て方』（学事出版）も刊行されました。

共著者である多賀先生は、著書『ヒドゥンカリキュラム入門』の中で、教師が「**機嫌よく笑顔で暮らす**」ことが大事だということをおっしゃっています（28-29頁）。この言葉が私は大好きでよく紹介するのですが、子どもたちにとっての一番のご褒美は、自然な笑顔を絶やさない先生、そして機嫌のよさをキープできる先生なのではないでしょうか。

不機嫌な大人がいるということ。それだけで、場は何か息苦しいものになってしまいます。子どもたちも、あるいは大人の私たちもそうです。例えば、同じ職場に不機嫌な大人がいると、なんだかその人の顔色をうかがわないといけない雰囲気になる。一方それが、笑顔で機嫌のよい状態をキープできる大人がいるというだけで、「今のままで大丈夫だよ」と肯定されているような気持ちになれると思うんです。これが、学校が本来大切にしなければならない「気持ちよく過ごせる場」につながるのではないかと思います**【図1-1】**。

不登校の数は全く減っていませんし、小・中・高校生の自殺者数が年間500名います〔※厚生労働省と警察庁は2023年3月14日「令和4年中における自殺の状況」（確定値）を公表。小中高生の自殺者数は514人で、1980年に統計を開始してから初めて500人を超え、過去最多となった〕。

この国で、どうしてこんなにも息苦しいのだろうかと考えたとき、もちろんそこには子どもたちそれぞれの個々の事情もあるかもしれないけれども、学校という場所が、「無理し

子どもたちにとっての一番のご褒美

↓

笑顔と**機嫌のよさ**をキープできる
大人がいつもそこにいること

→
- 大人の顔色をうかがわなくて済む
- 「今のままで大丈夫」と肯定されている気持ちになれる
- **学校が「気持ちよく過ごせる場」になる**

図1-1 機嫌よく笑顔で暮らす
（多賀、2014、28-29頁を参考に作成）

て行く場」になっているような気が、私にはするんです。そう考えると、学校に行くこと自体が、子どもたちにとってかなりエネルギーの要ることなのではないかと感じられます。

教師側の事情も分かります。いくら目の前で笑顔をキープして機嫌よく過ごすことが大事だと言われても、例えば仮に癇癪《かんしゃく》が激しい子がいるとか、泣きわめく・駄々をこねるような子がいる、落ち着きがないと言われる子がいる……、さらに「嫌だ！」「やらない」「無理！」という言葉が多かったり、固まったり、動かなかったり、しゃがみ込んだり、という子もいますし、あるいはトラブルのきっかけになるような、叫ぶだとか、暴れるだとか、そのような光景が目の前で繰り広げられてしまうと、どんなに温厚だと言われる人であっても、なかなか穏やかではいられなくなります。

子どもたちの姿に対して、なぜ私たちは穏やかでいられなくなるのか。そこに着目したかったのが、今回刊行した『教室マルトリートメント』です。

「枠組み」の存在と「あるべき姿」の呪い

川上　おそらく私たちの頭の中には、これまでの経験から築き上げてきた「枠組み」というものがあります。「これまでの経験」というのは、例えば教師になって学校現場に入ってからの経験のことも指しますが、私たちには「授業を受ける側」として、学校に通って

これまでの経験から築き上げてきた

枠組み＝ 学校とはこういうもの ○年生ならこういう姿 がある

↓

自分の枠から**外れる・はみ出す姿**に、
「今までの感覚ややり方が通用しない」
という壁に直面する

↓

- その子の姿に心が「**波立つ**」
- 気持ちの「**余白**」がなくなる
- 迷いが生まれる

図1-2 経験から築き上げてきた枠組みによって
かえって苦しめられていく

きた歴史もあるわけですから、当然、小学校・中学校・高等学校・大学で築き上げてきた自身の「枠組み」も加わります。その「枠組み」とはすなわち、「**学校とはこういうものだ**」とか「**何年生なら、こういう姿だ**」などの私たちが子どもの姿を見取る際のよりどころになるような「前提」と言ってもいいかもしれません【図1-2】。

その「枠組み」が強固であればあるほど、その枠から外れたりする姿やはみ出したりする姿に「今までの感覚ややり方が通用しないぞ」という壁に直面します。そして、その子の姿に対して心が波立ってしまう。気持ちの余白がなくなる。迷いが生まれやすくなる……そのような心理メカニズムが働くのではないかと思いますが、みなさんはいかがでしょうか。

そうだとすれば、「枠組み」そのものにさまざまな課題があることに着目する必要があります。コピーライターの中川諒氏による書籍『いくつになっても恥をかける人になる』（ディスカヴァー・トゥエンティワン）には、「こうなりたい」という呪いにかかると、私たちは今の自分に足りていないものを、数えながら生活するようなことになる、と書かれています（29-32頁）。私はこの「こうなりたい」言葉を、学校という場においては「あるべき姿」という言葉に置き換えて捉えたらどうだろうかと思っています【図1-3】。今の状況に対して理想とされる状況があり、そこに落差があるときに「足りていない」という焦りが生まれる。あるがままの姿でいいはずなのに、「あるべき姿」が設定されてしまうと、

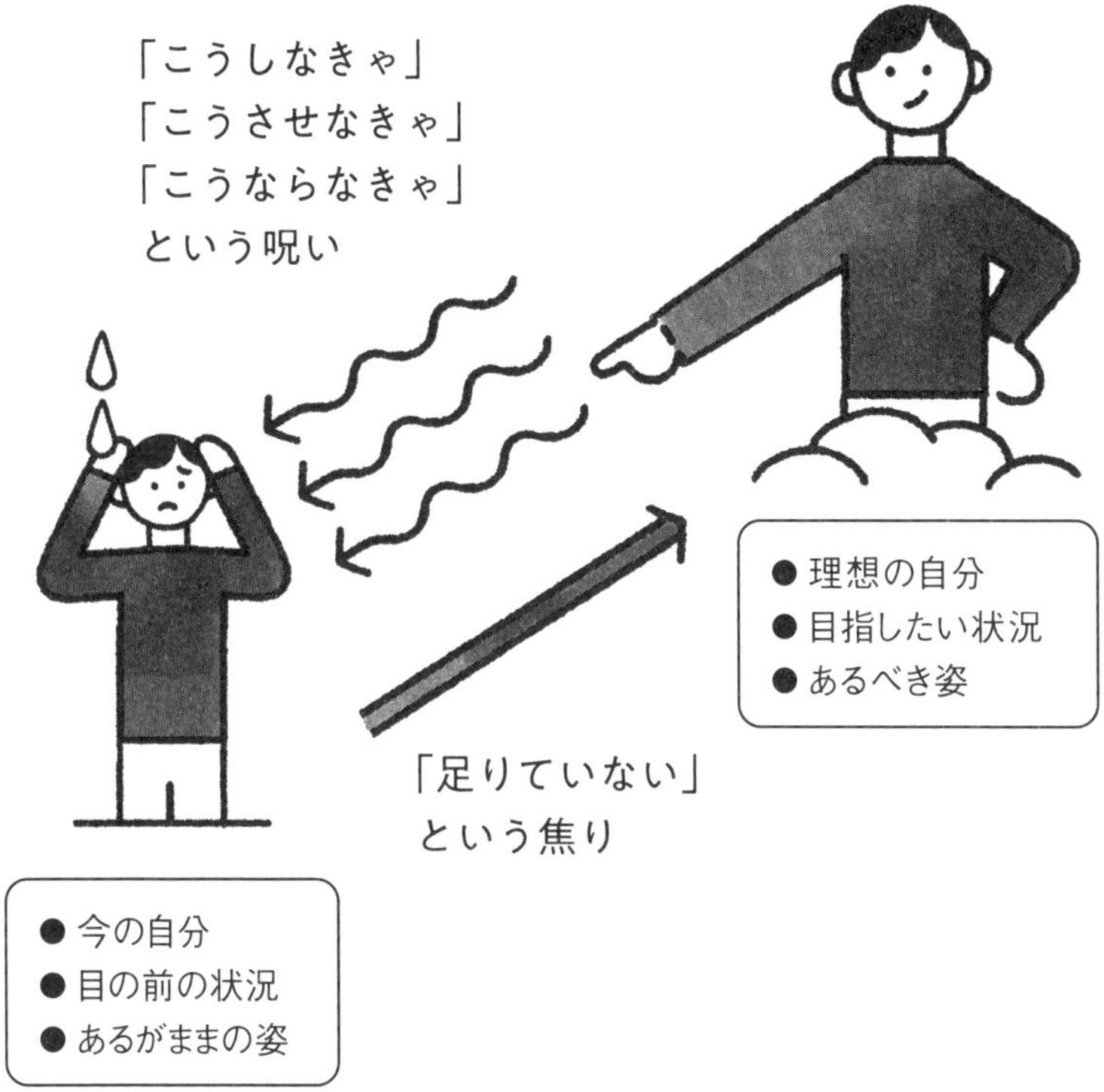

図1-3　「あるべき姿」という呪い
（中川、2021、29-32頁を参考に一部改変して作成、
30頁を新たにイラスト化）

現実と期待の間に大きな差があるように感じて、「こうなりたい」に合わせなければならないというエネルギーになってしまいます。それが「こうしなきゃ」「こうさせなきゃ」「こうならなきゃ」という呪いとしてかかってきます。

よく考えてみれば、学校現場というのは、「こうあるべき」の塊のようです。私たち教師一人ひとりの中にも「こうでなければ……」「こうあらねば……」という「あるべき姿」の呪いがありますし、学校全体でかかっている「あるべき姿」の呪いもある。それからもっと大きなくくりで言えば、自治体単位でかかっている大きな呪いもあるように思います。前出の中川氏は、「あるべき」に縛られると、あるべきではない、自分の基準を満たしていないものを許容できなくなってしまう、とも述べています（前掲書、247頁）。

例えば、「全国学力・学習状況調査」の結果が毎年公表されます。これは本来「調査」ですから、何かを子どもたちに「こうしなきゃ」と、仕向けるものではないはずなのに「うちの自治体はこの点数に達していない。すなわち、『こうでなければのライン』に達していない。であれば、学力向上が必要だ」となり、そのお達しが上意下達的に現場に降り注ぐことになります。「『あるべき姿』に達してない。だったら、学力向上が必要だ」ということが、現場には降ってくるんじゃないか。

そういった連鎖が起きていて、教室はかなり息苦しく、気持ちよく過ごす場としては機能しなくなっているのではないかと感じられます。それらは別に、一人ひとりが犯人だと

「ちゃんと」の呪い
「こうさせなきゃ」の呪い
「こうあるべき」の呪い

教師の「恥」の感覚は
二重構造になっている

対外的な「恥（恥ずかしさ）」

- 「自分はどう見られているか」という他者意識から生まれる
- 他人に「こう見られたい」という理想から外れたときに生まれる

対内的な「恥（恥ずかしさ）」

- 「自分はどうあるべきか」という美学やこだわりから生まれる
- 「自分はこうあるべき」という期待値に達していないときに生まれる

図1-4　心の中の「恥ずかしい」の概念
（中川、2021、92-97頁を参考に作成）

いうわけではなくて、みんながよかれと思ってやっているわけです。多くの大人たちの都合によって生み出された「よかれと思って」が、実は子どもたちを苦しめてきたのだということに、どこかで気付き、引き返さなければなりません。この辺りの問題意識は、武田先生が書かれた『やりすぎ教育』の中でも触れられているところです。

教師の「恥ずかしい」は二重構造

川上　私は、教室の中の息苦しさの理由を掘り下げていくと、教師の「恥ずかしさ」にたどり着くのではないかと考えています。「こうしていないと恥ずかしい」。恥ずかしさには2種類あります（中川、前掲書、92-97頁）。対外的な恥ずかしさと対内的な恥ずかしさです【図1-4】。

「対外的な恥ずかしさ」は、自分がどう見られているか、という他者意識から生まれます。他者にこう見られていたい、という理想から外れたときに生まれるものです。教師にとって、この「対外的な恥ずかしさ」がとても強くなる時期は、一つには研究授業が挙げられるでしょう。二つめとしては、学校行事です。運動会、学芸会、文化祭などの「子どもたちが見られる場＝教師の指導力が問われる場」と感じてしまったときに、「このままではマズい」「見せられるレベルに達していない」と感じると、強い指導になってしまう

学校教育目標に示される「子ども像」には
ポジティブな言葉が並んでいる

- 心身ともに健康で明るく元気で素直
- 意欲的・主体的に学んで、創意工夫ができる
- 感じる心や思いやりの心をもつ

↑

確かにそうあってほしいとは思うけれども、
実際にはそこを求められると苦しい、
あるいは、それになじめない子どもが実際にいる

図1-5 学校が求める「子ども像」と
目の前の子どもの実態とのギャップ

ことが多々あります。

次に「対内的な恥ずかしさ」です。教師という職業は美学やこだわりがつきものです。「よい先生でいたい」「よい指導をしたい」という自分に向けた期待値に達していないときに恥ずかしさがこみ上げてきて「こうしなきゃ」「こうさせなきゃ」「こうならなきゃ」と、自分に呪いがかかっていく。発達心理学やインクルーシブ教育がご専門の神戸大学の赤木和重准教授は、『子育てのノロイをほぐしましょう』（日本評論社）の中で、このような呪縛を「〝ちゃんと〟の呪い」と表現されていました（23-29頁）。

そう考えると、教師という仕事は、この「恥」の感覚の二重構造に常に付きまとわれるような仕事なのではないでしょうか。「あるべき姿」を学校側が求めている、あるいは学校側が設定してしまっているということについては、さまざまな角度から切り込んでいくことができます【図1-5】。その一つが、学校教育目標です。学校教育目標には「こういう子どもを目指そう」という「子ども像」が示されています。そこには、かなりポジティブな言葉が並んでいますよね。例えば、「心身ともに健康で明るく元気で素直」とか「意欲的・主体的に学んで創意工夫ができる」とか「感じる心や思いやりの心をもつ」。

もちろん、そうあってほしいとは思います。しかし、実際にはそこを求められると苦しい子、あるいは、それになじめない子がいます。集団参加が難しい子や感情のコントロールが難しい子、あるいは不器用であったり、日頃の学習面に自信がなかったりする子などは、私たち教師側から見たときには、なんとなくその「素直で一生懸命な子ども像」から外れるように見えてしまうのではないでしょうか。

社会環境と子どもの変化

川上　実際、そうした今までの「枠組み」から外れやすい子というのが生まれやすい社会環境になったということにも、目を向けてみたいと思います。

例えば、生活の便利さ。かつて私たちが子どもの頃、石鹸と言えば、固形石鹸しかありませんでしたから、泡を立てるために手の中でこねる作業をしていましたね。今は、プッシュ型ですぐに泡が出てきます。手先の器用さが日常的に求められていた時代と比べれば、圧倒的に生活が便利になった分、物を持ち続けてその中で回すなどの「操作」の回数が減少していると捉えることができます。

次に、遊び環境。私たちが子どもの頃は、公園に行くと大型遊具がたくさんあって、そこにみんなで乗り、振り回されないようにしっかりしがみついたり、いっぱい揺らされたりして身体感覚を育ててきました。子どもが自然に育っていく遊び環境は確かに減っていて、一方で、公園には大人のための健康器具が激増しているという時代になっています。

さらに物の安全基準はどうでしょう。自転車のチャイルドシートは、私たちが子どもの頃は、乗っているときに緊張感がある乗り物でした。しっかりとバーをつかんで、筋緊張を一定の時間保つということが日常の中でできていたと言えます。ところが今、町で自転車のチャイルドシートに乗っている子たちの中には寝てしまっている子どもたちもいます。安全基準が高まることによって、便利・快適になっていく一方で、知らず知らずのうちに発達に影響している部分もあると言えそうです。

家庭内のお手伝いについてはどうでしょうか。お風呂の準備を例に挙げれば、浴槽の横にバランス釜が設置されていた時代には、水を出していることやガスを使っていることを覚えておく必要がありました。もしかしたら日常の中にワーキングメモリを育てる要素があったのかもしれません。「昔は不便だった、今は便利になった」と言ってしまえばそれまでだと思いますし、今さら過去に戻るべきだと言いたいわけではありません。しかし、便利になったことと引き換えに何かを失っていくことがあると言えるのではないでしょうか。

社会環境の変化は、さらに個人化も進ませていきました。1995年以前と2005年以降を比べたときに、コンビニエンスストアの店舗数、パソコン・インターネット普及率、全てにおいて右肩上がりです。ライフスタイルや興味・関心が大衆化していた時代から、個人化への道をたどっていきます【図1-6】。

したがって学級経営も、それまでのような「楽園」として捉えられていた世代〔※赤坂真二『学級経営大全』明治図書出版、10-16頁参照〕と比べると、個人化が一気に進み、みんな

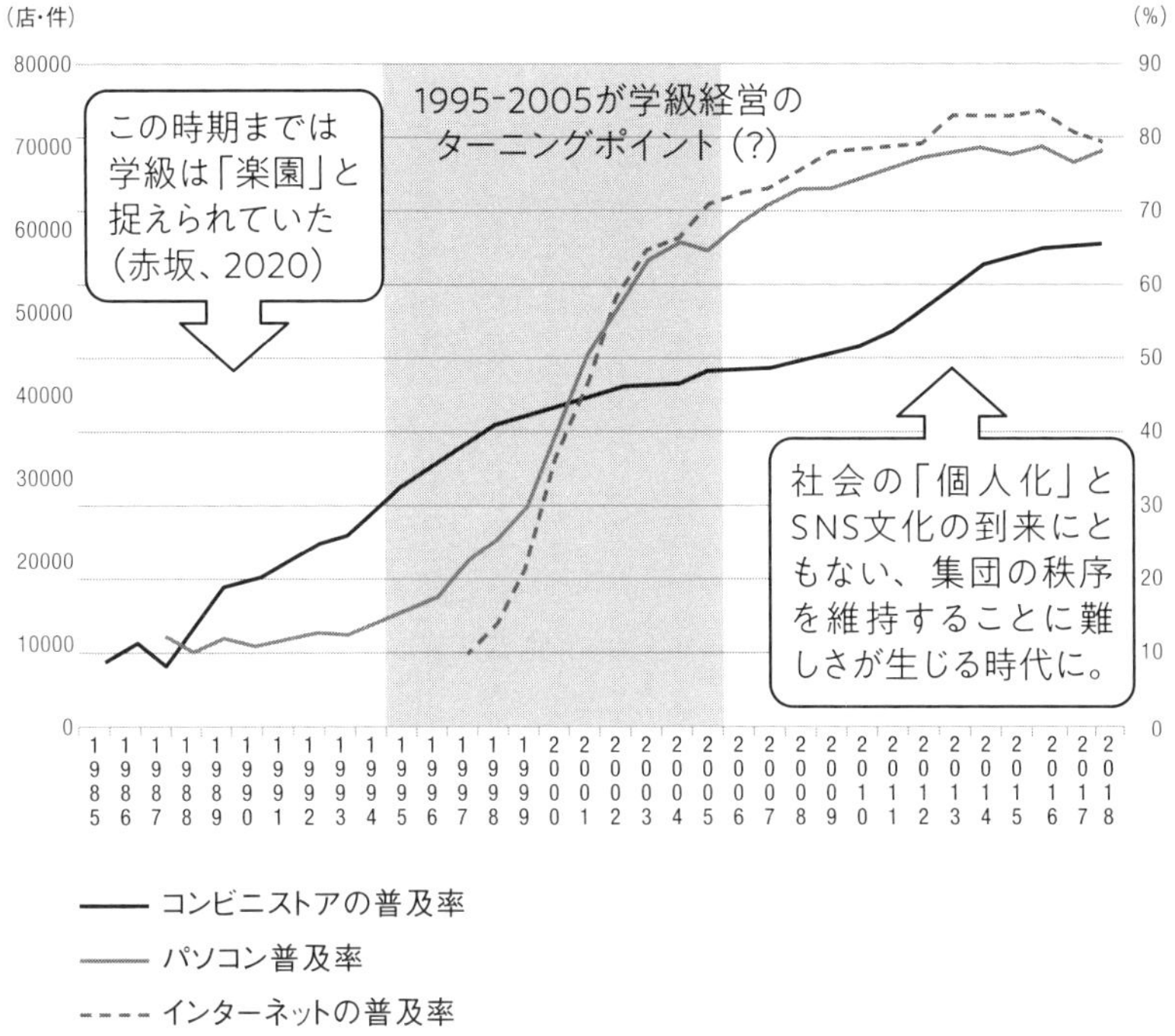
(店・件)
(%)
80000
70000
60000
50000
40000
30000
20000
10000
0
90
80
70
60
50
40
30
20
10
0
1995-2005が学級経営の
ターニングポイント(?)
この時期までは
学級は「楽園」と
捉えられていた
(赤坂、2020)
社会の「個人化」と
SNS文化の到来にと
もない、集団の秩序
を維持することに難
しさが生じる時代に。
1985 1986 1987 1988 1989 1990 1991 1992 1993 1994 1995 1996 1997 1998 1999 2000 2001 2002 2003 2004 2005 2006 2007 2008 2009 2010 2011 2012 2013 2014 2015 2016 2017 2018
コンビニストアの普及率
パソコン普及率
インターネットの普及率

図1-6　社会の「個人化」

が同じものを見るとか、みんなが同じ音楽を聴くといった時代から、「一人ひとり、全部違う」という時代に突入したように思われます。さらにSNS文化の到来に伴い、集団の秩序を維持することに難しさが生じる時代になっています（※赤坂氏は前掲書にて、90年代の学級崩壊を尾木直樹氏が『「学級崩壊」をどうみるか』（NHKブックス）の中で、子どもや家庭が変わったからではなく学校が変わらなかったため、子どもたちを受け止めることができなくなったと捉えていると述べ、その上で「教職そのものが、散らばりゆく子どもたちや保護者の紐帯としての役割を果たせなくなった（14頁）」のではないかとも述べている）。

教師の認知バイアス

川上　その一方で、教師という職業に目を向けてみると、認知バイアスにかかりやすい、認知バイアスにとらわれやすい職種なのではないかとあらためて感じるようにもなりました。教室マルトリートメントも、実は教師のさまざまな認知バイアスを背景に生まれている部分があるのではないでしょうか。

認知バイアスの一つに、**「フォールス・コンセンサス（False consensus）」**というものがあります。**「自分と同じ考えをもっている人や、同じ行動をする人への割合を過大評価する傾向」**のことを指します（※西剛志『あなたの世界をガラリと変える　認知バイアスの教科書』ＳＢクリエイティブ、付録の5頁を参照）。教師は「自分の主張は正しくて、それに基づく指導なのだから、周囲から認められるだけの価値をもっている」という勘違いを生みやすい職業です。こうした思い込みは、周囲は自分の考えに合意してくれるものだと勝手に思い込むことから、「偽の（False）合意効果（consensus）」と名付けられました。

例えば、自分の意にそぐわないことが起きたときに、職員室での会話や保護者との面談などで「世の中はそんなに甘くないですよ」とか「そのような考えは社会では通用しませんよ」と言ってしまうことはないでしょうか。本当はそれは「自分の意見」なんだけれども、それが「社会」や「世の中」なのだと、主語をすり替えて意見を言ってしまうことがあるのではないかと思います。

あるいは、言うことを聞かない子どもがいるときに、問題の理由の全てが子ども側にあると考えてしまうことも「フォールス・コンセンサス」によるものだと言えるでしょう。本来であれば、言うことを聞いてくれない、指示が入らないというときには、授業の工夫が必要であったり、基本的な信頼感の見直しを図ったりすることが必要なのに、ルールを守らせる指導が必要なのだと考えて、「自分にはそういう（ルールを守らせる）権限が付与されているんだ」といった思い込みから、強い指導になってしまうことがあるのではないでしょうか。

「自分の考えが社会の多数から支持されている」という思い込みや決めつけが積み重なる

ことで、結果的に、冒頭でお話ししたような自分自身の「枠組み」はより強固なものになっていきますし、教室でのふるまいもそれに基づくものになっていってしまう。このように、教室マルトリートメントのさまざまな背景を分析していくことが重要になります。

「ないものねだり」から「あるもの探し」へ

川上　私は『教室マルトリートメント』を刊行したとき、教師がお互いをつつき合って刺し合う道具のようにはしたくはありませんでした。教室マルトリートメントが起きていないかパトロールして回るような人を多くしたいわけではないですし、上からの研修によって、つまり、上の立場にいる人が「教室マルトリートメントはダメだ！」と言って下の立場にいる人がそれを聞く……といった図式で研修会などで取り上げてほしくないなと思っていました。

だからこそ、**教室マルトリートメントが生まれるのには、実は背景というものがあるのだ**ということをしっかり知っておくことこそが大事なのだと思っています。

私たちには、ついつい、自分の基準に相手を当てはめて変えようとしてしまうところがあります。そういった、相手を変えようとする気持ちの例えを心理学の用語で「プロクルステスのベッド」と呼びます。

プロクルステスはギリシャ神話に出てくる盗賊で、旅人を狙います。疲れた旅人に「うちで休んでいかないか」と声をかけます。「もし、ベッドのサイズがあなたにピッタリ合うようならばその場で休める」と。プロクルステスの家にはベッドが2種類あって、体が大きい旅人には小さなベッドを勧めて、ベッドからはみ出した手足を切り落としてしまう。体が小さな旅人には大きなベッドを勧めて、足りていない部分は、体を引っ張って引き裂いたというのです。その行為から「プロクルステスのベッド」という例えが生まれました。

校内研究のテーマに「○○な子どもの育成」というのがありますね。確かに大事だと思うのですが、そのテーマの設定に至るプロセスが果たしてどんなものであったかということは、振り返りたいものです。

例えば「人の話を聞けない子が多いよね。じゃあ、『話を聞ける子どもの育成』だね」とか「考えて動ける子どもが少ないよね。じゃあ、『自ら考え行動する子どもの育成』だね」といったプロセスを経てテーマが決定されてしまうと、結局は教師の想定する「枠組み」に当てはめるような研究になっていくわけです。いわば「ないものねだり」です。「自分たちの基準に足りていないから、当てはめる」というテーマ設定のプロセスになっていること自体に気付けていないと、研究そのものが上手くいかないという実感を生み出し、最終的には先生たち自身が苦しんでしまう……。「やっても意味がないから、研究なんてやめようよ」といった話になっていってしまうことがある。

私たち教師は、常に「ないものねだり」ではなく「あるもの探し」ができるように心がけていきたいと思います。

子どもはみんな、金平糖のような育ちをします**【図1-7】**。じっくりと時間をかけて大きくなっていくし、どの子もみんな、完璧な球体ではなくて多少なりとも誰しもでこぼこがある。それに対して、大人から見て直したいところ（トゲ）を取ろう、といった発想が生まれがちですが、それ自体がもうないものねだりです。私たちが目指すべきところはあるもの探しなのではないでしょうか。その子が「育ちたい」と思っているプラスの面を発見して、余白や伸びしろを埋めながら育てていくような発想に変わっていけるといいのではないかと思います。

まずは、その子を「外れる」「はみ出す」「かき乱す」存在と見るのではなく、「**関わりの糸口を見いだす楽しさをもたらす存在**」だと見ていきたい。

ここまでを踏まえ、あらためて私たち教師が目指すべきところは、自分自身を振り返るということだと考えています。今回の書籍『教室マルトリートメント』が伝えたかったことは、「今、目の前で起きている不適切な関わり」は、私たちの子ども理解の守備範囲を広げることによってかなり防げるのではないか、ということです**【図1-8】**。

私たちの守備範囲が狭いと、どうしても子どもの言動のちょっとしたことにイラッときてしまう。否定的な感情が湧き起こってしまう。そして対応できないときに、「この子、

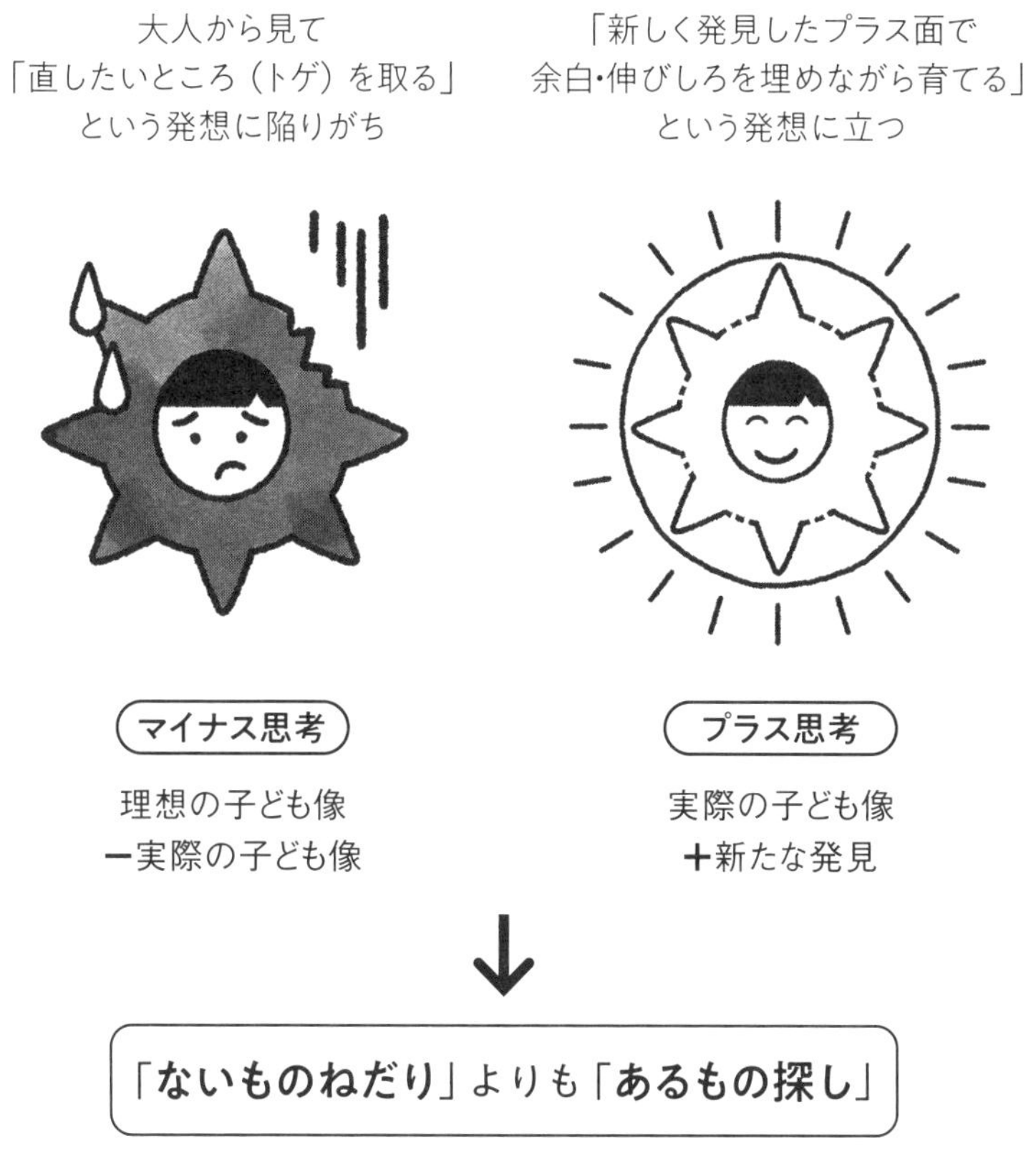
大人から見て
「直したいところ（トゲ）を取る」
という発想に陥りがち
「新しく発見したプラス面で
余白・伸びしろを埋めながら育てる」
という発想に立つ
マイナス思考
理想の子ども像
ー実際の子ども像
プラス思考
実際の子ども像
＋新たな発見
「ないものねだり」よりも「あるもの探し」

図1-7　子どもはみんな「金平糖」
（東京都小学校学級経営研究会、2010、85頁を一部改変・
新たにイラスト化）

難しいよね」「この子は手に負えない」「この子がいるからクラスが落ち着かない」と子どものせいにしてしまいます。守備範囲が広くなってくると、ちょっとした成長に気付けてうれしくなったり、対応できないときには「やっぱり自分を磨こう。次は対応しよう」と考えたりできるようになっていきます。

守備範囲を広げる努力を怠ったまま、熱心にその子を「直そう」「変えよう」「正そう」としてしまう教師がやっぱり現場にはいて、児童精神科医の佐々木正美先生が生前、そういった方のことを「熱心な無理解者」と呼んでおられました。熱心と呼ばれるほどその子のふるまいを直す・変える・正すことを目的とした積極的な指導を繰り返し、かえって子どもの状態を悪化させてしまう人のことをいいます。熱心な無理解者になることを防ぐには、自分のあり方を見直すことです。

私は特別支援学校で勤務しています。特別支援教育の立場から一言言わせていただけるとすれば、特別支援教育とは、**「上手くいかない」ことがある子どもの「価値」を高めていく教育**だと思います。「できない子」「ダメな子」の教育では決してありません。子どもを輝かせるための制度の一つです。だからこそ、特別支援教育をポジティブに捉えられるようにしていき、「この子は難しい、手に負えない」と突き放すのではなく、胸を張って「特別支援もいいよね」「すばらしいよね」と言えるような先生たちを増やしたいんです。

守備範囲が狭いままだと…

- 子どもの言動の
  ちょっとしたことが許せない
- 対応できないのを
  子どものせいにする

→

守備範囲が広くなると…

- 子どものちょっとした成長に
  気付けてうれしくなる
- 対応できないときに自分を磨き、
  次は対応しようと考える

図1-8　子ども理解の［守備範囲］を広げよう！

「やりすぎ教育」と教室マルトリートメント

川上　最後に、今日は後半部で武田先生との対談があります。その際に一緒に考えていければと思っている論点を五つ、あらかじめまとめておきます。この五つは、『やりすぎ教育』と『教室マルトリートメント』とで、本当に同心円と言っていいくらいに重なっていると感じる問題意識だと捉えています。

武田先生は「**エデュケーショナル・マルトリートメント**」という概念を使っておられ、それは「原則として家庭教育・幼児教育・学校教育・放課後の教育など、子どもの教育全般に用いることのできる概念」だというふうに説明されています〔※武田信子『やりすぎ教育』56-57頁参照〕。

従来、虐待というのは「家庭内のこと」という捉えが学校でも強かったと思いますが、やはり大人と子どもという信頼関係や権威勾配が存在する場では、マルトリートメントはどこでも起き得る。ここのところは、『教室マルトリートメント』で申し上げたことと本当に重なるところだと感じています。

二つめに、「エデュケーショナル・マルトリートメントとなる行為は、大人が子どもを育てるために役立つ行為だと信じているか、一時的にやむを得ないことだと考えているか、そうする以外に方法を知らない、あるいはないと思い込んでいる行為です。子どもに対する共感性が不足し、人権を尊重しない行為ですが、長年、文化に組み込まれ頻繁にみられることなので、その行為の重大な侵襲性に気づくことが難しいのです（57頁）」と武田先生がおっしゃっている部分です。

これも、私がここまで話してきたことと重なりますよね。長年の文化や習慣の下で行われ、それゆえに影響の重大さに気付けていない、というところがあるのではないかというご指摘は、非常に的を射ていると思います。

三つめに、武田先生は、虐待事件とその報道のあり方などを例に出しながら、「糾弾だけでは次の事件の予防につながりません。そこには背景があるのです」とおっしゃっています（60頁）。私もこの点について全く同じように考えています。表面的なマルトリートメント言動としての言葉や行動を取り上げて、ただNGワード化しても解決はしません。背景を分析して根本的な問題の解決をすることが重要だと思います。

そして四つめ。「この情報化社会において、あらゆる人たちが、自分が大切だと思うこと、たとえば英語、ICT、キャリア教育、福祉、ボランティア活動、金融教育、消費者教育、育児、昔遊び、読み聞かせ……を学校教育のコンテンツとして必須だと主張し、入れ込もうとします。それらが必要でないとは思いません。でも、そんなに詰め込まれても、ただ先生の話が長くなって休み時間が短くなるだけで、家庭や地域で実体験の少ない子どもたちには必要性の実感がわかず、迷惑なのです」（91頁）。この部分にも、強い共感を覚えました。学校現場では「これ、本当に必要なの?」という内容が、本当にたくさんあります。私は、学校への「ほしがりすぎ」が結局は先生たちのやりがいを搾取する側面があるのではないかと『教室マルトリートメント』で述べています。

そして最後に、「子どもへのマルトリートメントが継続してきたのは、誰か個人の悪者がいるということではなく、社会の急速な流れの中で大人たちがよかれと思ってやってきたことが少しずつズレたり、問題に気がつかないまま進んできてしまったりした結果である(後略)」(91頁)。「子どもたちの健やかな育ちを望まない大人はいないでしょう。でも、ここまで見てきたように、大人たちの努力があったからといって、必ずしも子どもたちがウェルビーイングな状態、つまり身体的・精神的・社会的に良好な状態で育つことができるとはいえません。往々にして大人の努力の『方向性』が子どもの発達に即してないからです」(94頁)。

この部分も、全くそのとおりだと思います。特に特別支援教育は、発達をベースにしながら子どものウェルビーイングを考える立場です。今一度、子どもたちの視点に立つこと、すなわち「当事者目線」に立つことが大事なのではないかと思います。あらためてこの辺りの論点については、武田先生の講演後の対談や、その後の参加者のみなさんとのQ&Aコーナーで、一緒に整理させていただければと思います。ここまで、ありがとうございました。

［講演／武田より］「やりすぎ教育」を生む社会的マルトリートメント

武田　今日はよろしくお願いいいたします。私は、実は『教室マルトリートメント』が刊行されるまで川上先生のことを存じ上げませんでした。ですから、この本のことをうかがったとき「私と同じことを考えている人がいる！」と、とてもびっくりして。今回、こういった場で川上先生とやりとりができること、本当にうれしく思っています。

スライドを用意しすぎてしまいましたので、早口な「やりすぎレクチャー」になってしまうのではないかなとちょっと心配しておりますが（笑）、『やりすぎ教育』に書いてあること、あるいはSNS上のブログのnoteに書いてあることなどもありますので、関心をもたれた方は、それらも読んでいただければ幸いです。

私は2020年3月まで大学の先生をしていたんですけれども、今は一般社団法人ジェイスを立ち上げて、その代表をしております（※同団体は、子どもたちのウェルビーイングを保障するために大人の学びを支援する団体であり、子どもへのマルトリートメントに気付き、予防に取り組む大人を増やすこと、一人ひとりの子どもに必要な環境を考え、子どもと共にその実現を図る社会をつくることをビジョンとする）。旅行が好きということもあり、あちこちに行って各国の子どもたちの様子を見てきました。そういった中で、日本の学校教育で当たり前に行われていることは、世界の目から見ると当たり前とは言えないということが分かってきました。もちろん、各国によいところもあれば課題もあって、家庭や園、学校や先生によって子どもたちの動きや状況も異なりますから、一概にどこの国の何がよいということは言えないものの、「50年前は、私たちの国も日本と同じだったのよ」などと言われるようなこともあり、この「違い」について、私の目から見えていることを今日はみなさんにお伝えしたいと思っています。

もともと臨床心理士としてカウンセリングをしていたのですが、その後、教員養成に携わるようになり、つづいてソーシャルワークを勉強するようになり……、つまり心理学と教育学、そして福祉の三つの観点から子どもたちの養育や環境のことを考えてきました。

子どもの頃から「どうしたら子どもたちが苦しむような状況を変えていける力を身に付けられるんだろうか」「大人になったら、自分がそういう社会をつくれる人間になりたい」と思ってきて、そのために必要なことを勉強しているうちに、いろいろと活動の領域が広がっていきました。

エデュケーショナル・マルトリートメントという言葉

武田 そもそも「エデュケーショナル・マルトリートメント（Educational Maltreatment）」というのは私の造語です。つい最近では「そうか、『教室マルトリートメント』があるんだったら、『教育マルトリートメント』と呼べばいいな」というふうに思って、そのようにも呼んでいますが、まずそのことについてお話ししますね。

1999年から1年ほど私がトロントに住んでいた頃、子どもの本の専門書店にマルトリートメントに関する本が山積みだったんです。「一体、どういう言葉なんだろう?」と不思議に思ったのがきっかけで、ずっとこの言葉を気にかけていました。

その数年後、カナダの幼児教育者メアリー・ゴードン氏を日本にお招きする機会があったのですが、彼女がある小学校の朝礼の風景を見たときに「これは大変なことだ」とおっしゃったんです。どういうことかというと、小学校1年生の子どもたちがあんなに長時間、体育座りをして黙っていなければならない状態というのは、6~7歳の子どもの発達としては、かなり強制的なことであるという意味だったんです。そして「あの子たちがもし気を紛らわせるとしたら、靴ひもで遊ぶ以外にないじゃないですか」というふうにおっしゃったんです。当時の私は、本当にそうだなとは思ったものの、まだピンとはきていませんでした。朝礼はあまりに当たり前の光景だったからです。その後、2006年からオランダに10か月近く滞在し、とても自由な学校教育があちこちで為されている状態を見て、日本とカナダとオランダの教育環境を比較し、「マルトリートメント」という言葉が私の中で大きく引っかかり始めました。

2010年、海外の学会(Association for Teacher Education in Europeの大会)で日本の教育

状況を説明する際に、私は「エデュケーショナル・マルトリートメント」という言葉と概念をつくりました。また日本でも2011年、日本子ども虐待防止学会いばらき大会で「教育をめぐる虐待」という言葉を使用してシンポジウムを企画しました。その頃、どういう言葉をつければ日本でこの問題意識がみなさんに伝わるのかが私には分からなかったので、適切な言葉を探していたんです。日本の教育そのものが子どもに対するマルトリートメントになっているという指摘は、あまりにセンセーショナルに受け止められかねないと思っていましたから。

私自身は「教育虐待」という言葉を使うと、保護者たちを責める言葉として広がってしまうのではないかと危惧して、あえて「教育をめぐる虐待」とか、「エデュケーショナル・マルトリートメント」という言葉を使って、広く社会に広がっている、スポーツや塾、習い事なども含めてさまざまな形で子どもが耐えられる限界を超えて強制する行きすぎた行為を問題としてきました。そもそも、日本では虐待は保護者による行為だと法律上定義づけられています〔※「児童虐待の防止等に関する法律」第2条。「保護者」とは親権を行う者、未成年後見人その他の者で、児童を現に監護する者をいう〕。でも、私の言うエデュケーショナル・マルトリートメントは、保護者だけでなく教師も含む大人たちが子どもたちに対して「よかれ」と思ってしてしまう行為を指します。そこで英語圏で広く虐待という意味で使われるmaltreatment（不適切な関わり）という言葉を使ったのです。

シンポジウムの後、メディアから多数の取材を受けることになりました。しかし、行きすぎた教育を社会の問題として捉えようという私の意に反して「保護者における教育虐待」のみに焦点が当てられ、その後、この言葉が一人歩きし始めました。

一方で、本来したかった指摘――つまり、**教育をめぐるマルトリートメントが個人や家庭の問題というよりも社会の問題であるという考え方や「学校教育において子どもたちにマルトリートメントが行われている」**ということに、賛同をしてくださる方は当時なかなかいらっしゃいませんでした。むしろ学校の先生方からは「なんてことを言うんだ」というふうに言われたこともありました。

その後、テレビ番組「あさイチ」（NHK）に出演する機会があったときに、「教育虐待」という言葉を使うと、大人が子どもに対してとてもひどいことをしているような印象が強く――もちろん、子どもの側からすればとてもつらいことには変わりありません――、また、「保護者個人の問題」だと捉えられやすいため、この表現が広がってしまうのは私としては困るとスタッフの方に伝えました。そうしたところ、「『やりすぎ教育』という言葉はどうですか？」と提案してくださり、それがそのまま、今回のセミナーの参考書籍にしていただいている『やりすぎ教育』のタイトルにもなっていった……という経緯です〔※武田氏による「エデュケーショナル・マルトリートメント」の概念については『やりすぎ教育』第2章に詳しい。また、「教育虐待」という言葉をめぐる変遷については、武田信子note記事「教育虐待まとめ」

https://note.com/nobukot/n/nb9723283c1a2にも詳しい］。

大人から子どもへのマルトリートメントをまとめると［図1-9］のようになります。家庭における虐待もあるけれども、同時に、教育機関におけるエデュケーショナル・マルトリートメントというものもあるのです。例としては、勉強や宿題の時間を過度に優先して、子どもが遊んだり休憩したりする時間を剝奪し、健康と発達を阻害する。子どもたちが苦痛と感じるような授業を続け、主体的に学ぶ場を与えない。勉強についていけない子に配慮しないまま、ずっと椅子に座らせておく。問題行動を起こす子どもを人前で頭ごなしに叱責する、といったマルトリートメントです。

子どもたちを大人が落ちこぼしてしまって、例えば、勉強についていけない子どもに配慮しないまま普通の授業を受けさせ、その子は朝からずっと内容が分からないまま、机の上には鉛筆しか置いてはいけません、キャラクターものは持ってきてはいけません、鉛筆回しもしてはいけません、パラパラ漫画も描いてはいけません……そういう状態で終始〝おいて〟おかれる。これは子どもの側から言えば、とてもつらい状況です。仮に、小学校2年生で落ちこぼ「されて」しまったとしたら、それが中学校3年生まで続くわけです。

例えばみなさんも、朝の8時半から15時半まで、お昼休みと1時間に1回の休憩の時間以外はずっと同じところに座ったままで、同じ人からの話を聞き続けなければならない状

図1-9　大人から子どもへのマルトリートメント①
（武田、2022、第502号の図を加筆修正）

況というのを考えてみていただきたいんです。「これが何年間続くんだろう」「もうここにはいられない」と思うのではないでしょうか。

そういったさまざまなことが私の中で日本の教育環境への疑問として浮かび上がり、さらに言えば学校の外でも、さまざまなマルトリートメントが子どもに対して行われているのではないか、という課題意識をもひっくるめて、社会における大人から子どもへのマルトリートメントを、本にまとめたかったわけです。そして今回、川上先生によって、エデュケーショナル・マルトリートメントの一つとして「教室マルトリートメント」という言葉もいただくことができました。

もう少し、単純化してまとめてみましょう【図1-10】。まず、社会の中に学校が存在しており、その学校の中に教室が存在している。教室には教室の風土があって、それを学級風土というのですが（※「学級風土」については、例えば聖学院大学の伊藤亜矢子教授が詳しい）、そこで起きているのが教室マルトリートメントであるという関係だと私は捉えております。

しかし、先ほど川上先生がおっしゃられたとおり、不適切な扱いが教室で起きていることに、これまではなかなか気付かれてきませんでした。日本の学校教育の過剰な競争性の問題や強制的な勉強の悪弊については、国連・子どもの権利委員会（※子どもの権利条約による義務の実施について締約国が行った進捗状況を審査し、これらの義務をいかに果たすかについて政

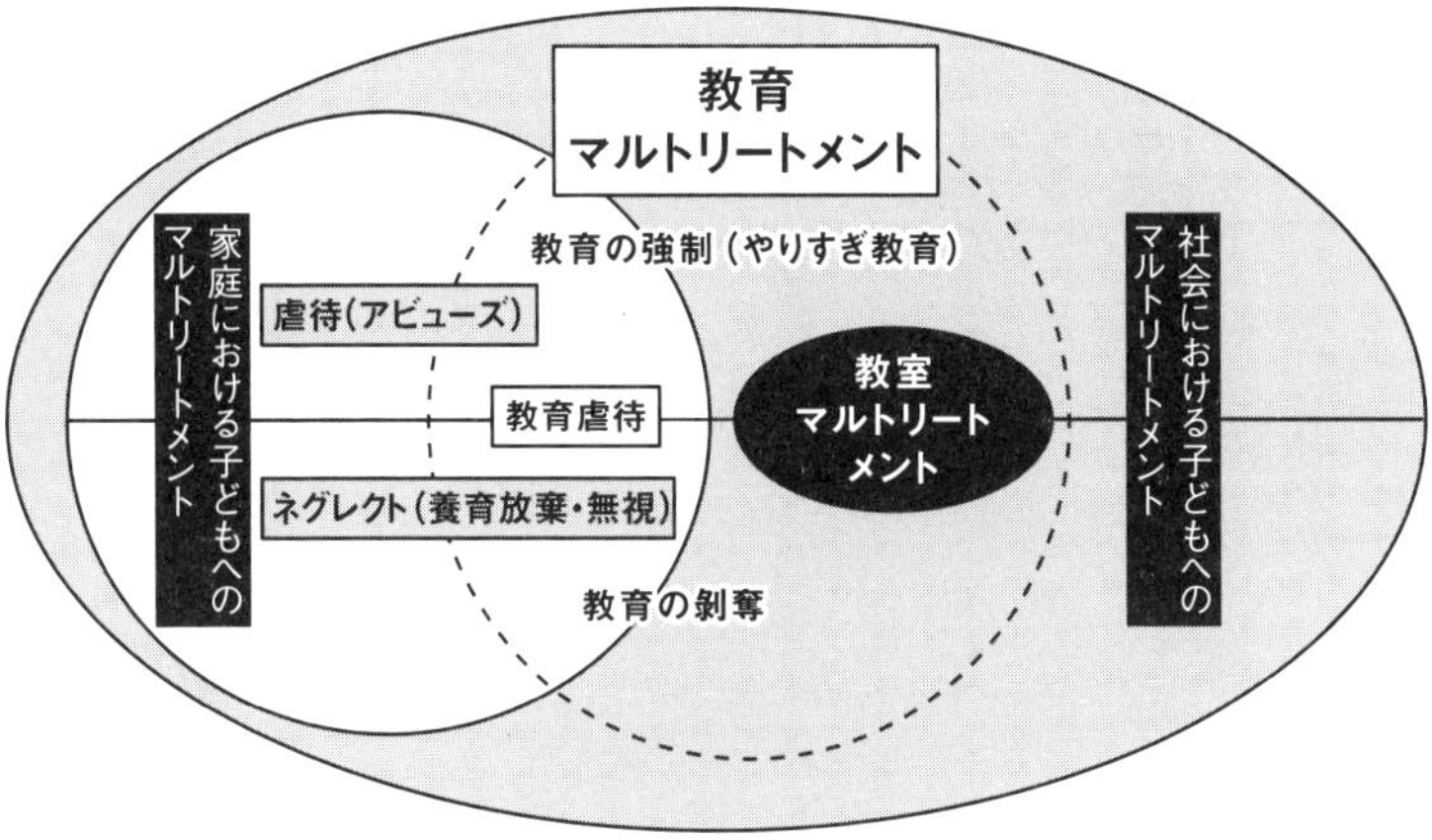

図1-10　大人から子どもへのマルトリートメント②
（武田、2022、第503号の図を加筆修正）

府に勧告する機関。条約は1990年に国際条約として発効、日本は1994年に批准。国際連合広報センターHPなど参照。https://www.unic.or.jp/activities/humanrights/discrimination/children/〉から、1998年を皮切りに、2004年、2010年、2019年と、何回も勧告が出ています〔※それぞれの「勧告」の内容については、例えば、武田信子編著『教育相談』学文社、4-5頁に第3回までの勧告の抜粋掲載があるので参照のこと〕。

つまり、日本の教育は子どもの権利に照らしてみたとき「問題がある」というふうに海外からはずっと見られていたんですね。にもかかわらず、日本国内ではそのことが話題になりませんでした。

大人から子どもへのディスエンパワーメント

武田　エデュケーショナル・マルトリートメントが起きていても、どうしてこれまで気付かれてこなかったのか、考えてみましょう。

もはや将来、年金が支払われるかどうかも分からないようなこの時代において、大人たちは子どもの将来が心配だからと、「立身出世しないと生活できなくなる」「頑張らないと勝てないよ」「勉強でもいい、スポーツでもいい、なんでもいいからとにかくナンバーワンになれ」というふうに言ってきたわけです。

一方で、例えばコミュニケーション能力は、学校内でのおしゃべりや、学校から帰って子ども同士で遊ぶ時間などに育まれるはずですが、学校ではおしゃべりを禁じられ、家では宿題をずっとやらなければならない。あるいは、家事などはある種「ここは家族が気持ちよく過ごせるように、こういう工夫をしよう」などとさまざまに気を働かせるようなプログラミング的体験なわけですが、「将来のために今は我慢しなさい」と、勉強が最優先されると、そういった関係性が剥奪されたり体験が貧困になってしまったりするのです。

そんな制限の多い生活の中で、学校に行けない子ども、死にたいと思う子どもが、たくさん出てきています〔※2021年6月13日放送のNHKスペシャル『若者たちに死を選ばせない』によると、原因が見えづらい若者たちの死について厚生労働大臣指定法人「いのち支える自殺対策推進センター」の専門家チームが分析を始めており、10代については、「いじめ」「学友との不和」「進路に関する悩み」「学業不振」等の悩みが原因として分析されている。Yahoo!ニュースオリジナル特集「若者の『不詳の死』をどう防ぐのか——遺族らが語った兆候と背景」でも閲覧可能。https://news.yahoo.co.jp/articles/c55cd80aea1f57b69deb7a1893393691f335fa0?page=3〕。

不登校も、代替の学びの機会がない場合は、教育の剥奪状態の継続と言えます。確かに子どもの将来は心配かもしれませんが、その心配のために結果的に子どもを、学校に行くことがつらい、死にたい、と思わせてしまっているのだとしたら、その教育は「やりすぎ」なのではないかと私は思うわけです。

かつて、子どもたちは地域や親戚、近所の方、さまざまな人が協力して育てていました。ある意味、「その子が誰に育てられたか」ということが明確ではなかったと言えます。その中には、もちろん望ましくない育て方や偏ったものもあったでしょうが、子どもたちは、バラエティに富む育ち方、育て方、その結果としての多様な人生を間近に見ることができたということです。

心理学や脳科学の知見によって、「子どもの育ち」は育てる大人を含む養育環境の影響を受けるということが知られるようになっていますが、今では核家族となって、子どもは「この親に育てられた」、学級の場合は「この先生に育てられた」ということが明確になるようになり、その意味で、**育てた人の成果が、そのまま、その子ども自身となってしまう**。最初は純粋に、子どものことを「よく育てたい」と思っていた大人たちだったはずが、自分が育て上げた「作品」として、「こう育てなければならない」「こう育ってくれないと困る」と、躍起になっていってしまう【図1-11】。

その際に、それでも子どもの発達に関する正しい知識があれば、あるいは誤解していなければ、問題は起きにくいのですが、「どういうふうに子どもを育てればいいか」ということ自体が、十分には理解されていないように思います。

さらに、学校の先生たちも、もう自分の生活で手いっぱいという状況や環境の中で、新しい知識を身に付けたり子どもの声をしっかりと聞いたり、子どもと遊ぶことでその子の

- 子どもの育ちは環境の影響を受ける。
- 保護者や**教師**は子どもの育ちに関わっている。

↓

- 育てた人の教育の力が問われる。
  まるで成績評価のように比較する、される。
- できる限り、人よりいい点数を取りたい。
- 自己肯定のために、褒めてもらわないと不安。
- 失敗できない。
- 子育てや教育の成果は、子どもの進学や就職、豊かな生活で評価される。

子どもへの熱い思いと期待

＋

発達に関する無知や誤解

and/or

自分の生活で手いっぱいな状況

↓

不適切な関わり（マルトリートメント）

大人にかかるプレッシャー

↓

子どもをよく育てたい

↓

育てなければならないと躍起になって、やりすぎてしまう

図1-11　エデュケーショナル・マルトリートメントに至るプロセス

背景を理解したりするというような時間がもてなくなっているかもしれません。それでは必然的に、マルトリートメントの状態に陥りやすくなってしまうわけです。

新自由主義が台頭してきた現代の日本の急激な変化の中で、経済的な成功を目指す競争が優先されて、子どもたちからさまざまな「体験」が剥奪されています。

現代の日本においては子どもの人権よりも大人の産業が大事というような価値観が広がっており、教育に関しても、経済からの発信が強く、文部科学省の施策もＯＥＣＤの影響下にあることが多いのです。例えば、「ＯＥＣＤ生徒の学習到達度調査（ＰＩＳＡ）」は、日本の教育の方向性に大きく影響を与えています。高度専門職の能力を測る指標として考案されたコンピテンシーの概念が、一般人に適用されていった経緯にもＯＥＣＤが関わっています。そうすると社会の中で企業に勤めて、目的をもっていきいきと生きてリーダーシップをとれる人というのが子どもたちが目指すべき成功者と見なされがちで――実際には人間のモデルはビジネスパーソンだけではなく、一般にビジネスで求められるような力のある人もない人も多様に存在しているにもかかわらず――、教師たちもいつの間にかそのモデルに向かって子どもを育てようということになっていくわけです。

例えば、遊びの剥奪ということを考えてみましょう。遊びは長らく勉強を邪魔するものと見なされてきました。無駄なものだと言われてきたのです。けれども、実際は体と心と脳の基礎をつくる活動であり、ストレスや困難を和らげる役割を果たすものでもあり、人の発達に欠かせないものです〔※遊びに関する研究は国際的にも注目されており、遊び体験の剝奪については、『やりすぎ教育』第4章において「子どもの遊ぶ権利のための国際協会（ＩＰＡ）」による「遊びの重要性に関するＩＰＡ宣言」などをもとに詳述されている〕。

最近は遊ぶことの重要性や**遊びが学びそのものなのだ**ということが広く一般にも理解されるようになってきましたが、そうすると今度は、いかによく遊ばせて賢い子を育てるかというような議論が出てきてしまうのです。実は学びは、授業や遊びの中で生じているだけでなく、日々の生活の一瞬一瞬に自分で試行錯誤する中で起きているのですが、学ぶということを教科書や学習指導要領の内容だけに狭く捉えてしまって、その範囲の外にある膨大な情報を脳や身体がどう吸収していくかということについては気付かれていないようです〔※社会的な支援の整備については、武田信子『社会で子どもを育てる』（平凡社新書）にも詳しい〕。

例えば、小学校入学前の子どもたちは、家庭の中できょうだいとやりとりをしながらけんかの仕方――自分と異なる考えをもつ者との調整の仕方――も覚えていたわけですが、少子化に加えて、地域コミュニティも失われ、そういった経験がない状態で小学校へ入学し、ずっと座っている状態が続くことになると、さまざまなコミュニケーション能力は身に付きません。それなのに、練習や失敗経験を積むことなく、年齢を重ね、行動の結果としての責任だけは追及されるということになっていく。

ここまで述べてきたとおり、これまで子どもたちはかつて「自然に」発達していた部分がたくさんあったと思うのですが、その自然に発達していた部分が剝奪された今、ではどうやってその部分を育てていかなければならないのか、ということが分からないですよね。親世代もまた、そのように育ってきた世代ですから、自分が知らない子育てをすることはできません。新たに家族ぐるみでの多世代交流ができるようなコミュニティが創出されることが必要でしょう。それはコミュニティ再生の活動であり、最近は例えばシェアハウスなどにおける共同の子育てや、冒険遊び場のコミュニティや、温かい関係性を育んでいる子育てひろばなどの活動によって補われようとしています。

子どもの数が少なくなる中、多人数集団の中での子育ては珍しくなり、家庭における大人と子どもの割合が例えば、母あるいは父と子の一対一、もしくは父母と子の二対一、祖父母や教師まで加わっての多対少では、子どもは常に**権力をもつ大人による操作の対象となり、「被コントロール感」を感じやすい**ため、自律が困難になっていくでしょう。確かに少人数学級というものは必要ですが、「コントロール過多」や「多彩な友人との複雑な関係性の減少」にもなりかねません。多様な価値観をもつ多彩な人々から多様な視点を得ることで、子どもたちはバランスよく育っていくのです。しかしこれこそが、現代日本においてはなかなか困難であるということです。

ＯＥＣＤが社会情動的スキルと呼ぶようなものが、自然に身に付かないまま育った子が小学校に入学して、対人コミュニケーションが上手くいかずに、ものすごく傷ついてしまうということが起こっているようです。また、大人から評価の目で見られ続けている今の子どもたちは、ある程度褒め続けていないと耐えられない状態になってしまっているのではないでしょうか。今の日本は幼少期から、人が育ちにくくなっていると私は思っています。

子どもにかかるストレス

武田　ここであらためて、国連・子どもの権利委員会からの勧告について、確認しておきましょう。日本では、過度の競争社会の中で、他者よりいい子であることを要求されて、子どもに大きなストレスがかかっています。その結果として不登校・退学・精神障害・自殺、暴力などが助長されている可能性があると、国連・子どもの権利委員会において明確に指摘されているのです。たとえ出世や成功が大事だと言われても、大人のうつ病患者が１００万人を超えている現状の中で、大人の世界の息苦しさを子どもたちは見ているわけです〔※厚生労働省「患者調査」によると、気分障害患者数が２０１７年に１２７万人を超えている〕。エンパワーメント（empowerment：力づける）という言葉の逆、**「どうせ頑張ったって無**

理なんだ」「幸せにはなれっこない」というディスエンパワーメント（Disempowerment：力を奪う）の状態に、私たちは子どもたちを追いやってしまってはいないでしょうか。

子どもをよく育てるための「価値観」が、「売れる商品を育てる」というものになっている上に、新任の先生は、ときにベテランの先生から「かつて機能していた教育」に基づいて、「こういうときには叱りなさい」と言われ、「子どもからナメられてはいけないのだ」ということを叩き込まれることさえもあると聞いています。たまたまそういう環境に置かれた場合、教育熱心であるが故に、その先生はそういった考え方をどんどん身に付けていってしまうことになるでしょう。

つまり、子どもに対して、「ハラスメント」を用いてコントロールすることを覚えるのです。**相手に嫌な思いをさせることで、相手が行動を回避してくれるわけですね。そのことを利用し、相手の行動を変えようとするやり方がハラスメントです。**他の方法を知らないと、どうしてもこういった「否定と強制」のやり方を使いがちになってしまう。

このような状況ですから、教師が子どもたちへの対応を考える上では、子どもたちの発達や学びについてしっかりと知っておくことが大切になります。人は実際のところ、どのように育ち、どのように力を獲得していくのでしょうか。人の脳の機能の大半は6歳までの間にできるといわれています。ですからその間に、学業に取り組むための基礎をつくっ

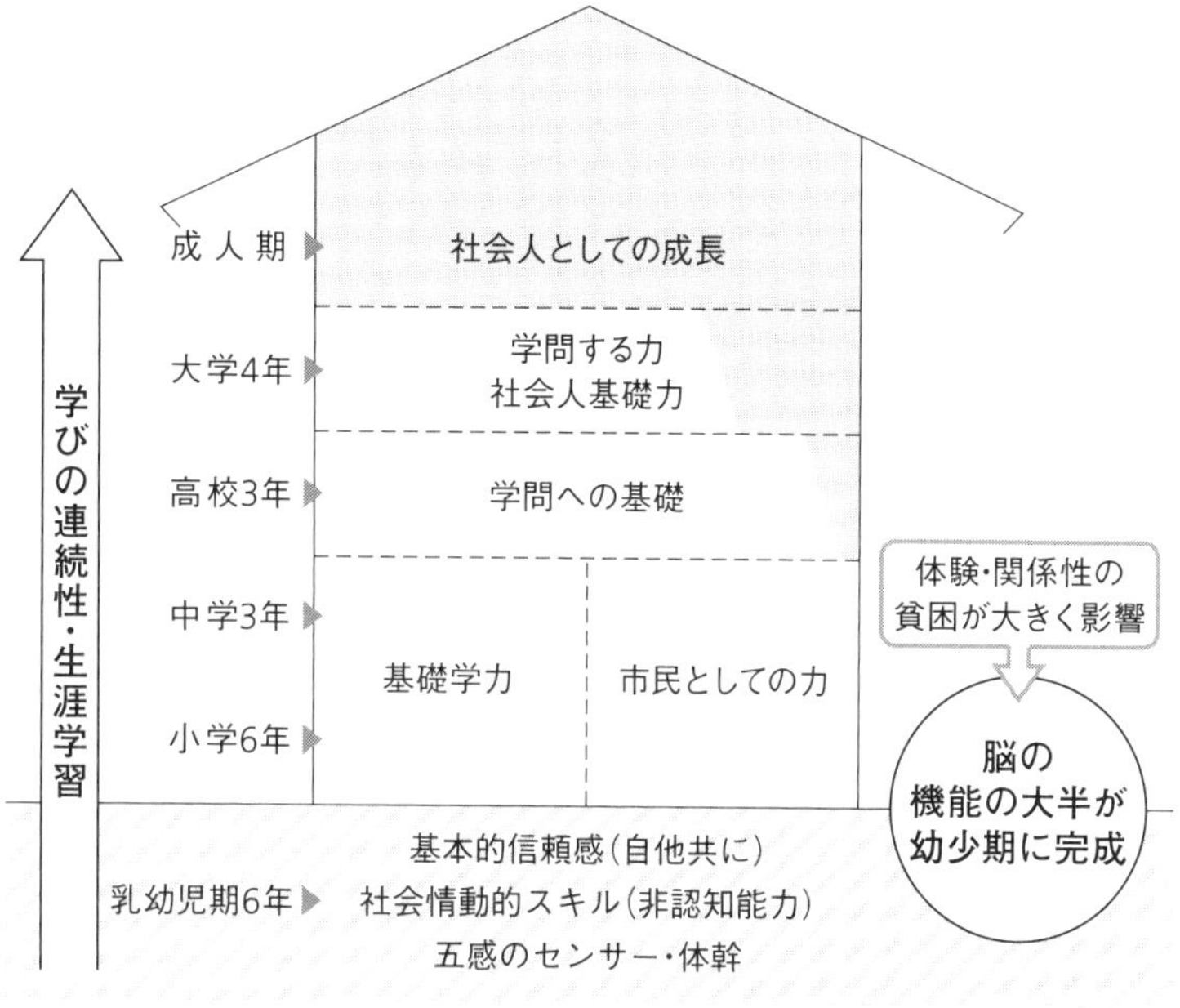

乳幼児期から成人期まで、発達と学びの連続性を表した。実際には、中学卒業後、専門学校進学、中退、就労などさまざまな進路が存在するが、この図では学校教育制度を中心に簡略化して示した。

図1-12　生涯学習と学校教育制度
（武田、2021、103頁より転載）

ておかなければなりません。先ほど申し上げたように、さまざまな体験や人との関係性を通して、それらは身に付いていきます。ですからその部分が育っていない子どもたちに対しては、私たちが何らかの対策を取っていかなければ、小学校以降に発達させていくのはとても難しいということになります［図1-12］。

つまり、育ちが自然に促されることがないまま小学校入学を迎えてしまう未熟な子どもたちの場合、あちこちに勝手にボールが転がっていくかのようにばらばらに動いてしまうわけです。そういった状況では、先ほど川上先生がおっしゃっていたように、子どもたちを「枠」の中に入れておかないと、ボールのようにあちこちに行ってしまうわけですよね。すると、その枠の中で育てるしかなくなってしまう、というのが今の学校なのではないでしょうか。

かつてであれば、もしちょっとした脆弱《ぜいじゃく》性が脳にあったとしても、それが豊かな自然環境の中で自由に遊び、全身を動かして生活している中で問題にならない程度に脆弱性がカバーされていったと思われるのですが、今はそういう子どもたちを受け止めることのできる柔軟な生活環境がなくなってきています。適切に診断が為されることはもちろん重要なことですが、「あの子はやんちゃだね」というふうに言われていた子どもたちも、大人になってみれば普通に暮らしていて、笑い話になるというような時代には、発達の課題は、障害とは名付けられなかったわけです。

朝、きちんと9時までに会社に行き――リモートワークによって変化が生じてきたものの――夜10時まで仕事をするような人が仮にビジネスパーソンとしてよいモデルだというふうにされると、その枠から外れる人は生きづらくなってしまいます。自分に合わない学校で長時間「ちゃんと座っていなければいけない」と言われたら、とても大変です。それが今、多くの子どもたちに起きていることではないでしょうか。

日本は〝幸せな国〟と言えるか？

武田　私が一般社団法人を立ち上げたのは、ただ単に本を出して問題を指摘しているだけではなく、とにかくアクションにつなげなければと考えたからです。みなさんに、子どもの姿が見える「眼鏡」をもっていただいて、一緒に子どもたちのことを考えてほしいと思っています。

子どもたちは日本で、本当にウェルビーイングな状態〔※身体的、精神的、社会的に良好な状態〕で暮らしているのでしょうか。子どもの周りには、子どもを取り巻く大人たちがいて、その周りにコミュニティがあり、さらに国家レベルの大きなシステムがある。これはソーシャルワークでよくいわれるエコロジカル（生態学的）・システムという見方ですが〔※発達心理学者のブロンフェンブレンナーによる社会システム理論。人は、個人とその個人を取り巻く環境との相互作用を通じて発達していくという考えを示した理論で、環境を、①マイクロシステム、②メゾシステム、③エクソシステム、④マクロシステム、⑤クロノシステムの五つで捉える」、学校の先生方には例えば、「今この子が不登校になっているのは、この国の、あるいは世界全体のどういう流れの中で、子どもがどういうふうに追いやられているからなのだろうか。そして、自分自身もどういうふうに追いやられているんだろうか」などと、子どもの周囲を取り巻くものの全体の視点から考えていただきたいと思います。

例えば今、日本に戦争はありません。でも、子どもたちには受験戦争があります。飢饉《ききん》や飢餓はありません。でも、ならばどうして、子ども食堂やフードパントリーがこんなにも繁盛しているのでしょうか。

地雷はありません。でも、道路を歩けば、子どもが犠牲になる交通事故があります。浮浪児はいません。でも、新宿歌舞伎町のトー横界隈《かいわい》に家出した若者たちが集まっています。

児童労働はありません。でも、ヤングケアラーがいます。

識字率はすごく高いです。でも、その日本で約24万人の子どもたちが不登校で学校に行けていません。

基本的人権は尊重されているといいます。でも、日本の子どもたちの睡眠時間は世界で一番短いと言われてきました〔※Mindell, JA., Sadeh, A., Wiegand, B., How, TH., & Goh,DY., "Cross-cultural differences in infant and toddler sleep". *Sleep Medicine*, 11(3), 2010, pp. 274-280.〕。

今述べたことは、特別にかわいそうな子どもたちや、特別な支援を要する子どもたち、特別に貧しい子どもたちにおける特殊な状況についての話などではありません。日本の子どもたちは幸せに生活できているというふうに感じられるかもしれないけれども、年間514人の子どもたちが自殺で亡くなってしまう国が、本当に「幸せな国」というふうに言えるのでしょうか。このことを私たちは、考え直さなければならないと思うのです。子どもたちに対してのあらゆる権利が脅かされている状態に、国全体がなっているとは言えませんか。

子どもの権利条約

武田　公益社団法人セーブ・ザ・チルドレン・ジャパンが2022年3月に行った「学校生活と子どもの権利に関する教員向けアンケート調査」によると「児童の権利に関する条約（子どもの権利条約）」について、「内容までよく知っている」と答えた先生は、21・6％でした。一方で、「あなたは、学校生活において子どもの権利を尊重していますか？」という質問に対し「尊重している」と回答した先生が48・5%、「ある程度尊重している」と回答した先生が45・3%だったのです〔※https://www.savechildren.or.jp/scjcms/dat/img/blog/3897/1650252581609.pdfを参照〕。

つまり、内容をよく知らないのに「尊重しています」と答えてしまうわけです。**「知らないということを知らない」つまり「無知の無知」はとても怖いことです。**大学の授業で学生たちと条約を一緒に読むことがありますが、丁寧に読むことで、条約がとても大事なものであるということを学生たちは理解します。まず、読むところから始めていただくと、きっと子どもたちとの関係に変化が生じると思います**［図1-13］**。

〔※「子どもの権利条約」とは、世界中全ての子どもたちがもつ権利を定めた条約で、18歳未満の児童（子ども）を権利をもつ主体と位置付け、大人と同じように、一人の人間としてもつさまざまな権利を認めるとともに、成長の過程にあって保護や配慮が必要な、子どもならではの権利も定める。大きく分けると、生きる権利、育つ権利、守られる権利、参加する権利に分けられ、前文と54条から成る。日本ユニセフ協会抄訳は下記から読める。https://www.unicef.or.jp/kodomo/kenri/syo1-8.html〕

「生き残る力」VS.「共に生きる力」

武田　さて、大多数の大人たちは子ども想いです。子どもの健やかな発達を願っていま

生きる
育つ
守られる
参加する
子どもの権利は
守られていますか?
子どもの権利条約
(児童権利条約)
人として当然求めていいことを
その力や地位、立場にかかわらず
お互いに社会的に認め合うこと

● **差別の禁止(差別のないこと)**
すべての子どもは、子ども自身や親の人種や国籍、性、意見、障がい、経済状況などどんな理由でも差別されず、条約の定めるすべての権利が保障されます。

● **子どもの最善の利益(子どもにとって最もよいこと)**
子どもに関することが決められ、行われる時は、「その子どもにとって最もよいことは何か」を第一に考えます。

● **生命、生存及び発達に対する権利(命を守られ成長できること)**
すべての子どもの命が守られ、もって生まれた能力を十分に伸ばして成長できるよう、医療、教育、生活への支援などを受けることが保障されます。

● **子どもの意見の尊重(意見を表明し参加できること)**
子どもは自分に関係のある事柄について自由に意見を表すことができ、おとなはその意見を子どもの発達に応じて十分に考慮します。

訳は、https://www.unicef.or.jp/about_unicef/about_rig.htmlより

図1-13　「子どもの権利条約」4つの原則

す。でも、子どもの権利を知らず、子どもの発達を知らないと、気付かないうちに子どもたちに不公正なふるまいやマルトリートメントをしてしまうかもしれません。少し考えてみましょう。

最初に**「体罰」**です。大人たちは「子どものために」と言って体罰を与えてきました。家庭内暴力・校内暴力など、**子どもから大人に対しての暴力は「暴力」と呼ばれるのに、先生から子どもに対しての暴力は、「罰」と呼ばれるん**です。

また、大人たちは「子どものために」と言って**「宿題」**を出してきました。しかし、これは子どもの「残業」ではありませんか。フランスでは1956年に小学校の宿題（筆記）が法律で禁止されています。また、東アジア地域以外では学習塾は一般的ではありませんが、北欧など、宿題も塾も一般的でない国々が国際学力テストで日本と変わらない結果を出しています。

さらに、日本の大人たちは「子どものために」と言って**「しつけ」**を強制してきました。でも、仮に同じことを大人たちが強制されたら、絶対に大人たちは反抗すると思います。

最後に、**「安全」**です。子どもたちは安全のために、行動を制限されることが少なくありません。例えば「交通ルールを守らせるのは子どものため」と言われます。でも、車を優先する社会では、子どもたちは道を自由に歩くことも遊ぶことも許されません。かつて路地は子どもたちの遊び場だったのに。オランダには、車よりも弱者である人が優先される道路があるのを見ましたが、今、子どもたちが家の近くで遊ぶ環境を保障するよりも、車による経済活動のほうが大事と考えるのが日本なのです。

子どもたちをこうして「よかれと思って」育ててきた結果として、子どもたちの発達はどうなっているでしょうか。日本体育大学の野井真吾教授は、『子ども〝からだと心〟クライシス』（かもがわ出版）の中で、養護教諭等から集めた、前頭葉機能、自律神経機能、体温調節機能、睡眠・覚醒機能、ネット依存などの身体的な症状や脳の機能のデータをもとに、この40年間の子どもたちの変化を研究しており、その中で「日本の多くの子どもたちは虐待を受けている子どもたちと同じ身体症状を呈していると解釈できる」（138頁）と述べています。

また、野井氏らの2020年調査〔※「子どもの〝からだのおかしさ〟に関する保育・教育現場の実感：『子どものからだの調査 2020』の結果を基に」https://www.jstage.jst.go.jp/article/educationalhealth/29/0/29_3/_pdf/-char/ja〕では、「最近増えている」という保育・教育現場の先生方の実感の回答率は、**【図1-14】**のようになっています。

この結果はこの40年間で大幅に変化しており、たとえば、1979年には、保育所で「すぐ『疲れた』という」が10・5%だったのに〔※「子どものからだの調査 2015」結果報告http://kodomonokaradatokokoro.com/images/j20151.pdf〕、2020年では54・4%、「背中ぐにゃ」が11・3％から62・4％と増加し、全く新しい項目として、「AD／HD傾向」「夜、眠れない」「絶えず何かをいじっている」などの項目が入ってきています。この数値は保育所における結果ですので、保育所の段階でこういった状況の子どもたちが小学校に入学してきたときに、一体どうやって小学校の先生は対応していけばよいのか。このような状況では先生方が対応できないのは当然でしょう。

大人の価値観は子どもの育て方へとつながります。大人たちは日本で育って身に付けた価値観で、「よかれと思って」子どもに働きかけます。しかし結果として、子どもの育ちの現状はどうなったかを見極めたいところです。日本の教育は、学力や勤勉さ、道徳性、従順さ、リテラシーなどの面で成功したと言われるかもしれないけれど、自殺、不登校、ひきこもり、うつ、いじめ、学級崩壊等の問題や犠牲を生んできてしまった。自分が送りたい人生を送れるように、そのための力を身に付けることを支えるのが学校だったはずです。だからこそ今ここで、「どんな大人を育てたいのか」、もう一度考えてみたいのです。そして、大人であるみなさん自身は、一体どんな人生を送りたいのでしょう。自分がどんな価値観をもっているのか。そんなことを、今一度、見つめ直してみたいのです。

さて、ここまでさまざまな論点を挙げてまいりました。植物を育てたことのある方なら

保育所（n=125）		幼稚園（n=75）		小学校（n=445）	
1. 保育中、じっとしていない	76.8	1. 保育中、じっとしていない	70.7	1. ネット・ゲーム依存傾向	78.4
2. AD/HD傾向	64.0	2. 背中ぐにゃ	60.0	2. 視力が低い	76.4
3. 背中ぐにゃ	62.4	2. 発音が気になる	60.0	3. アレルギー	67.0
4. 夜、眠れない	60.0	2. アレルギー	60.0	4. AD/HD傾向	61.6
5. 絶えず何かをいじっている	59.2	5. オムツがとれない	58.7	5. 授業中、じっとしていない	57.5
6. 周りの刺激に過敏	56.8	6. ネット・ゲーム依存傾向	57.3	6. 背中ぐにゃ	56.6
6. 皮膚がカサカサ	56.8	7. 自閉傾向	54.7	7. すぐ「疲れた」という	50.3
8. 床にすぐ寝転がる	56.0	8. AD/HD傾向	53.3	7. 自閉傾向	50.3
9. 発音の仕方が気になる	55.2	9. 皮膚がカサカサ	48.0	9. 不登校	50.1
10. すぐ「疲れた」という	54.4	10.便が出なくて困っている	46.7	10. 周りの刺激に過敏	49.4

中学校（n=260）		高等学校（n=188）	
1. ネット・ゲーム依存傾向	78.5	1. ネット・ゲーム依存傾向	77.1
2. 不登校	74.6	2. アレルギー	69.1
3. 視力が低い	72.7	3. 頭痛を訴える	68.6
4. 頭痛を訴える	68.1	4. うつ傾向	61.2
5. アレルギー	66.9	5. 夜、眠れない	59.0
6. OD傾向	66.2	6. AD/HD傾向	55.3
7. 夜、眠れない	65.0	7. OD傾向	54.3
8. AD/HD傾向	55.0	8. 視力が低い	51.6
9. すぐ「疲れた」という	54.2	9. 平熱36度未満	51.1
9. 朝、起きられない	54.2	10. すぐ「疲れた」という	50.5

注:表中の数値は%を示す

図1-14　「最近増えている」という実感の回答率・ワースト10
（野井ら、2022、6頁の表2を転載）

お分かりかと思いますが、問題のあるところをチョキンと切ると、他の芽が出てきます。どんどん、どんどん他の芽が出てきてしまう。学校教育においても、発生するさまざまな問題を一つ一つつぶして対策をしても、例えば不登校やひきこもりは今も続いています。これはなぜか。学校教育のあり方や養育環境、社会システムの構造の問題、つまり「根っこの部分」が変わっていないからです。**社会の価値観の根っこの部分を丁寧に育てていくこと**から考えなければなりません。

２０２０年の世界幸福度ランキング1位から7位までの国〔※フィンランド、デンマーク、スイス、アイスランド、ノルウェー、オランダ、スウェーデン〕を全て訪れたことがあります。日本は62位でした。そういった国で育つ子どもと、日本で育つ子どもたちのウェルビーイングが違うとするならば、私たちが今いる社会のあり方を問い直す必要があるのではないでしょうか**〔図1-15〕**。

私は教育の場面でもっと「リフレクション」がなされる必要があると考えています〔※例えば、武田信子ほか編著『教員のためのリフレクション・ワークブック』（学事出版）参照〕。リフレクションとは、私たちのあり方そのものを問うということです。著名なフレット・コルトハーヘン〔※オランダ・ユトレヒト大学名誉教授。専門は教師教育者の専門性の開発及び教師教育学。例えば、F・コルトハーヘン編著、武田信子監訳『教師教育学』（学文社）など参照〕が述べているのは、「授業を振り返る」ということですが、私は日本においては「**社会を振り返る**」こと

世界幸福度ランキング

(World Happiness Report 2020)

1位 フィンランド
2位 デンマーク
3位 スイス
4位 アイスランド
5位 ノルウェー
6位 オランダ
7位 スウェーデン
8位 ニュージーランド
9位 オーストリア
10位 ルクセンブルク

□ は北欧5か国

・
・
・

日本は62位

生まれた国が違うと、
子どもの幸せが
違ってしまうの？
なぜ？ それでいいの？

子どもの幸福度ランキング（精神的幸福度）

（ユニセフ「レポートカード16」より）

・日本　37位

図1-15　世界幸福度ランキングと子どものウェルビーイング（2020）

が必要であると考えています【図1-16】。学校を取り巻く社会のあり方を問わなければ、個別に起きてくる問題や事例への「対処」をしていてはもう間に合いません。「防止」でも間に合いません。これだけ教育全体が大変な状態になっている現代においては、一見、遠回りに思えるかもしれませんが、**社会を根本的に振り返って「予防」するところから始めなければならない**【図1-17】。そう思っています。

【対談】子どもに試練を与える教師

川上　ありがとうございました。武田先生のお話をここまでしっかり聞かせていただき、学校の視点だけでは不十分だということをあらためて感じました。社会全体で価値観を見つめ直さなくてはならない。最後に「リフレクション」という言葉を出されていましたが、学校には、なかなか変われないという組織風土が根強くあります。だからこそ、自分たちを見つめ直すリフレクションに踏み込む勇気が必要なのだと感じました。

武田先生は、海外を回る中で、日本にはよさもあるけれども、海外から見たときに「ここはおかしい」ということが結構あることが分かってきたと、おっしゃっていました。具体例の中には、日本の朝礼を見たカナダの先生のお話や、オランダの教育のお話もありました。現在の日本でこれだけ不登校があり、学校に行けない子どもたちがたくさんいると

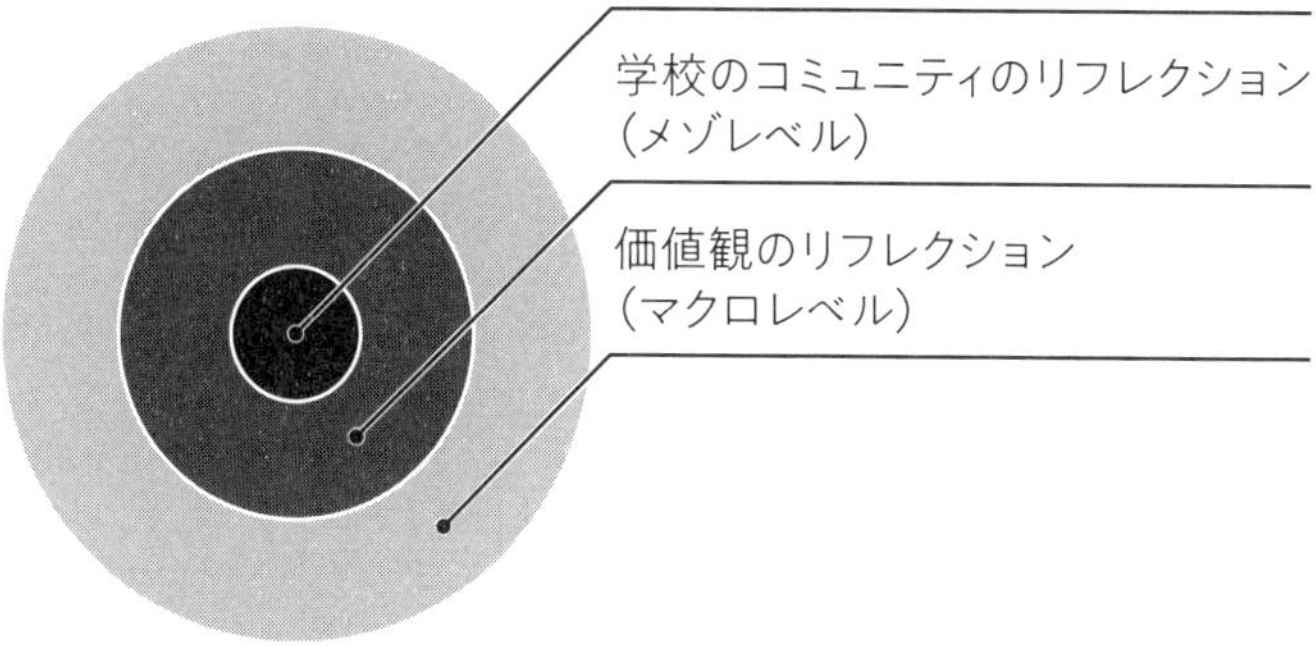

● ミクロレベル

授業や日頃の言動などの教育における個人の実践を、教育技術や教材研究などの視点から吟味するリフレクション。

● メゾレベル

学校とそれを取り巻くコミュニティを、実践の場のあり方としてどうかと吟味し、所属する組織の構造や学校文化を問い直すリフレクション。

● マクロレベル

教育実践の背景にある文化、政治、経済、法律などの社会システムやそれを支える価値感に対するリフレクション。あたり前とされている教育のあり方や将来的な教育ビジョンについて、子どもたちの幸せの観点から問いかけるリフレクション。

図1-16　教育に関する3種のリフレクション
（武田ほか、2016、13頁の図を転載、14-15頁を抜粋引用）

いう現実を、武田先生はどういうふうに見てらっしゃいますか。

武田　私は、自分の子どもを育てるときに、「普通の学校に行って不登校にならないような子どもに育てるつもりはない」って言っていたんですよ（笑）。びっくりされましたけれど。そのくらい、自由な中で子どもたちがのびのびと暮らすことができる学校というのをカナダで見てきていて。日本に帰国したときに、息子が「お母さん、〝学校〟とスクールは違うんだよ」と言うくらいに、異なるものだったんですよね。私自身が、ずっと座らされたまま授業を聞き続けることを苦しいと思う人間なので、そういう状況を当たり前だと思わなければならないような、つまり**「それ以外の方法」**をもたない日本の学校教育を問題だなというふうに感じてきました。

また、20代の大学院生の頃に、公立学校共済組合関東中央病院精神神経科（当時）で6年間研修させていただいていて、子どもたちがどんどん学校から送り込まれてくる様子、あるいは精神状態が悪くなった先生たちが来院する様子を見ていましたので、これは一体何なのだろう？　と。あの頃から「学校側が変わらないとならないのではないか」と、思ってきました。

川上　武田先生は教師教育の視点からも本を書かれていますが、私が大学生の頃の教職課程は、子どもたちは教師の話を聞く前提であって、一斉指導のインストラクション（説明や指示・発問）のスキルばかりが強調されていたように思います。でも、今の子どもたちの

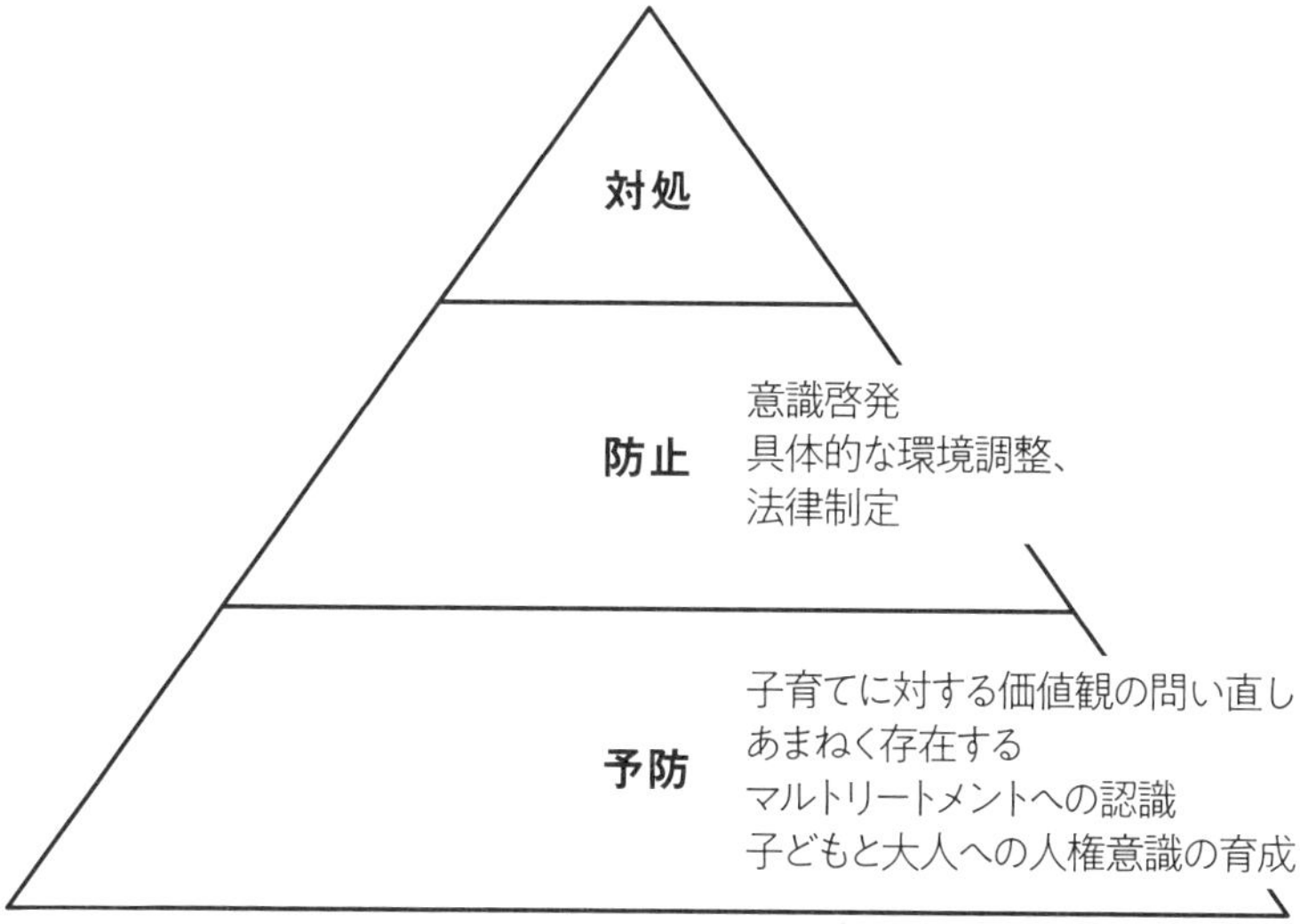

図1-17　問題への対応と予防（どこを目指すか？）

実態を考えると、むしろ子どもたち同士をつなぐファシリテーションのスキルを磨くことに重点が置かれるべきなのではないかと思っています。大学の教員養成ではその辺りはどこまで意識されているのでしょうか。

武田　意識しておられる先生方は増えてきているとは感じます。でも、やってみると分かるとおり、子どもたちを自由にして、ファシリテーションの力で巻き込んでいくというのは、とても難しいことなんですね。ある程度の技法が必要です。しかし、大学の先生方はそれを体験しておられないし、その必要性もあまり感じていないように私には思われます。なぜなら、大学には教員次第でつけられる成績評価がありますから、単位をとらなければならない学生からすると、大学の教員に対して意見しにくいのです。そうすると、教員側は自分たちが大事だと思うものをレクチャーし、「レクチャーについてこられないのは、学生の側が悪い」と言って済んでしまう環境なんですよね。

例えば、オランダでは、かなりオルタナティブなやり方が必要であるということが認識されて、大学の先生たちから変わっていった。そういった「大学の中から変わる」という変化のあり方は、日本の大学のあり方と相当に違う気がします。そもそもゼミ自体が、あるいは授業自体が、西洋の多くの国で、学生たちがより自由に学べるような内容を取り入れていますからね。

川上　なるほど。一方で武田先生も触れていらっしゃったように、「子どもを育成する」

ということに力が注がれている部分が大きいです。自由な雰囲気で学ぶということに、教師側が慣れていない。騒がしくなることを懸念して、「じゃあ、黙って聞いている子たちは我慢しろと言うのか」「じゃあ、まじめに取り組みたい子たちの学習権を保障しなくていいのか」という角度からの意見がきます。私の立場である「特別支援教育」についても、「特別支援は甘えであり、厳しさがなければ社会でやっていけない」と言う教師も現場にはいます。

社会全体が教育に求める風土の根っこに「苦労や試練を経験しなければ人は成長しない」といった意識が見え隠れしているように思うのですが、いかがですか。

武田　どんな苦労や試練がどこまで必要か、ということなんだと思います。先ほどの野井先生の研究にもありましたが、脳に悪影響を与えてしまうほどの試練を仮に子どもに与えてしまえば、結局のところその子どもの人生が台なしになってしまうわけです。そうすると、子どもたちが成長するためには、先生方が発達や学びのあり方について知っていなければなりません。**絶対的な権力をもっている者が権力のない者に対して「試練」を与えるというのは、暴力的な行為以外の何物でもない**と思います。

教師教育とセルフスタディ

川上　先ほどの「ディスエンパワーメント（力を奪う）」という言葉に対して、参加されている方の中にも、強いショックを受けた方もいらっしゃると思います。本来であれば、学校は、子どもたちの成長や発達を応援していく立場であるはずなのに、実際には、「どうせ頑張っても無理だ」という意識を早くから植え付けていってしまう現状もあります。ご講演では「予防が重要である」ともおっしゃっていましたが、学校でできる予防策の「ここが一番のポイントだ」ということがあれば教えてください。

武田　予防をするためには、まず、みんなが「気が付く」ことが大前提だと思うんですね。先ほど言いましたように、**気が付くための「眼鏡」がなければ、見えていなければ、それが問題であるということ自体が分からない**わけですから。

10年ほど前までは「体罰も大事だ」と言っておられる方も多かったと思います。それが、今では「体罰はダメだ」というふうに認識が変わってきた。もちろん、学校教育法では戦後まもなくから既にダメだと言っていますが〔※1947年3月29日法律第26号、第11条〕。だからこそ私たちには、まず問題に気付くための眼鏡が必要だと思うのです。

次に、誰かが正解をもっていると思わないことが大事でしょう。もちろん、私も自分の本の中では「あれがいい、これがいい」などと書いてはいるのですが、それは私の考えにすぎません。重要なのは、みんなで対話しながら考え始めるということ。みんなで振り返って、みんなで考え始めるということを先生方ご自身がしなければならない。例えば「文部科学省がこう決めたから、こうしましょう」ではなく。もちろん、先ほど挙げた「子どもの権利条約」のように、私たちは法律などがあることによって、知ることができるわけですから、法律などの知識は言うまでもなく大事なのだけれども、個々の対応に関しては、**答えは先生方と、そして何より子どもたちがもっていると思います。**まず、子どもに聞いてみる。「これはどう？」と聞いてみると、「この大人は信頼できる」と思っている場合はちゃんと答えてくれますし、こちらの相談に子どもたちは乗ってくれると思います。

ですから、私がここで「こうするといいですよ」なんて言ってしまうこと自体が、「正解をもっている人がもっていない人に教える」という日本の教育構造そのものになってしまうような気がしていて、私が言えることは「今の状態は、問題なんじゃないですか」という、問題提起のところまでなのではないでしょうか。

川上　なるほど、すごくよく分かりました。私も含めてですが、子ども時代には与えられた問題に対して早く正解にたどり着くことが評価されて大人になっていますよね。でも、実際には、問題が**「あれども見えず」の状態**というのは世の中にはたくさんあります。答えがないことに対して、正解を自分たちからつかみ取りに行くためには、別の角度から「果たしてこれは本当に問題と言えるのか」「誰にとってどのような問題なのか」という検討の視点も必要ですし、あるいは「表面化していない部分に真の問題があったのだ」と、気付く視点も必要だと言えます。加えて、「問題意識や違和感を感じた際に、周囲の人たちと協力して問題解決に当たってきた」という経験も大切になります。

まとめると、自分自身で考えないといけない、ということになりますね。

武田　そのためにも、セルフスタディという方法を日本に導入したいと思っています。セルフスタディでは、自分の実践を研究にするための方法論に基づいて研究を進めるのですが、「研究」という以上、単なる実践記録ではないことが求められます。先生方が自分のやっていることの意義と、さらによりよい方法を自分自身で見つけていくことができるようになったらいいなと思っています〔※教師教育学においては、国際的に、実践と研究の往還を実現するセルフスタディの方法論が確立されている。ジョン・ロックラン監修・原著、武田信子監修・解説の『J.ロックランに学ぶ教師教育とセルフスタディ』（学文社）などを参照〕。

ですからその意味では、川上先生や私が、いつまでもこうやってセミナーなどで教えているような状況ではいけないのです。今日のような話題が、「そんなのみんな知ってるよ」と言われるような状態にならなければいけません。

海外で日本の教育の現状を話すと、みなさん唖然《あぜん》となさるんです。「日本は経済的に成長をしたし、暴動も起きないすばらしい国なのに、そんな教育をしているの？」と、一般市民の方に驚かれるような状況です。ですから私はぜひ先生方にも、海外の自由な学校教育も見てきていただきたいと思っています。例えば、47都道府県で毎年10名ずつ、1か月か2か月、人権意識の高い海外の学校へ派遣していけば47×10×10年間で4700人になります。その先生方が、教育委員会に教育改革を提言していくようなシステムなどができたらいいな、と。

川上　今回刊行した『教室マルトリートメント』自体が根本的に「え、まだこんなこと言っているの？」と言われるようなレベルの話だということですよね。変わっていけなければ、もはや日本の教育は取り残されるどころか、「ただただ異質」としか見られないということになります。

武田　そうですね。「何十年前のカナダもオランダもそうでしたよ」なんて言われるような話で。例えば、コミュニティ・スクールを日本が導入し始めた頃に、カナダに滞在していたのですが、その頃既にカナダではアメリカのチャーター・スクールの問題点が論じられていました。また、オランダの教師教育者であり政治家のウィム・ウェスターマン氏は40年前に既に今でいうPBLや子ども主体の学びをどうつくるかということについての具体的テキストをグループで試行錯誤しながら作っておられました〔※武田信子・横須賀聡子「オランダにおける教育方法の開発プロセスからの示唆（教師教育のリアリスティックアプローチの展開）」武蔵大学総合研究所紀要第23号、2013年、21-28頁参照〕。

さらに、日本ではデンマークの民主主義やフォルケホイスコーレという学校が注目されていますが〔※デンマーク発祥の北欧独自の成人教育機関。成績や試験はなく、対話や民主主義の体験を重視する〕デンマークの生涯学習や実践的な学びの場が始まったのは、19世紀です。

オランダ滞在中にアムステルダム自由大学大学院の先生方に日本の教育についてのレクチャーをしたのですが、日本の旧態依然としたスクール形式の授業や受験システムにみなさんとてもびっくりしておられました。ですが、希望があるとすればそれだけ「**変化している国がある**」ということです。オランダもそうなのですが、以前は教室での体罰が当然だった国もそれをやめ、今では子どもたちがハッピーだと言える国になっていることを考えれば、日本だって変われるはずだと私は思います。

川上　変わりづらいかもしれないけれど、変われるという希望をもっていないと、踏み込めないですよね。

武田　そのとおりですね。植松努さんの「だったらこうしてみたら？」という言葉をご存じでしょうか〔※株式会社植松電機・代表取締役。人工衛星HIT-SATの開発に携わり打ち上げに成功。小説『下町ロケット』のモデルといわれる。著書に『不安な時代に踏み出すための「だったらこうしてみたら？」』（PHP研究所）など。現在700万回以上の再生数であるTEDxSapporoでのスピーチ「思うは招く」は、下記から視聴可能。https://www.youtube.com/watch?v=gBumdOWWMhY〕。

マルトリートメントの状態を問題だと感じるみんながそれぞれ、「無理だ」と思わずに、「だったらこうしてみたら？」という言葉を言い始められるといいなと思っています。

【Q&A】安全に失敗できる場で、レジリエンスを高める

川上　チャット欄のほうには、既にたくさんのコメントが届いておりますが、全てのご質問に「切実さ」が読み取れます。

武田　そうですね。チャット欄を見て、一つ補足させていただいてもいいでしょうか。さきほど、「試練」ということについてお話ししましたが、それに反応してくださった参加者の方もいるのであらためて補足したいと思います。私は、試練というのは、生きていれば必ずどこかでやってくるものだと思うんです。**その試練を先生がわざわざ与えなくてもいい。**むしろ、学校という場所は、安全に失敗したり、安全に間違えたりするということがたくさん体験できる場であってほしい。失敗や試練に出合ったり間違えたりしたときに、その場が安全で、みんなに守られながらやり直しができる、もう一回トライできる。それが学校という場じゃないでしょうか。だって、まだ育っていないわけですから。育つ前の子どもに対して試練を与えるというのは、間違っているように私は思います。

川上　そうなんですよね。それに関連して「**同僚に教室マルトリートメントの考えを紹介した際に、『ガラスのメンタルの子が増えてしまわないか？』と言われました**」というコメントもいただきましたが、私も、レジリエンス（立ち直り力・回復力）の研究について調べていた際、レジリエンスが高い人の要件というのは、大人から試練を受け続けた人ではな

く、「新奇性」つまり、**新しいものに対して積極的に取り組もうとする性質**であるとか、**切り替えが上手な人**であるとか、あるいは**人を頼るスキルがある人**であるとされていました〔※詳細は、藤野博・日戸由刈監修『発達障害の子の立ち直り力「レジリエンス」を育てる本』講談社、14-15、50-51、82-83頁を参照〕。

武田　同時にそれは、川上先生の本で使っておられる用語で言えば「安全基地」が必要だということですよね。安全基地がある人、安全基地がしっかりつくられた人のことだと思います。**「この世界は、自分をちゃんと迎え入れてくれる」**ということを小さな頃、0〜2歳、遅くとも6歳頃までの間でつくり上げることができていれば、自分で何かに挑戦することができるようになるけれども、それがないままに試練が与えられてしまうと、それこそ「メンタルがやられてしまう」ということになる。もし、小さな頃から安全が保障されない環境で育ってきた子どもがいたら、その子ができないことを叱るのではなくて、学校の中にこそ安全基地をつくる必要があるのですよね。

川上　チャットでは、高等学校の先生から「**無気力な状態、将来の夢のない状態の生徒にどう関わったらいいいか。無理強いとか脅しめいたことを避けつつ、どのように関わり、声かけをしていけばいいか**」というコメントもいただきましたが、やはり先生たちが、安全基地としての機能を果たせているのかどうかということに気付き、「上から」ではなく、もう少し**子どもたちの「後ろから」「横から」という姿勢でサポートをする**ことが、まずできているかどうか、というところからですよね。

武田　そうですね。生命誌研究をなさっておられる中村桂子先生〔※生命誌研究者、ＪＴ生命誌研究館名誉館長。著書に『生命誌とは何か』（講談社学術文庫）など〕が、生物に上下関係はない、「中から目線」であることが大事だと言っておられて、私はすてきな言い方だなと思います。

でも、もし先生が難しいのであれば――つまり、先生と子ども間には権力関係があるので、どうしても「上から」になりがちなので――、先生ではない第三者が、学校の中に関わっていけるような仕組みをつくることも同時に必要かもしれませんね。図書室や保健室などがそういった役割を果たしていることもよくあって、学校内に「居場所カフェ」という場をつくる取組〔※例えば、神奈川県立田奈高等学校の「ぴっかりカフェ」（ＮＰＯ法人パノラマが主体となって運営）など。校内の図書館を在校生の居場所づくりとして活用する〕も出てきていますから、参考にしていただきたいですね。

チャット上のコメント

- 人の人生に試練を与えるという考えは思い上がりだと思います。
- 教師の呼びかけに対し、子どもが口を揃えて大声で「はいっ!!」「ありがとうございましたっ!!」というやりとりを耳にすると、毎回胸の中が苦しくなります。
- 結局のところ、「人権意識の希薄感」からきているのではないかと感じています。

枠にとらわれすぎない

川上　……あ、チャットでコメントをくださった方の中に松尾英明先生がいらっしゃいますね。松尾先生は『不親切教師のススメ』（さくら社）というご著書を出された、学校の先生です〔※「きめ細かな」「個に応じた」指導が重視される学校だが、度をすぎて「親切すぎる」「丁寧すぎる」対応や習慣が多く、実は、これが子どもや保護者を苦しめる原因となっているのではないかという問題提起とともに、「そもそも教師がやたらと〝親切〟なのはなぜなのか」を考察し、教師があえて〝不親切〟になることで子どもたちを主体的に伸ばすことができるのではないかという提案を具体例とともに紹介。版元HP書誌情報から要約〕。**『やりすぎ教育』も『教室マルトリートメント』も全て「枠組み」によるものなんじゃないかと思います。保護者や学年間で、「揃える」ことを求められるところもあり、昨今若手教師が多いこともあって『枠がないと困る』という声もあります。この辺りのバランスや扱いについて、ご意見をうかがえたら**」と書いてくださっています。松尾先生、よろしければマイクをONにしてお話しいただけますか。

松尾　ありがとうございます。私自身は、「揃える」ということが今、すごく学校現場に求められてしまっていると感じるんです。若い先生方などからすると「どうしていいか分からないから、（足並みを）揃えないといけない」。学校からすると「保護者の要望も考えないといけないから、揃えないと」と、みんなよかれと思ってやっていたとしても、結局はその枠組みが存在することによって、とにかく「その枠組みから抜けてはいけない」と、無思考に陥ってしまっていると思うんです。

ある種、学校が親切すぎて「こういうふうにしたほうがいいよ」と、全部をやってしまうことは、結果的に、その枠にはまらない子については「あなたはダメだね」という判断をしてしまうことにつながる。それが結局、「やりすぎ教育」につながってしまうんじゃないかなと思うんです。この辺りについて、私自身は、あくまでスタンダードのようなものがありつつも、「他も選べるよ」という、選択肢があるようなやり方を勧めたいと思うんですよ。

しかし、そのように伝えても、「でも、枠がないと困るよ」「いや、揃えないとダメだよ」と言われることがすごく多くて、こういった現状をどうしたらいいのか、おうかがいしたいなと思いました。

武田　「枠」がなくても大丈夫な場所を少しずつ増やしていくことかなと思います。学校がもしダメなら、家庭や放課後

チャット上のコメント

- 学校の先生は、管理的な学校システムを受け入れてきた人が先生になっています。ですから、学校にこられない子の気持ちは基本的に分かりづらいのではと思います。だから「なんで学校にこないの?」（みんな頑張ってきているよ）、「学校にきたら楽しいよ」「普通は学校にくるもんだよ」（あなたは普通じゃない）と。私もそんな先生の一人として自分を戒めています。

は緩いとか、そういったことがあればまだいいわけですよね。学校が厳しい子どもたちが、部活動や学童保育、あるいは例えば仮に放課後に商店街の方との会話などで救われたりすることがあればいいのですが、今はそういった「別の居場所」すらないのですよね。学校が終わった後の別の場所までもが「枠」の厳しい場になっている。

子どもの生きている時間の中で、学校にいなければならない時間は24時間のうち3分の1しかない。24時間のうち、学校という厳しい時間が8時間あったとしても、残りの16時間を豊かにしていく、というのも一つの手だと私は思っていて。だったらその他の時間の部分を、なんとか広げていきたいと思い、だからこそこれまでそこに力を注いで活動してきたわけですが、逆に言うと、その分、学校の先生方と対話する機会が、少なかったなぁというふうにも思っていますが……（苦笑）。

先ほどの講演でも述べたとおり、子どもはこれまで、学校と家庭だけではなくて、それ以外の世界の中で、つまり、第三者が関わる場としての地域の中で生きてきたと思うんです。今はなかなか、その機会も時間もなくなって、子育ても教育も孤立した中で行われがちですから、家庭も学校も、「自分が育てている！」という意識になる分、ものすごく責任感が強く、それがどうしても「圧」とつながっていく。ある意味、そういったことから解き放たれた、責任感のない人たちが関わる場というものもないと、子どもたちが追い詰められてしまうように私は思っています。

そのような、ある種「**曖昧で無駄で意味のない**」ような人たちとの関わりをもっと増やせないか。そして、そういった家庭と学校以外の社会を、どのようにシステムとして見せていくのかが課題ですね。熱心に誤った方法を用いてマルトリートメントのようになってしまっていたとしても、周囲に子育てや教育の経験があってほどほどにできる人がいたり、子どもに過度な期待をしない人がいたり、交代で面倒を見たりしていれば、いつの間にかさまざまな手が加わってストッパーがかかり、子の育ちは均《なら》されます。

今はもしかすると、スマートフォンの中に、そういった家庭と学校以外の世界があるかもしれませんが、それをもし使うにしても、ちゃんとコミュニティとして機能するように場を設計していかなければいけないというふうに思っています。

川上　松尾先生、ありがとうございました。

教師に、安全な基地を

川上　さて、チャット上には若い先生からもコメントをいただいて

チャット上のコメント

- 学校、家庭、地域のトライアングルで育てていくという考えの中で、一番最初に落ちていったのが地域だと思います。大人も子どもも地域との関わりはないですね ・・・。

います。「恥を忍んで相談させてください。もうとにかく自分の心を保って笑って。２学期、子どもたちとどうやって過ごしたらいいだろうか」というふうに書いていただいています。

子どもに安全基地が必要であるのと同じように、教師にも安全基地が必要です。ただ、ご自身の勤務する学校の中で、誰もがみな、安全基地に該当するような人がいるかというと、そういうわけでもないのが現実でしょう。ですから、今日のようなセミナーに意を決して参加してくださり、チャットでもコメントしてくださったのをきっかけに、いろいろな先生同士が「分かるよ」とか「苦しかったよね」とか「こういうふうにちょっと前向きにやってみようか」とか、そういった視点で互いに支え合えるような、勤務先以外の場が必要なのではないでしょうか。武田先生、いかがですか。

武田　そういった場をつくらないとならないのだなぁと、今日はひしひしと感じています。ＳＮＳなども含めて。今ここでつながった人たちが、また次のアクションをつくる。これを繰り返していくしかないですし、そうすることで、私を含めて自分自身も癒やされていくんですよね。何かを人に伝えたり新しい行動をしたりする際には、周囲から批判も受けるでしょうが、私は批判の中には真実が潜んでいることがあるなと思うことがあります。「どうしてこの人は、私にこういう言葉をぶつけたくなったのだろう。その人が抱えている何かがあるはずだ」と思うと、そこから学べる。だからこそ、いろんな人とやりとりがしたいんです。

川上　相手が何らかのマイナスな感情をぶつけてきたときに、**相手の不安や焦りの中身を探ること**が大切ですね。また、相手側に「私はちゃんと育てなければいけないと思っていて、それを頭から否定するのか」という思いを抱かせてしまうことがあるのかもしれません。

武田　加えて、先生方が、よい情報をもっていないように思うんです。私が海外の学校の話をしたりすると、「全然知らない」とおっしゃる方がたくさんいらっしゃるんです。「そんな学校が存在するなんて知らなかった」「そんな先生が存在するなんて知らなかった」と。「いやいや、あなた一人だけでそれを知ることは難しいですから、情報が得られるようにアンテナを立てておいてください。私たちが発信していきますから、聞いてくださいね」と、伝えていきたいなとすごく思います。

チャット上のコメント

- コミュニティ・スクールの形態をとっている学校は一見よいように感じるかもしれませんが、地域も「責任をもって育てる」立場としての意識が強くなり、同じように圧をかける立場になってしまっている側面があります。見ているものが違いすぎてしまい、お互いに別々の圧を子どもにかけてしまっているように感じます。

自分の違和感を大切にする

川上　さて、学校現場で奮闘されていらっしゃる方で「これは生の声で話したい！」という方はいらっしゃいますか。……では、イイダ先生（仮名）、よろしくお願いします。

イイダ　貴重な機会を頂戴しまして、ありがとうございます。私は今、小学校の教師をしておりまして、10年目になります。思い上がりかもしれないですが、少しでも子どもたちや保護者のみなさまの力になりたい。でも一方で、自分の30年間生きてきた人生において見たり聞いたりしてきたものしか（材料が）ない中で、どうしても子どもに対して押しつけであるとか、ややもすると虐待に近いようなことを、何の疑いもなくやってきたな、というのが正直なところです。

　子どもたちを一年間お預かりする中で、付けていこうと計画されているもの（力）があって、預かった以上は最低限、そこはやる必要があると思っていて。できることならば、子どもたちが、身の安全が保障された穏やかな時間が過ごせる空間をつくりたいと思っているのですが、子どもたちがそのよさや、そうするためにどうしたらいいかということをもちろん知らないので、それをこちらが伝える方法を私自身まだ分からなくて、子どもに圧力をかけてしまったりとか、恐怖心を植え付けてしまったりして……。なんだか見かけは落ち着いてるように見えるけれども、子どもたちにとって、本当に安心できる場所であったのだろうか、ということは、毎年疑問に思いながら過ごしてきました。

今日、武田先生から海外の教育の様子を聞かせていただいて、また、子どもたちがじっとしてずっと座っているということが異質な状態であるという例も聞いて、「じゃあ、どうしたらいいんだろう?」と、同時に感じています。自分は、また9月（2学期）から現場で子どもたちをお預かりして、彼らと一緒に過ごす必要があるわけで、今の状態が異質であるということを知りながらも、その異質であることをまた9月から子どもたちに強いるのか……、と思ったときに、これからどういう心持ちでいたらいいのだろうか……という気持ちでいます。

川上　イイダ先生のお話には、切実さの中に「誠実さ」も感じます。また、前向きにこの状況を受け止めつつも「前に一歩進みたい」というお気持ちも感じました。武田先生、いかがですか。

武田　まずは、とても誠実な方であるが故に、そして今

チャット上のコメント

- 教師の安全基地……。子どもを尊重する教師集団にするために、教師もまた大切にされる学校風土をどうやってつくっていくか。
- 職員室が職員みんなにとって安全基地になるといいですね。
- イイダ先生、誠実さを感じます。何とかしなきゃという気持ちが伝わる。学び合えればいいと思いますが、現実は厳しいですかね。その誠実さすばらしいです。

日のこの会に出席してしまったが故に、苦しくならないでほしいな……、というふうに思います。脱出のためには、例えば一つには、教育ファシリテーターの武田緑さん〔※人権教育・シティズンシップ教育・民主的な学びの場づくりをテーマに、企画や研修、執筆、現場サポート、教育運動づくりに取り組む〕という方がいらっしゃるんですが、彼女が著した『読んで旅する、日本と世界の色とりどりの教育』（教育開発研究所）という本があります。海外の教育がさまざまに紹介されているので、読んでみるのもいいかもしれません。

それから、「一年間に、これだけのことを教えなければならない」というふうに考えていると、「自分が、この子たちに教えなければならない」と思ってしまいそうなんですけれど、教えなくても「学べば」いいんですよね。子どもが、結局一年後までに。だとすると、私のアイデアとしては、教科書と一緒に教師用指導書や学習指導要領を渡してしまうという手もあると思います。実際に中学校でそのようにやっておられる先生がいらっしゃいます。子どもたちにそれらを渡して、読める子が他の子に説明するようなやり方だっていいじゃないかと。実は子どもたちは、そのくらいのスタンスでもきちんと学べるんです。**「私が全部教えなきゃいけない」と思っているところからまずは解き放たれること**。別に「とにかく子どもに指導書を見せなさい」ということを言っているわけではなくて、「全部教えなきゃ」から解き放たれて「学べばいいんだ」というふうに、ちょっとだけ考え方を変えていただけたらいいなというふうに思います。どうやって教えるかを考える以前に、子どもたちが学ぼうという気持ちになれる場をどうつくるかが大事です。

川上　子どもに何かを身に付けさせなければと考えるのではなく、安全基地としての役割を果たすことのほうが、子どもたちにとっていい影響を与えるということですね。

武田　そう思います、本当に。

川上　私もお話をうかがいながら、今イイダ先生が感じていらっしゃる「こうしたいのだけれど、こっちも求められている」というその違和感を、これからも大事にしていただきたいなと思いました。

ちょっとした違和感を抱いた瞬間は、自分の「感性の深掘り」のきっかけになると思います**【図1-18】**。例えば、他者から発せられたこの言葉は、もしかしたら**「子どもを意のままに操りたい」という潜在的な意識の表れなのではないか？**と受け止める。そして、果たして自分にそういう意識が本当にないと言い切れるのか、言い切れたとしても、じゃあ普段の言葉遣いはどうなのか、もう一回感じ取って考える。もし、その意識があるのだとしたら「そのままでよいのだろうか」と問う。

普段の言葉遣いや言葉の端々に、そういう意識がないかを「考える」ということ自体が本当に大事だと思っています。武田先生もおっしゃっていたように、今日が、そのきっかけになるといいですね。

武田　イイダ先生のお気持ち、子どもたちにもきっと伝わっていると思います。だからこそ、子どもたち自身に「どうしたらいい？」って聞いてみるのも一つの方法かもしれないですね。頑張ってくださいね。

イイダ　はい。ありがとうございます。

川上　イイダ先生、どうもありがとうございました。

今日は250名の参加申し込みがありまして、この場に同席したみんなで、今のこの気持ちを分かち合い、また教室の雰囲気、「風」をつくっていければいいなと思います。武田先生をお招きし、本当に貴重なお時間をいただきまして、私自身も見過ごしていたことや、あらためて気付かされたことがたくさんありました。

武田　こちらこそ、本当にありがとうございました。川上先生が、参加者のみなさまからのお一人お一人の言葉をちゃんと受け止めておられるその姿からも今日は学ばせていただきました。これから私ももっと勉強したいと思いますので、どうぞよろしくお願いします。川上先生、お会いできて本当にうれしかったです。

川上　ありがとうございました。武田先生は『やりすぎ教育』を刊行する際、実は本当は「マルトリートメント」という言葉をタイトルに使いたかったんだという話をお聞きしました。でも、日本にその概念をもってきた当時、身近な問題として取り上げてもらいにくいのではないかという懸念もあり『やりすぎ教育』というタイトルにしたということでした。いずれにせよ『やりすぎ教育』も『教室マルトリートメント』も目指す方向性は同じ

あれ？この言葉って…、
「子どもを自分の意のままに
操りたい」という
潜在的な意識の
表れなんじゃないか？

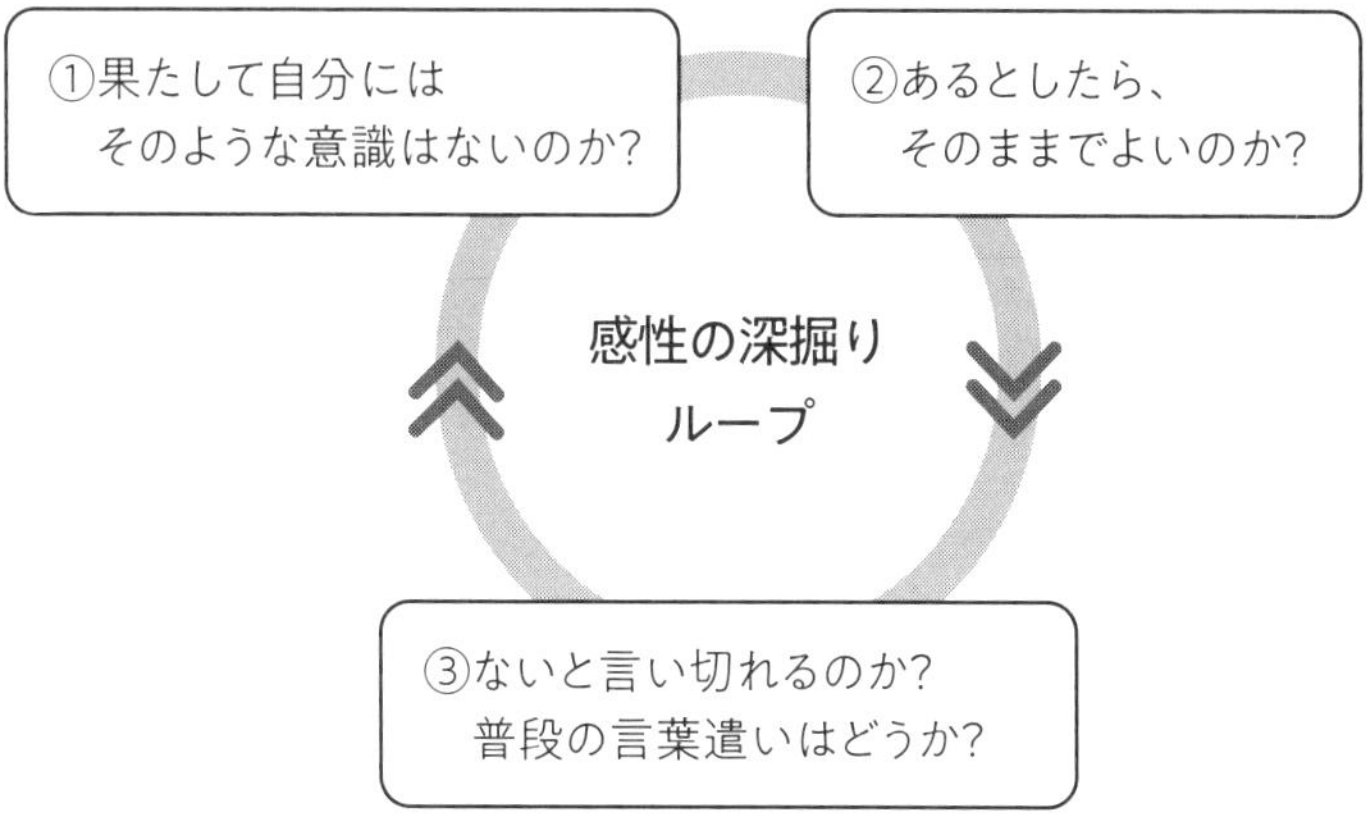
①果たして自分には
そのような意識はないのか?
②あるとしたら、
そのままでよいのか?
感性の深掘り
ループ
③ないと言い切れるのか?
普段の言葉遣いはどうか?

図1-18 ちょっとした違和感を感じたとき
＝自分の感性の深掘りのきっかけ

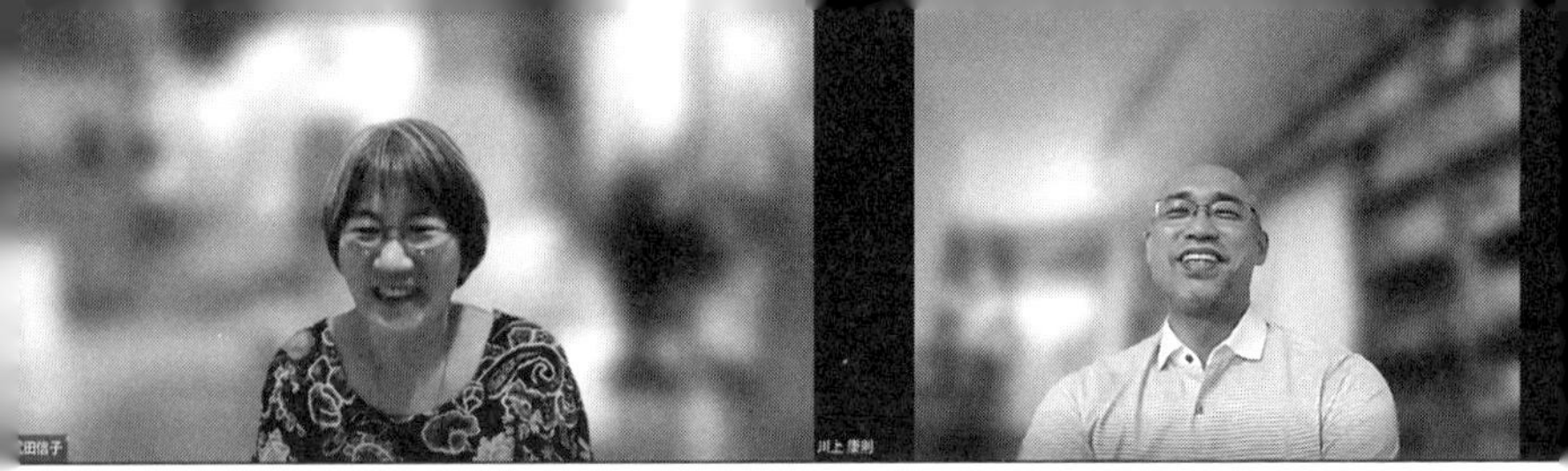

です。これからも武田先生に学ばせていただきたいと思っています。**マルトリートメントの問題はもはや学校現場だけでなく、社会全体がつくり上げている雰囲気とつながっていますね。**だからこそ全てを、学校だけで解決することや一個人の先生だけで解決することは難しい。しかし、一人ひとりがまずは「気付いて考える」ことから始めることはできると思います。今日をきっかけに、参加者のみなさんと一緒に一歩、踏み出したいと思っています。

チャットにたくさんのコメントいただいております……**「考え始める職場を目指したい」「ここにいらっしゃる全員でお話ししたい」「感動の連続」「大感謝」「すっきりしました」**。あと何年かした後に、『やりすぎ教育』や『教室マルトリートメント』が、「かつてはこんな本があったんだ」なんて思っていただけるようになるのが、最終的なゴールですね。

2022年7月31日開催

図版における引用・参考文献

・赤坂真二『学級経営大全』明治図書出版、２０２０年
・Sustainable Development Solutions Network "*World Happiness Report2020*" https://happiness-report.s3.amazonaws.com/2020/WHR20.pdf
・多賀一郎『ヒドゥンカリキュラム入門：学級崩壊を防ぐ見えない教育力』明治図書出版、２０１４年
・武田信子・金井香里・横須賀聡子編著『教員のためのリフレクション・ワークブック：往還する理論と実践』学事出版、２０１６年
・武田信子『やりすぎ教育：商品化する子どもたち』ポプラ新書、２０２１年
・武田信子「先生によるエデュマル（エデュケーショナル・マルトリートメント）」少年写真新聞社『心の健康ニュース』連載「養護教諭が知っておきたいエデュケーショナル・マルトリートメント」第2回　２０２２年7月8日発行、第５０２号付録
・武田信子「大人から子どもへの社会的マルトリートメント」少年写真新聞社『心の健康ニュース』同前、第3回、２０２２年8月8日発行、第５０３号付録
・東京都小学校学級経営研究会「コラム7　子どもの見方・考え方の改革を！」『学年・学級経営ハンドブック　第Ⅳ版』２０１０年
・中川諒『いくつになっても恥をかける人になる』ディスカヴァー・トゥエンティワン、２０２１年
・日本ユニセフ「子どもの権利条約」https://www.unicef.or.jp/about_unicef/about_rig.html
・野井真吾、鹿野晶子、中島綾子、下里彩香、松本稜子「子どもの〝からだのおかしさ〟に関する保育・教育現場の実感：『子どものからだの調査２０２０』の結果を基に」日本教育保健学会年報第29号、3-17頁、２０２２年　https://www.jstage.jst.go.jp/article/educationalhealth/29/0/29_3/_pdf/-char/ja
・ユニセフ・イノチェンティ研究所著、公益財団法人日本ユニセフ協会広報室訳「イノチェンティレポートカード16　子どもたちに影響する世界　先進国の子どもの幸福度を形作るものは何か」２０２１年　https://www.unicef.or.jp/library/pdf/labo_rc16j.pdf

参加者のみなさまからの声

○習い事の多さにより疲れ果てて登校する子どもたち、宿題により学力を上げる（学力調査の点数を上げる）意識が強くなり、毎日宿題チェックに追われる教師たち……本末転倒なことばかりです。ですので、「やりすぎ」というフレーズを見て、そのとおり！　拝読して「なるほど、やはり、そのとおり……」と、感動いたしました。校長という立場で、先生方と知恵を出し合い、「やりすぎ」を減らすことに挑戦してきました。特に、先生方が抱えている「ねばならない呪縛」にも心を痛めています。指示や命令、圧が多いという現実も、本校の中で見られています。親も気付いています。「先生も子どもも幸せな学校」でありたいという気持ちをもっていますので、今回のセミナーで、直接、先生のお話をうかがって、また2学期から仕切り直しをして進めていきます。

○学校と家の往復が日々行われる生徒にとって、家がしんどい生徒も多くいると思い、できるだけ学校で安心して、楽しく生活できるよう工夫をしています。ただ、それが生徒に響いているか、残っていっているのか不安になることも多々あります。しかし、「安全基地」に自分や学校がなれるよう、柔軟な信念をもって続けていきたいと思います。

○人生には試練が否が応でもやってくるのに、学校が越えられない試練を与えることに意味はないという言葉が心に刺さりました。

これまで社会でたくましく生きられる子の育成を目指して取り組んできましたが、今の時代には心の安全基地をつくることのほうが大切だと思いました。子どもが自由にのびのびと過ごしていられる場所をつくりたいです。そして、私だけではなくそれが当たり前だと感じられる学校を、社会をつくるために、何かできることをしたいです。

○武田先生のお話からは、子どももプレッシャーを感じ、大人もプレッシャーを感じている「苦しさ」を感じました。教師が少し肩の力を抜くにはどうしたらいいんでしょうか。ただ、自分をリフレクションし、「気付く」ことがとても大切だなと思いました。何を当たり前としていくか、学校、地域、家庭がどう協力してみんなで子どもを見ていくか。問いをたくさんいただきました。

○外の世界を知ることの大切さをあらためて感じました。コメント欄にも、「教師が世界を知らなさすぎる」とあり、グサッときました。一方で、新しいことを学ぼうという余白がほとんどない現場の叫びも伝えさせてください。私のように休日も返上で外に学びに行ったり書籍を読んだりしている教師はとても少ないように感じます。でも本当は、仕事の時間の中で、互いの教育観について語り合ったり、最近の世界の教育事情について伝え合ったりする時間が保障できればいいなと思っています。職員研修をする立場になり、研修の場を設けること自体に抵抗を感じる（研修する時間があるなら自分のことをさせてほしいという切実な職員の声）現場の余白のなさが伝わればいいなと思います。

○こんなに知らない世界があるなんて！もっと知りたい！と思いました。先生が「変わっていった国がある」という希望を示してくださいました。私もセルフエデュケーション力を高め、さらに発信してつながれるようになりたいなあと思いました。草花を育てるようにゆっくりじっくりと。

○わたしはただの一教師です。枠組みに文句を言ってばかりいても仕方ありません。やらなきゃいけないことは増えても減ることは難しいことも知っていますし、なかなか枠組みが変わらないことも知っています。「こうなったらいいな」という理想も分かります。その中でも必死に子どもと関わり、実践をしています。他人事にはしません。よい実践を積み上げたいと思います。

どうぞ研究職の先生方、わたしたちの声を文科省や上の方に届けてください。そして、少しでもよい方向に変わるまでわたしたちの心が保てるようにご教授ください。

○数十人の「人」を毎日フルタイムで1年以上にわたって担当する現場で、一人だけしかスタッフがいないという職業は、教師以外にはあまり思いつきません。それだけで過酷です。その構造の異常さにあらためて思いいたりました。

教育行政は、子どもを「人」として軽視しているのではないか。産業界に詳しい経産省なら、他の産業と比べてその無謀さが分かるのではないかと思う。

教員養成課程は、数十年前までの成功体験から抜け出せないままなのではないのか。学校に入ってくる子どもの状態も親の状態も違うのに。

教師は、あきらめとともに無理難題を受け入れてしまっているのではないか。多くの教師が「無理難題」を、自分を責める方向ではなく、「そりゃ無理ゲーだろう」と意見表明すれば、少しは変わっていくのではないか。社会に少しそういう流れが出てきているように思います。今日の対談も、その一つのきっかけになったように感じました。

○夏休み明けどんなふうに動いてみようか、アイデアが浮かんできました。しくじってもトライしていこうと思いました。「だったら、こうしてみたら？」をいっぱい大人（先生や保護者）や子どもたちに提案できるよう、もっと学んで実践せねば、と思いました。楽しんで、大喜利のようにアイデアを出していきたいです。

○先生方のお話を聞き、「障害福祉の現場から学校に提言できることがあるなあ」と考えました。自分の考えや実践を整理してみようと思います。

○試練が必要か？というところにすごく引っかかりました。できていないことを無理にさせようとして子どもと対立してしまったこともあり、「これはやったほうがいい」という思い込みにとらわれていたと思いました。

国際的な視点から見るエデュケーショナル・マルトリートメント

講演でもお伝えしたように、日本は、国連・子どもの権利委員会から、その競争的な教育が子どもたちにマルトリートメントの状況を生み出していることを指摘されてきました。そして教育のあり方を変えるように再三、勧告を受けてきました。でも、その勧告は20年以上、正面から受け止められることなくスルーされてきました。

それはなぜかと考えてみると、日本においては、人に必要な学びを非常に限定的に、例えば学習指導要領の範囲や受験に必要な知識や技術などと捉える考え方が広がっていて、その教育を子どもたちに提供することで、子どもたちが幸せな生活を手に入れることができると信じられ、疑われてこなかったからなのだろうと思います。大半の日本人は、そのような教育が成功すれば、子どもたちは、立身出世、経済的自立、著名になることやリーダーシップを身に付けることができるようになり、幸せになれると信じてきたのではないでしょうか。ですから、それにストップをかけるような勧告は受け入れ難かったのでしょう。

でも、子どもたちは、周囲の大人たちの様子やメディアなどを通じて、学校の勉強を身に付けるだけでは必ずしも幸せにはなれないと知ってしまっています。必ずしも努力が報われる社会ではないと気付いているのです。希望をもって幸せそうに生きている大人を見ることができなければ、子どもたちは学んで成長しようという気持ちにはなれません。そうして、日本ではもはや子どもたちは学びを求めていないかのようです。

そこで、ここでは、子どもの学びはより広く捉えるべきものであること、実は子どもたちは誰でも学ぶことが好きであること、大人たちは自分たちが大切だと思うことを教え込もうとすることによって、子どもたちの学びへの意欲を削ぎ、学びたいという願いを阻害してしまっているということを説明し、子どもたちの学びを促進するためにこそ、子どもたちに、休息・余暇、遊び、文化的・芸術的生活への参加が必要であることをお伝えしたいと思います。

人は赤ちゃんの頃から、自分が生きていく社会を理解しようと、自ら五感を感じる感覚器官や脳などさまざまな身体の部分を使って、環境からいろいろなことを学び取ります。生きていくためには、自分の周囲の社会を理解してそのルールを身に付け、言語を獲得し、適切な行動を身に付けることが必要だからです。自分のケアをしてくれる人の言動を理解して、愛されるようにしなければなりません。そこで全身を使って周囲の人たちの言動を少しずつ真似し(まなび)、自分が気が付いたことに普遍性があるかどうか確認しようと何回も同じことを繰り返して学びます。また、少しずつ条件を変えてどうなるかを試してみます。

それはまるで科学実験のようです。一つ一つのことが身体的な体験を通して、脳で処理され、経験値、知識として蓄積され、発達します。しかしながら、赤ちゃんによる科学実験は、大人が単に見ているだけでは、ただ何か身体を動かして遊んでいるようにしか見えません。乳児観察の視点をもった大人にとっては、赤ちゃんが遊ぶように学ぶ様子はとても興味深いのですが、残念ながらそういう視点をもたないと、ただ「かわいいね」「いつの間にかどんどん成長していくね」というふうにしか見えないのです。

さて、こうして脳の大半が小学校入学以前に、遊びや生活を通して発達しています。遊びや生活を通した学びは、赤ちゃん本人が主体的に環境に働きかけて学び取っていく行為です。このとき、学習の進め方を大人が制御すれば、赤ちゃんは大人の思いどおりに学んで早熟に見事な成果を見せるかもしれません。でも、その学びの範囲は限定的で、自ら学ぶことを学んでいないので、すぐに限界がくる危うさがあります。また、学びの獲得に重きを置きすぎて、学びを定着させるための休息を与えなかったり、再び創造的な活動を始めるためのレクリエーションの時間を保障しなかったり、文化や芸術に触れる時間を確保しなかったりすることで、学びの深化を阻害してしまうことがあります。

人は生活の中で遊び、自律的に学んでいくのです。周囲の人は、その学びを促進する環境（例えば、音や目に入る物や、匂いや手触りや味）を用意することに留意すればいいのです。クラシック音楽を流している家庭とジャズを流している家庭と演歌を聞かせている家庭、両親がけんかする声ばかり聞かせている家庭と鳥のさえずりが聞こえてくる家庭では、赤ちゃんの好む音や話し方は変わるのです。論理的な言葉で常に議論している両親の家庭と朝から晩までテレビの音を聞かせている家庭、何も語りかけない家庭と笑い声が常に聞こえている家庭では、子どもの言語能力や思考能力、感情表現の獲得の度合いは変わるのです。赤ちゃんは学びたいので、発達に応じた刺激を適切に周囲に配置し、喜ぶように働きかけをすればよく、ほとんど何かを教え込む必要はありません。実はこれは幼児も小学生もそれ以降も同じです。無理に教え込む行為やしつけは、逆に学びを阻害することさえあります。教育に関わる者はむしろ、子どもたちが主体的、自律的、探索的に、つまりアクティブに、与えられた環境から学習し、試行錯誤して失敗を繰り返しながら学べるように見守る必要があります。

このように学びを捉えたとき、国連・子どもの権利委員会からの指摘は、私たちに大きな示唆を与えていることが分かるでしょう。なぜ子どもたちが学校で大人がよいと思って教える教育を受けること、そうして身に付けた学びを競争的に評価されることを拒絶するかが見えてくると思います。

そこで、ここでは、国連・子どもの権利委員会が、子どもの権利条約第31条（休息・余暇、遊び、文化的・芸術的生活への参加）を具体的に解説した文書（ジェネラルコメントNo.17）を読んでみましょう。

148-151頁の付録資料をご覧ください。

いかがでしょうか。日々の学校生活に当てはまることが書いてあったのではないかと思います。それに対して、①どうしてそれが問題とされるのか納得がいかないこと、②問題だと思うけれど自分には変えられないと思うこと、③本当に問題だと思い、何とかできるところから変革に取り組みたいと思うこと、があったかもしれません。

③については、ぜひ、自分と自分の学校の実践を振り返り、改善点を洗い出して、できるところから取り組んでほしいと思います。②については、自分がこれまでの人生の中でディスエンパワー（「どうせ無理だ」と思わされること）されてきてしまったことに気付き、今や自分が子どもたちをディスエンパワーする大人になってしまっていないか確認し、対応してほしいと思います。①と思うことについては、ぜひ文言を繰り返し読んで、国際的な検討を経た文章に対する自分の違和感が何に起因するのか、それは子どもたちにとってどのような影響を及ぼすものなのか、考えてください。

また、子どもの権利条約には、その内容を子どもたちに説明することが必要だとも書いてあります（第42条：締約国は、この条約の原則および規定を、適切かつ積極的な手段により、大人のみならず子どもに対しても同様に広く知らせること）。子どもたちはジェネラルコメントにどのような感想をもつでしょうか。もし子どもたちが読んだら困ったことが起きると先生たちが思うとしたら、それは、日本が批准しているこの条約の内容を、日本の学校がまだ実現していないし、実現への方向性が見えていないということかもしれません。

私は、③の位置にいます。私には、日本人のもっている価値観や学校で一般的に為されている教育が、必ずしも子どもの権利条約と合致しているようには思えません。国連子どもの権利委員会は、日本の教育にいろいろな齟齬《そご》を見つけるからこそ、再三の勧告を出しているのです。日本社会が共有している、子どもへの上から目線の価値観が変わらない限り、学校に行きづらいと感じる子どもたちは増える一方で、耐えられない子どもたちも出てきてしまうのです。

この権利条約を読んで、これでは子どものわがままを助長する、忍耐力を育てない、もっと子どもたちには厳しく接しなければならないと考える方もいらっしゃると思います。そのような場合は、No.17の文章中の「子ども」を「自分」に置き換え、大人を「他者」に置き換えて読んでみてください。**子どもたちは私たちと等しい権利をもつ一人の人間である**ということに気付いてほしいと思います。

まずは、11月20日、世界中の子どもたちが子どもの権利条約について学ぶ「世界子どもの日」に子どもたちと一緒に条約を学ぶ機会を設け、自分の人生の当事者である子どもたちと共に、子どもたちが生きることに希望を見いだすことのできる社会をつくり始めてほしいと思います。どうぞよろしくお願いいたします。

- 大人による統制や管理を受けない遊びのための、アクセス可能な空間および時間。
- 多様でチャレンジングな物理的環境の下で、大人の付き添いなしに外遊びできる空間および機会。ただし必要なときには支えてくれる大人にすぐ連絡がとれること。
- 自然環境や動物たちのいる世界を経験し、触れ、遊ぶ機会。
- 自らの想像力と言葉を用いながら、自分たちの世界を作り出し、また作り変えていけるように、自分たち自身の空間と時間に没入する機会。
- 自分たち自身のコミュニティの文化的、芸術的な遺産を探求し、理解し、これに参加し、かつこれを創造し、形成する機会。
- 必要に応じて十分な訓練を受けたファシリテーターまたはコーチの支援を受けながら、駆け引きを伴うゲーム的な活動やスポーツその他のレクリエーション活動に他の子どもたちと共に参加する機会。
- 第31条に定められた権利が有する価値と正当性の、親、教員および社会全体による承認。

B. 第31条実現への課題

33. 遊びとレクリエーションの重要性に関する意識の欠如:世界の多くの地域で、遊びは全く何の価値もない、愚かで非生産的な活動に無駄に時間を費やす「負債」のようなものであるとみなされている。一般に、親や養育者や行政職員たちが重きを置くのは学習や経済活動である。一方、遊びというのは、うるさくて汚くて破壊的で邪魔なものだとみなされている。しかも、大人は子どもたちの遊びを支援したり、一緒に楽しく遊んだりする自信も技術も理解も持ち合わせていないことが多い。
子どもたちには遊びやレクリエーションを楽しむ権利があるということと、それらを楽しむことが子どもたちのウェルビーイング、健康、発達にとって本質的に大事なことであるということの両方がよく理解されていないばかりか、過小評価されている。たとえ理解されているとしても、往々にして、身体を動かす遊びや競争を伴うゲームが、空想遊びやごっこ遊びよりも高く評価されている。

付録資料

国連子どもの権利委員会　「子どもの権利条約」第31条 休息・余暇、遊び、レクリエーション活動、文化的および芸術に対する子どもの権利に関するジェネラルコメント第17号（2013）

※武田信子訳。関心をもたれた方は、原文や平野裕二氏の訳も参照のこと。

国連子どもの権利委員会「子どもの権利条約」第31条本文

1. 締約国は、休息と余暇に関する子どもの権利と、子どもが年齢に応じて遊び、レクリエーションを楽しみ、文化的な生活と芸術に自由に参加する権利を認めること。
2. 締約国は、子どもが文化的、芸術的な生活に十分に参加する権利を尊重、促進し、文化的な活動、芸術的な活動、レクリエーション活動、余暇活動のための適切で平等な機会の提供を奨励すること。

ジェネラルコメントNo.17　※教育に関連する箇所の抜粋

VI　第31条実現のための環境づくり
A.　最適な環境の要素

32. 子どもたちには、遊びたい、レクリエーション活動に参加したいという自然な衝動があり、子どもたちは最悪の環境の下でさえ、そのための機会を探し出すものである。とはいえ、子どもたちが第31条に基づくさまざまな権利を最大限に享受するためには、その発達の途上にある能力に応じて、一定の条件が確保されなければならない。そのため、子どもたちには以下のことが保障される必要がある。

- ストレスを受けないこと。
- 社会的な排除、偏見または差別を受けないこと。
- 危害または暴力を受ける心配のない社会環境。
- 居住地域で自由かつ安全に動けるよう、廃棄物、汚染、交通その他の物理的危険が十分に取り除かれた環境。
- 年齢および発達にふさわしい休息が得られること。
- 要求が課されない余暇の時間が得られること。

は全くなくなってしまうような、たとえば、強制されるスポーツ、障がい児のリハビリ、あるいは、特に女の子たちに課せられる家事などがそうである。政府の予算がつくのは、整えられた、競争的なレクリエーションであることが多く、ときに子どもたちは、自分で選んだのではない青少年団体への参加を求められ、プレッシャーをかけられる。
子どもたちには、大人によって決められたり管理されたりしない時間を持つ権利があり、またいかなる要求からも自由な時間、基本的に自分でそうしたいと望まない限り何もしなくていいという時間を持つ権利がある。実際、何も活動しないということが、創造性に対する刺激となりうる。近視眼的に、あらゆる子どもの余暇の時間をプログラム化された競争的な活動に向けることは、その後の子どもたちの身体的、感情的、認知的、社会的ウェルビーイングを損なう可能性がある。

［参考資料］
ジェネラルコメントNo.17（英語版）
https://tbinternet.ohchr.org/_layouts/15/treatybodyexternal/Download.aspx?symbolno=CRC%2FC%2FGC%2F17&Lang=en
ジェネラルコメントNo.17（日本語版・平野裕二氏訳）
https://w.atwiki.jp/childrights/pages/233.html
https://www.nichibenren.or.jp/library/ja/kokusai/humanrights_library/treaty/data/child_gc_ja_17.pdf
出典：
平野裕二の子どもの権利・国際情報サイト https://w.atwiki.jp/childrights/
日本弁護士連合会「国際人権ライブラリー」国際人権文書
https://www.nichibenren.or.jp/activity/international/library/human_rights.html#child

当委員会は、特に思春期の子どもたちが好む遊びやレクリエーションのあり方や場所について認識を深める必要性を強調したい。彼らは仲間と出会い、芽生え始めた独立心や大人への移行を試す場を探し求めている。それはアイデンティティや帰属意識の形成にとって大切な機会である。

41. 教育における達成へのプレッシャー:世界の多くの地域で、目に見える学業上の成果の重要性が強調される結果、多くの子どもたちが第31条の権利を否定されている。たとえば、

- 幼児教育は、勉強の成果をあげることや形式的な学習に取り組ませることにより関心を強めており、そのために子どもたちが遊びに参加できなくなったり、より広い意味での発達を遂げられなくなったりしている。
- 塾通いや宿題が子どもたちの自由な活動のための時間に食い込んできている。
- カリキュラムや日々のスケジュールを作成する際に、遊びやレクリエーションや休憩が必要であるという認識が抜け落ちて、そのための時間が入っていないことが多い。
- 教室で、形式的なあるいは何かを教え込むような教育方法を用いており、活動的でわくわくするような学びが生じるせっかくの機会を活かせずにいる。
- 多くの学校で、子どもたちが屋内で過ごす時間が増え、自然とのふれあいが減りつつある。
- より学術的とみなされる教科に重点を置くために、学校で文化的・芸術的な活動に取り組む機会や芸術教育の専門家の雇用を削減しようとしている国がある。
- 学校でできる遊びを制限することで、子どもたちの創造性、探究心、社会的な発達の機会を損なっている。

42. 自由度のないプログラム化されたスケジュール:多くの子どもたちが、大人によって決められた活動をさせられ、第31条の権利に気づく力を制限されている。自分でやりたいと思ってする活動の時間がほとんどあるい

第2章

学校現場の〈叱る依存〉と教室マルトリートメント

村中直人×川上康則

【参考図書】村中直人『〈叱る依存〉がとまらない』（紀伊國屋書店）

第2回のゲストは、臨床心理士・公認心理師の村中直人さん。最新刊『〈叱る依存〉がとまらない』は、「誰かを罰することで、脳の報酬系回路が活性化する」という衝撃の研究報告をきっかけに生まれました。脳科学や認知科学の知見をもとにしながら、叱ることの依存性とエスカレートするメカニズムを解き明かし、その上で「叱る」と上手く付き合う方法を考えた書籍で、大ヒットとなりました。同書では「学校現場の〈叱る依存〉」へも言及があり、「理不尽なルールの遵守」の科学的妥当性のなさや、その強要が子どもを随伴的なストレスにさらし、学習性無力感を植え付けることなどが指摘されています。〈叱る依存〉と「教室マルトリートメント」の親和性の高さがあらためて感じられる、深い議論となりました。

村中直人

むらなか・なおと

臨床心理士、公認心理師。一般社団法人子ども・青少年育成支援協会代表理事、Neurodiversity at Work 株式会社代表取締役。人の神経学的な多様性に注目し、脳・神経由来の異文化相互理解の促進、および学びかた、働きかたの多様性が尊重される社会の実現を目指して活動。2008 年から多様なニーズのある子どもたちが「学びかたを学ぶ」ための支援事業「あすはな先生」の立ち上げと運営に携わり、現在は「発達障害サポーター's スクール」での支援者育成にも力を入れている。著書に、『ニューロダイバーシティの教科書』（金子書房）、『〈叱る依存〉がとまらない』（紀伊國屋書店）など。

イントロダクション／川上より（20 分間）
→ 対談（75 分間）→ Q&A（20 分間）

【イントロダクション／川上より】感情労働としての教師

川上　今日のセミナーは、もう念願中の念願で、村中先生をぜひお招きしたい！　と思っていました。なぜかと言いますと、まず、村中先生の『ニューロダイバーシティの教科書』（金子書房）を読んだときに、心をつかまれたこと。特別支援教育という文脈で言えば、「ああ、なんてポジティブで次世代の考え方なんだ！」っていう感じがしたんですね〔※ニューロダイバーシティ（neurodiversity）は、「脳や神経、それに由来する個人レベルでの様々な特性の違いを多様性と捉えて相互に尊重し、それらの違いを社会の中で活かしていこう」という考え方であり、社会運動を指す言葉。版元HP書誌情報より〕。そして、『教室マルトリートメント』の校正作業中に、最新刊『〈叱る依存〉がとまらない』（紀伊國屋書店、2022年2月）が刊行されまして、「これはすごい本が出た！」と、衝撃を受けました。もう拙著の作業も終盤でしたから「なんでこの本を『教室マルトリートメント』の参考文献に入れられないんだろう」と悔やんだくらいに、重なる話題も多い本ですから『〈叱る依存〉がとまらない』『教室マルトリートメント』2冊セットでご購入いただいた方もきっと多いんじゃないかと思います。

さて最初は、イントロダクションという形で私のほうから、なぜ教室マルトリートメントが起きるのか、それから、私たち教師のいろいろな事情についてお話しした後、村中先生にも登場していただいて、一緒に学校現場のことを考えていこうというふうに思っています。

まず、今までの「不適切な指導」の考え方についてですが、例えばコンプライアンス研修などで体罰防止に関することや人権研修などでわいせつ行為に関することなどは、学校現場でも研修がないわけではありません。ただ、「これをやったら一発アウト」という事案に関しては予防の研修が組まれる一方で、何か、日頃から見ている「何だろう、この違和感は」みたいなこと——つまり、違法行為とは言えないけれども、「これって問題のない指導のほうに入っていて、いいんだろうか？」みたいなグレーな事案というのをなかなか取り扱えていなかったような気がするんですよね。それは、おそらく読者のみなさんや今日参加してくださったみなさんも、違和感として感じてこられたんじゃないかと思います。

「白か、黒か」という線引きではなくて、何かそれに至るまでのグレーゾーンがあるんじゃないか。それは、まだ信頼関係さえ形成されてないにもかかわらず、強い指導であったり、見捨てるような言葉であったり、あるいは、一生懸命挙手して指名してほしいというアピールを子どもがしているのに教師から無視されて気持ちがくすぶっていく……といったことまで含めて、「心理的虐待」や「ネグレクト」に類似した指導を、私たちは割と看過してきた、または、半ば黙認までしていたんじゃないかと思っているんです。

常に教室の中ではマルトリートメントが隣り合わせにあって、子どもたちを知らず知ら

- 保育や教育は「感情労働」
- 感情労働＝肉体労働や頭脳労働に続く第三の形態。
  人と直接的に接することが生業《なりわい》。
  学校も園も、人がいなければ始まらない。
- 子どもたちとの関わり、保護者との関係、
  同僚との協働関係、先輩への気遣い、
  後輩へのOJTなど、常に人との関わりが付きまとう。
- **この仕事は感情の抑制・忍耐・緊張感が**
  付きまとうものなのだと理解する必要がある。

↓

自らの感情を制すものは、教室を制す

図2-1　本来、保育・教育は「感情労働」の職場

ずのうちに傷つけているような、そういう指導があるんじゃないか。そこに言葉を当てることによって可視化され、日常を見直すという視点に立てるんじゃないか。そんなふうに感じています。

「感情労働」という言葉をみなさんご存じでしょうか。本来、保育も教育も「感情労働の職場」だというふうに言われています**【図2-1】**。

「感情労働」は、肉体労働や頭脳労働に続く第三の形態です。学校、保育所、こども園、幼稚園。「人がいなければ始まらない」という職場ですね。中でも学校は、何かその最たるものというか、究極レベルにあるんじゃないかと思うんです。というのも、子どもたちとの関わりだけでなく、保護者との関係づくりがあります。それから、同僚との協働関係、先輩への気遣い、後輩へのOJT（On the Job Training）……常に人との関わりが付きまといます。この仕事に就いた以上、**感情のコントロールに対して賃金が支払われているんじゃないかという意識**は必要だと思うんです。だからこそ、自らの感情をコントロールするということが大事になってくる。

そして、感情をコントロールできなくなる場面もまた常に隣り合わせにあるというのも忘れちゃいけないことだと思います。日常、聖人君子でいるというのはもう至難の業だと思いますから、「こういう場面で追い詰められていくよね」というようなことはあらかじめ押さえておく必要があります。

①時間がない（やるべきことがある）
②やり方が分からない
③大人側の解決能力や我慢が足りない
④助けてくれる人がいない（理解者不在）
⑤他者の視線（他者評価）

↓

気持ちの「**余白**」がなくなる
笑っていられなくなる
迷いも生まれやすい

図2-2　感情をコントロールできないときの「追い詰められ感」の理由

あれもこれも最優先

その「追い詰められ感」の理由は五つあります【図2-2】。一つめが、「①時間がない」（やるべきことがある）ということ。それから、「②やり方が分からない」とき。さらに、「③大人側の解決能力や我慢が足りない」ときですね。これは、ネガティブ・ケイパビリティ〔※帚木蓬生『ネガティブ・ケイパビリティ』（朝日選書）参照〕と言われている、答えの出ない事態に耐える力とも関係していると思います。「早く解決したい」「この状況を何とかしてすぐに終わらせたい」というときには、やはり追い詰められる感じになっていきます。次に、「④助けてくれる人がいない（理解者不在）」。さらには、「⑤他者の視線（他者評価）」が気になると、「早くこの状況を何とかしろよ、と見られているんじゃないか？」というような焦りが生まれますから、それで気持ちの「余白」がなくなっていく。笑っていられなくなりますし、迷いも生まれやすいという状況が起きてくるのではないでしょうか。

私はいろいろなところでこのようなオンラインの研修などをさせていただきましたが、Ｚｏｏｍの投票機能などを使って聞いてみると、やっぱり半数以上のみなさんが、①の「時間がない（やるべきことがある）」を、追い詰められ感の一番の理由に挙げていらっしゃいました。その原因をつくっているのは何だろうと考えたときに、もう、どんどん、どんどん降ってくるもの（業務）があるわけですね。確かに子どもたちの未来にとって、「この

「子どもたちの未来のため」
最優先
求められる
望ましい
足の踏み場もない
「これまでの何か」
の上をただただ
逃げ惑う現場
「またか」
という気持ちに
ならざるを得ない現状

図 2-3 「あれもこれも最優先」が現場を追い込んでいく

教育は大事」「このコンテンツは大事」なのかもしれないけれど、ではその代わりになくなっていくものというのが一向にないわけです【図2-3】。今まであった仕事の中で、「では、これはもうなくしていきますね」ということが一つもない中で、どんどん仕事が降ってきて、「これが最優先です」「これが求められます」「これが望ましいです」ときてしまうと、もはや足の踏み場もない、さまざまなものの上をただ逃げ惑う現場になっていき、最優先事項がくるほどに「またか」という気持ちにならざるを得ないんじゃないか〔※この辺りに関しては『教室マルトリートメント』132-135頁を参照のこと〕。

学校関係者以外の職種の方なら、「じゃあ、自分たちの努力でなくせばいいじゃないか」と、おっしゃるかもしれません。けれど、現在の学校の仕事というのが、本当にジェンガのように入り組んでいて、「何かをやめる」ことの影響の出方が、半端なく大きい【図2-4】。加えて、全体像が読めない故に、「何をやめていいのかが分からない」ということもあり得る。

「何かをやめる」ということが短期的には仕事を減らすことになったかもしれないのだけれども、またそこで「埋めようとするもの」が出てくるんですよね。そのため、仕事を減らしたけれど、結果としてそのこと自体が現場の混乱につながるのであれば、仕事の量が以前よりもかえって激増するのが目に見えてしまう。なので、「試しにこれをやめてみようよ」という気持ち自体が生まれにくい。何か取り出そうとすると、「それに付随して

- 何かをやめることの影響の出方の大きさが計り知れない。
- 全体像が読めないから何をやめていいのかが分からない。
- 何かをやめることが短期的に仕事を減らすことになったとしても、その結果、現場の混乱につながれば、仕事の量は以前よりも激増するのが目に見えている。
- だから「試しにこれをやめてみよう」という気持ちが生まれにくい。

何かを取り出そうとすると、
それに付随して
絡み合う問題まで
引き出されてしまう
「八方ふさがり」の状態

図2-4　学校の仕事は、まるで「ジェンガ」
（辻・町支、2019、42-43頁を一部改変して作成、
43頁を新たにイラスト化）

いろんなものまで引き出されてしまうんじゃないか」という八方ふさがりのような状態に、今の学校はあります。私自身、自分の周りを見ているだけでも、もう、これについては「あります」と、断言していいんじゃないかと思うんです。

村中先生も『〈叱る依存〉がとまらない』の中で、「教師は学校という場所における圧倒的権力者」であり、「子どもたちをより思い通りに支配するために、『あるべき姿』や『禁止事項』『罰則』をこと細かに定めたくなる」（137-138頁）ということを書かれていました。今の自分に対して理想の自分がある、そこに差があって、「足りていない」という焦りが生まれたとき、「こうしなきゃ」「こうさせなきゃ」「こうならなきゃ」というエネルギーが強くなります。

それが、特に特別支援教育の対象となる子たちは、先生のそういった「あるべき」「目指したい」状況から、はみ出す子のように見えるんだと思うんです。「自分はこんなに努力しているのに、振り回してくるこの子たちに問題がある」「自分はこれだけ頑張って子どもが聞くべき話をしているのに、聞こうとしない子ども側に問題がある」というようなところから、どんどん、**「こうしなきゃ・こうさせなきゃ」が、「叱る」エネルギーになっていき、そして正当化されてしまう。**自分では気が付かないままに、そこに至るのではないか。

その根っこに、私たちには「恥ずかしい」という感情があることを忘れちゃいけないと思うんです。恥ずかしさには、「対外的な恥ずかしさ」と「対内的な恥ずかしさ」の2種類があります【図1-4、本書61頁】。対外的な恥ずかしさとは、例えば学校現場で言えば、授業参観や研究授業、運動会、学芸会などの発表するような場面が絡んでくると、「この子たちの姿が日頃の指導の表れだ」と感じてしまったときに、「このままじゃ、恥ずかしい」という思いが先生方一人ひとりに降りかかってきます。

保護者の方々に聞いてみると、「えっ、先生ってそんなふうに思ってるんですか？」って、みなさんおっしゃるんですよ。「我が子のほうに注目してるんだけど」と。でも、先生からすると、子どもたちの姿を通して「日頃の指導、どうなってんの？」というふうに思われちゃう、という意識から「恥ずかしい」と感じる。この対外的な恥ずかしさは、もっと言えば、権威勾配の上位のレベルでも感じておられると思うんです。例えば「全国学力・学習状況調査」で「うちの自治体はこの点が足りていない、このままだと恥ずかしい」、だから「学力向上」みたいな課題が下りてくる、といったことはないでしょうか。

一方、「対内的な恥ずかしさ」。美学やこだわりなどが強い職種は、自分の期待値に達してないときに、自分に向けて恥ずかしさを感じることになります。教師という仕事を選ぶ以上は、「教師たるもの」とか、「いい先生でいたい」みたいな部分は、少なからずみなさんあると思いますが、そこが自分に向けての恥ずかしさにもつながると思うんです。

自分で自分に「とらわれない」と言い聞かせる

最終的な結論としては、**自分で自分にとらわれない**と言い聞かせる、唱え続けることが解決策になるのではないでしょうか。村中先生もご著書の中では「適切に手放す」という表現をされていて、私はそれがすごく印象に残りました。自分たちはそういう職種なのだともう一度認識して、自分たちで「とらわれない、とらわれない」と言い聞かせるということが、まず一つ解決の糸口になるんじゃないかなと思っています。そして、周りの方々とも一緒に「とらわれなくていいからね。大丈夫だからね」っていうふうにお互いに支え合うこと。これも大事なことです。

恥ずかしさにとらわれる瞬間、学校現場では、「言葉」にとげが出てきます【図2-5】。この辺りの言い方が出てきたときに、お互いに、「とげのある言葉パトロール」とか「毒語ポリス」みたいな感じで互いを責め合うのではなくて、**「いや、とらわれなくていいんだよ。大丈夫だからね」と伝え合えるような空間**が学校には必要なんじゃないでしょうか。特に、職員室内はそうだと思うんです。

そして、私たちも教室内の空気を、少しよどんだ空気、あるいは不穏な空気にしてしまうような「風」を吹かせてしまうことがあるので、それを自覚して引き返しどころを見失わないようにしよう、そんなふうに考えています。

（1）質問形式の問い詰め

- 「何回言われたら分かるの？ どうしてそういうことするの？」
- 「ねぇ、何やってるの？」
- 「誰に向かってそんな口のきき方をするんだ？」

（2）裏を読ませる言い方

- 「やる気がないんだったら、もうやらなくていいから。」
（→本当は「やりなさい」）
- 「勝手にすれば。」（→本当は「勝手なことは許さない」）
- 「あなたの好きにすれば。」（→本当は「言うことを聞きなさい」）

（3）脅しで動かそうとする

- 「早くやらないと、□□させないよ。」
- 「じゃあ、□□できなくなるけど、いいね。」

（4）虎の威を借る言い方

- 「お母さんに言おうか。」
- 「お父さん呼ぶよ。」
- 「校長先生に叱ってもらうから。」

（5）下学年の子と比較する

- 「そんなこと1年生でもやりません。」
- 「そんな子は1年生からやり直してください。」

（6）見捨てる

- 「じゃあ、もういいです。」
- 「さよなら。バイバーイ。」

図2-5　教室に「尖った不穏な風」を吹かせる毒語

強い圧と弱い圧

引き返しどころを見失った風というのは、もうどんどんこじらせていって、結局、その先生の持ち味、日頃の「圧」になっていきます【図2-6】。学校現場には強い圧をかける先生と弱い圧しかかけられない先生がいる。強い圧をかける先生は、よく言えばエネルギーに満ちている。悪く言うと厳しくて、相手をコントロールしようとする。そんな先生に対しては、子どもたちは忖度《そんたく》しながら関わったり、顔色をうかがいながら行動したりするようになります。

「一見静かで落ち着いたクラス」は、強い圧をかける先生の下でつくられることがあります。ただ、顔色をうかがいながら叱られないように行動しているわけですから、結局、子どもたちは「考えて行動している」わけではない、というのが欠点です。

一方、弱い圧しかかけられない先生。優しくて、子どもに寄り添うというよい点の一方で、「ゆるい」「叱られても怖くない」という側面が子どもたちに影響し、「お試し行動」をしながら子どもたちは関わっていくようになります。例えば、授業中に、ずっとザワザワしているのが続いたりとか、特別支援学級や特別支援学校などにおいては、先生に追いかけてほしくて逃げる子がいたりだとか、わざと「じじい」や「ばか」と言ったりして、表情に動揺が出るかどうか試す、なんていうのもあると思うんですね（※教師の圧について

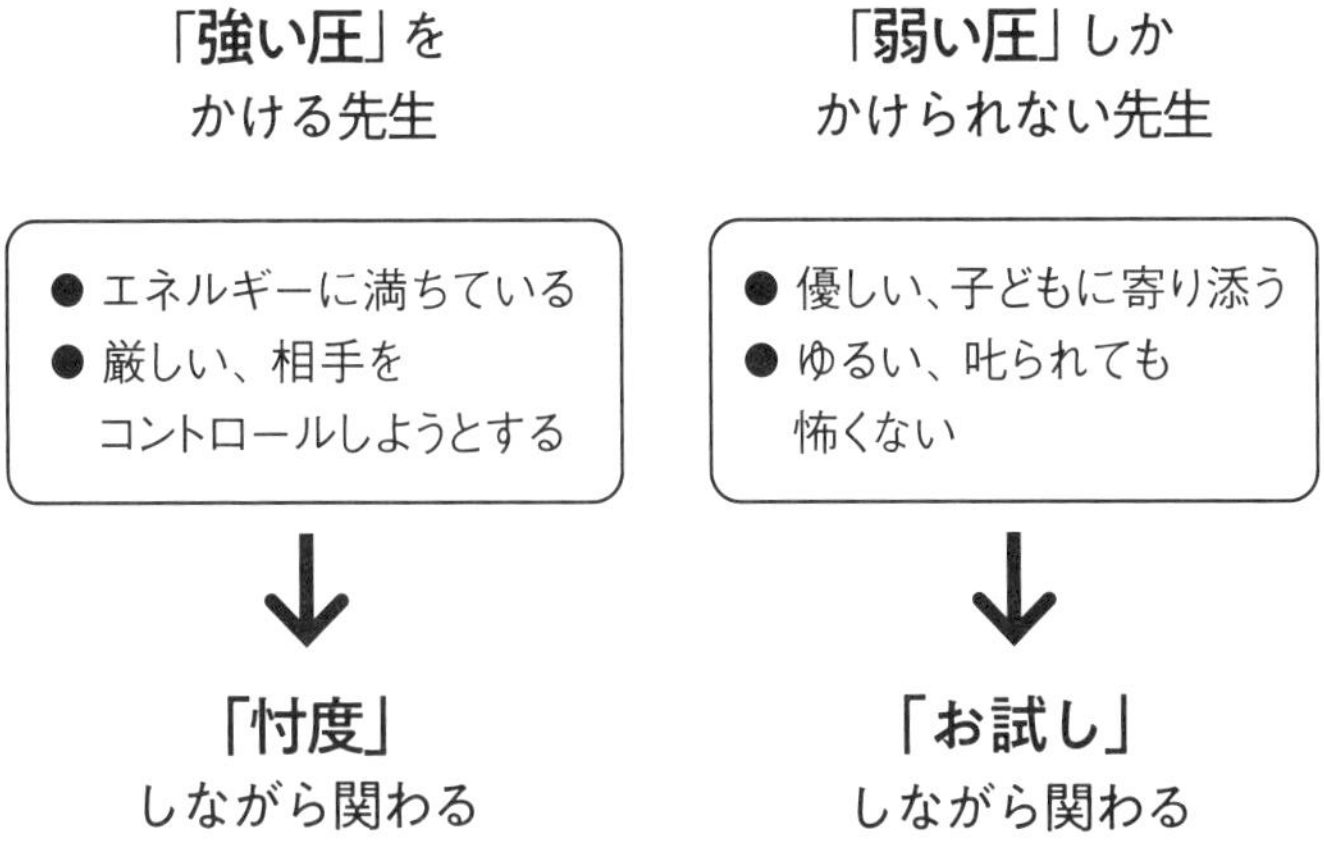
「強い圧」を
かける先生
● エネルギーに満ちている
● 厳しい、相手を
コントロールしようとする
「忖度」
しながら関わる
「弱い圧」しか
かけられない先生
● 優しい、子どもに寄り添う
● ゆるい、叱られても
怖くない
「お試し」
しながら関わる

図2-6　子どもたちは、常に先生の「圧」を読む
（俵原、2019、14-25頁を参考に作成）

は、俵原正仁『崩壊フラグを見抜け！』学陽書房、14-25頁を参照）。

　私自身は、教師という仕事をする上では、弱い圧も強い圧も、どちらも必要だと思っています【図2-7】。例えば、危険・危機に介入する場面と抑止に関しては強い圧で行動を止める必要があります。村中先生は『〈叱る依存〉がとまらない』の中で、叱るという行為に関しての効果と限界を述べるところで、叱る効果は「危機介入」と「抑止力」だけに限定されるとおっしゃっています（53-58頁）。その二点に関しては、弱い圧だとそれほどの効果を発揮しません。例えば、理科の実験や家庭科などで、刃物を扱ったり火を扱ったりするときに、こちらが提示したものとは異なるいたずらのような扱い方をしようとしたとき、即座に「待て！」というふうに伝えることや、あるいはいじめだろうと思う案件で「今の何？」というふうに関わるときに、強い圧は必要があります。でも、それが、常時続くと、結果的に管理-服従型、さらには子どもにトラウマをつくり、時間が経ってからフラッシュバック（※過去の出来事を過去のものとしてではなく、現在進行中の出来事のように感じ取ったり、あたかも再体験するように想起したりすることを指す（中島義明ほか編『心理学辞典』有斐閣、756頁を一部改変））を引き起こしやすい。そして、「自分には統率力がある」のように勘違いをされている先生も、この強い圧のタイプの先生にはよく見られます。

　一方、弱い圧は、相手に安心感を与える効果があります。例えば、相談に応じるときには、圧をぐっと下げる必要があります。でも、その一方で、守るべき規律が曖昧になって

LEVEL 弱2	LEVEL 弱1	LEVEL 0	LEVEL 強1	LEVEL 強2
かなり弱い圧	弱めの圧	ニュートラル	強めの圧	かなり強い圧

危機介入と人権に関わることへの抑止などで使うと効果的とされる

・相手に有無を言わせない雰囲気になりやすい
・威圧的・高圧的・支配的になりやすい
・視線にかなり強い力がある
・発する言葉に勢いや鋭さがある
・管理し、服従させるという関わりのスタイル
・トラウマをつくり、時間が経ってから
　フラッシュバックを引き起こしやすい
・常に気をはりつめる姿が周囲を寄せ付けなくなる

↓

● 顔色をうかがって行動する子どもが増える
●「自分には統率力がある」という勘違いにつながる

相手に安心感を与える効果がある

・しかし軸がぶれやすく、相手に「傍若無人にふるまってよい」というメタ・メッセージ（※）を伝えてしまうことが多々ある
・主導権を維持できない
・相手の後追いが多く、振り回される
・後手の対応になりやすい
・ハートフルな一面が裏目に出て、
　相手の要求に応えすぎてしまうところがある
・「叱り切る」ということができない
・瞬時の判断に迷いが出て、詰めが甘い
・迷いやすく、優柔不断な一面がある

※メタ・メッセージ＝あるメッセージが本来の意味を超え、別の意味のメッセージを伝えてしまうこと

↓

● お試し行動が（一時的に）増える
● 周囲から「子どもにナメられている」と指摘され、焦りにつながりやすい

図2-7　「圧」の自覚的レベルの整理

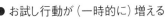

「好き勝手にふるまっていい」という間違ったメッセージを伝えてしまう場合がある。あるいは、ハートフルな一面が裏目に出て、子どもの要求に応えすぎてしまう、などということがあります。

一度「叱るモード」に入ってしまうと引き返しにくくなるので、「叱って直す」という発想を、一度横に置いて、**教え導くというモードや伝え育むというモードで丁寧に向き合うことが大切です【図2-8】**。その際には、自分の感情と丁寧に向き合うことが大事です。子どもに向けてというよりも、「ここが自分の仕事の一番大事なところでしょう」という感覚です。

学校現場の〈叱る依存〉と教室マルトリートメント

この「叱って直す」というモードは、どんどんエスカレートして強くなっていくものだ、ということで、警鐘を鳴らしてくださったのが、村中先生の『〈叱る依存〉がとまらない』です。

具体的に紹介させてください【図2-9】。――この図は、あくまでも私が本をもとに作成したものですから、もし村中先生のほうで「いや、そうじゃない」とお感じになる箇所などがあれば教えてください――脳の中には、報酬系という回路があって、快感をもたら

図2-8　一度「叱るモード」に入ってしまうと、引き返しにくくなる

す行動を人は学習し、繰り返し取り組もうとするところがあります。その快感がきっかけになって、「もっとやってみよう」というモードに入る。つまり、快感を報酬として、それを獲得するために今行っている行動が強化されていく、と。そのことがプラス面に働けば、上達／成長／向上ということにつながるけれども、マイナス面として働くと、多用／乱用／依存、という言葉が当てられることがある。〈叱る依存〉で言うとそれは「懲らしめる」とか「処罰感情」です。叱ったときに、子どもがビシッとした、言うことを聞いた、シャキッとなった、みたいな状況が生まれ、脳が、それを快感だと判断してしまうと、結果的にその指導に依存するようになっていってしまう。

これを見たときに、すごい衝撃を受けたんです。

私たちはあらためて、「教師の報酬」って何なのだろう、と考える必要があると思っています【図2-10】。子どもが大人の考える枠組みに沿って、大人が願うとおりの行動をとることを「報酬」とするのであれば、もう、いつまでもこの流れは変わらない。そこで、「子どもの成長」を、「報酬」にできる教師がどこまで増えていくか、これがポイントなのではないでしょうか。

多分、教師になるときは、みんな子どもの成長を願ってこの仕事に就いたはずだと思います。それが、いつの間にか、例えば「時間がない」とか「降ってくるものが多い」「余裕がない」「余白がない」となってくると、もう、大人が願うとおりの行動を子どもがと

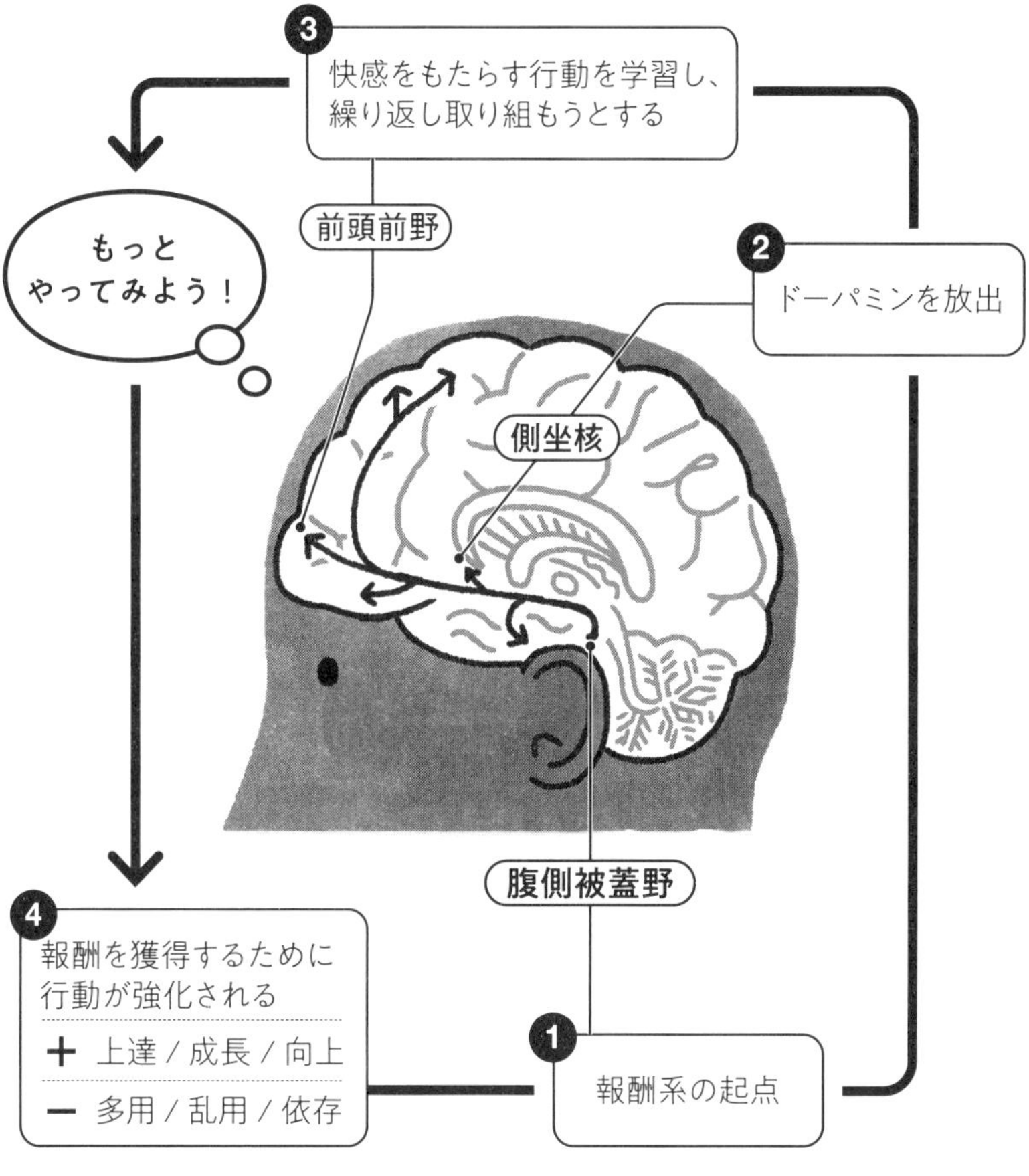

図2-9　「懲らしめる・処罰感情」が快感になってしまうと
脳はその指導に依存するようになってしまう
（村中、2022、46-48頁を参考に一部改変し作成）

ることだけを報酬とする、という流れにならざるを得ないのではないか。さらに、「私は、子どもの成長が報酬です」と言っている方であっても、それが本当にその子の立場を考えた当事者視点の成長なのか、それとも、「大人の設定した基準に近づけること」を成長だと捉えているのか。もし後者なのであれば、この図式で言うと、**［図2-10］**の(A)で言っていること（子どもが大人の考える「枠組み」に沿って大人が願うとおりの行動をとることを報酬とすること）と変わりません。こういうことを繰り返し自問自答できる、考え続けることができる先生が、学校現場には必要なのではないかというふうに思っています。

さて、ここからは村中先生にも参加いただきまして、まずは「〈叱る依存〉とは何か」。この辺りからお話をうかがっていきたいと思います。

［対談］アディクション（依存）という視点から

村中　よろしくお願いします。川上先生のご著書を読ませていただいたときから、すごくシンパシーを感じるというか、着眼点や課題意識が本当に似通っている、共通する部分が大きいと感じました。あらためて今、川上先生のお話をお聞きして学び直させていただいているのと同時に、「あっ、そうか」と……。というのも、この教室マルトリートメントという発想が、これほど多くの教師の方に届き、今日のセミナーにもたくさんの方が集

何を「**報酬**」とするのか問題

（A）子どもが大人の考える「枠組み」に沿って
　　大人が願うとおりの行動をとることを報酬とするか

（B）子どもの**成長**を報酬とするか

↓

(B') その子の立場を考えた、
　　当事者視点の成長なのか
(B'') 大人の設定した基準に近づけることを
　　成長と捉えているのか → (A) と実質的には同じ

図2-10　教師の報酬とは何かを考える

まって、広がっている。書籍自体もたくさん売れて読まれているというのは、「ああ、川上先生のこのお人柄があってこその波及力なんだな」ということがよく分かった気がいたします。

川上先生の書かれている本と私の本との差分があるとするならば、やはり「アディクション（依存）の視点」が、一番の差分になろうかと思います。基本的なことは大きく変わらないんですけれども。

このアディクションというところで、私がお伝えしたいメッセージとしては、叱ること――川上先生の言葉で言うなら「強めの圧」――というのは、何のためにするかというと、相手のネガティブ感情を引き出し、扁桃体《へんとうたい》を中心とするような「危機対応モード」、『〈叱る依存〉がとまらない』の中では、それを「ディフェンスモード（防御モード）」と呼んでいますが、相手の防御モードを故意に引き出すことによって、その人をコントロールしようとすること。「叱る」という行為には依存性があるんじゃないかということです。

それはなぜかというと、**叱る側のニーズを満たすから**です。川上先生が先ほどおっしゃったように、**自分たちの思う枠に相手をはめることができ**、**ニーズを満たせる**という側面があって、それが一つの叱る側にとっての報酬になってしまい、依存化してしまうリスクがあるのではないかということが今日お伝えしたいメインのメッセージなんです。

せっかく今日はこうしてセミナーにみなさまにきていただいているので、ちょっと本に書き切れなかったことをお話ししようと思います。

私が、この〈叱る依存〉という発想、概念にたどり着く一番の大きなインパクトポイントが、「処罰感情の充足は、人間の報酬系回路を活性化させる」ということでした。つまり、ドーパミンを放出させて、簡単に言えば「処罰したい」「罰したい」という強い願望や欲求みたいなものを湧き立たせてしまうということが、学術的に確認されている。それを知ったことが大きかったんですね。本の中で触れた、米『サイエンス』誌に掲載された実験が具体的にどういうものであったか、本では書き切れなかったので、今日お話しさせてください〔※当該論文は、de Quervain, DJF., Fischbacher, U., Treyer, V., Schellhammer, M., et al. "The neural basis of altruistic punishment". *Science* 305(5688), 2004, pp. 1254–1258〕。

AさんとBさんという二者がいます。Aさんは、Bさんにお金を預けます。ここで、Bさんは無条件で、預かったお金の5倍のお金を受け取ることができるという魔法のような法則が仮にあったとしましょう――これは実験場面ですので、そのように設定するわけですが――そうすると、AさんはBさんにお金を預けると、Bさんはたくさんお金をもらえることになります。と、ここで話が終わったら、Aさんは預け損になってしまいますので、「約束」が発生するわけです。Bさんは、増えたお金の半分をAさんに戻します、という約束です。そうしたら当然、ＡさんがＢさんにお金を預けると、Ｂさんのお金が増えて、ＢさんがＡさんにお金を返せば、またＡさんがＢさんにお金を預けて……っていう、無限にお金がどんどん増えていくというすばらしい仕組みが出来上がるわけなんですね。

　ところが、ある瞬間――しかも、金額が大きくなってきたある瞬間に――、ＡさんがＢさんにお金を預けたときに、Ｂさんが裏切るんです。Ｂさんが、たくさんのお金を独り占めして、Ａさんに返さない、という状況を実験場面でつくるわけです。そうすると、当然Ａさんからしてみたら「裏切られた」、先ほどの表現を使うなら、「あるべき姿」から完全に逸脱した相手の姿を見るわけですね。

　で、この瞬間に、Ａさんに悪魔のささやきをするんです。

「このままだと、相手が――例えば１００万円としますが――、そのままごそっと利益を得ますよ。あなたは、20万円預けたので、20万円の損をして、相手は１００万円の利益を得ますよ」と。仮にそうなったときに、加えて「あなたがお金を払えば、そのお金を払った倍の分だけ、罰金を相手に払わせることができます。例えば、１万円払えば２万円、相手がもらえるお金が減ります」という悪魔のささやきをＡさんにするわけです。

　これは実験場面なので、たくさんの被験者がＡさんの立場を体験するわけなんですが、結果は結構まちまちです。「いや、確かに腹が立つしダメだと思うけれど、お金を払ってまで罰しなくていい」という人ももちろんいれば、「いや、もうこれは絶対に許せないから、お金を払う。Bさんを罰してくれ」という人もいる。「なんなら、50万円払ったら0円になるんですよね?」みたいなノリでお金を払いたいという人もいて、当然これは実験場面ですから、その意思決定をした瞬間の脳の活動を測定していたわけです。

そうすると、この「お金を払ってでも罰したい」「このよくない状況に罰を与えたい」という意思決定をした人ほど報酬系回路の主要部位が活性化し、かつ、たくさんお金を払った人ほどその活性の度合いが強かった、というデータが『サイエンス』誌に掲載されたんですね。

この手の研究は盛んに行われていますが、基本的には同じ方向を向いているんです。相手がよくない行動をしたことに対して、私たちが罰を与えるとか、「叱る」も同じだと思いますが、要は「苦しい思いをさせたい」というようなことは、どうやら何か人間にとって生来的な欲求であって、ドーパミンが放出される以上は、そこに依存をしてしまう。つまり、叱られる側のニーズではなくて、**「叱る側」のニーズによって、ずっと行動が維持されてしまう**し、強化されてしまう、エスカレートしてしまう、ということが起こり得るんじゃなかろうか。我々はこのことに、すごく自覚的である必要があるだろうということです。これは、学校教育だけではなくて、さまざまな場面に影響していますから。……というのが、この〈叱る依存〉の基本的な発想となります。

川上　ありがとうございます。アディクションというと、今までのイメージだと、例えば薬物やアルコール、ギャンブル、それから最近だと子どもたち向けにはゲーム依存など、対象が「物」であるようなイメージがずっとあったけれども、初めて「行為」と言いましょうか、感情面に村中先生は踏み込まれた。そのきっかけが、その論文だったということですね。

村中　そうですね。もう少し前提を言いますと、私は、だいぶ前に依存症を興味の対象の一つとして広くリサーチしていたんです。例えば、盗癖の依存（クレプトマニア）や盗撮の依存、「行為に対する依存」というものは、精神医学の領域でも、依存の枠の中に既にあったんです。そのことを私は知っていたんですね。厳密には、ＩＣＤ〔※疾病及び関連保健問題の国際統計分類：International Statistical Classification of Diseases and Related Health Problems〕とかＤＳＭ〔※アメリカ精神医学会が作成する公式の精神疾患の診断・統計マニュアル：Diagnostic and Statistical Manual of Mental Disorders〕に嗜癖性障害として載っているのは、今、ギャンブルだけ、あとは、最近で言うとゲームも行為依存の中に含まれる流れになってきていますね。

また、もともと「依存」という言葉は、薬物やアルコール、つまり「体内に何かを入れること」であって、行為などの、体内に入れる何らかの物以外のことについては使ってはダメだ、といった論争もあったんですよ。なぜかというと、体内に入れる物というのは、例えば身体に対する耐性がついてどんどん量が増えていくことであったりとか、あとは「離脱症状」と言って、それをやめた際にすごく症状が出ることであったりが発生する。行為や、体内に入れること以外の依存というのには、その二点については存在しないから、「依存症と一緒くたにするな」といった議論もあったんです。それが今は、「やはりいずれも通底しているんだ」という議論になってきており、依存の中に「行為」が含まれるようになってきました。

なぜかと言うと、神経科学が発展していく中で、どちらも「報酬系回路のハイジャック」というふうに言われたりしますが、報酬系回路の暴走という部分は一緒であって、「基本のメカニズムが同じなんだったら、同じ文脈で語るべきなのではないか」と、議論が変わってきているという背景があるわけですね。

そういったことを前提知識として学んでいたので、だとしたら、叱るという行為への依存は十分に起こり得るだろうと私は考えているんです。もちろん、これはあくまで現段階では私の作業仮説にすぎないので、〈叱る依存〉そのものが研究されているということではないんですけれども。

川上　ちなみにそれで言うと、タイトルの〈叱る依存〉のところが、山括弧でくくられているのは、村中先生が「当てはめた言葉だ」という意識でつくられた面があるんですかね。

村中　そのとおりです。私が〈叱る依存〉という言葉を書くときには、必ず山括弧を書いて文章にするようにしています。

一つ裏話をすると、実は、あの本の「おわりに」のところだけ、〈叱る依存〉という言葉に括弧を付けてないんです。それはなぜかというと、「おわりに」は、私の独語として書けるところですので、そこだけは私の願いとして、この〈叱る依存〉っていう発想が、もう山括弧を外れて研究者の方には学術的にも研究をしていただきたいし、一般の実践者の方にも「もう、叱る依存っていう発想は当たり前のことだよね」となる未来を夢見ているからです。だから、「おわりに」でだけは、山括弧を外している、と。

川上　なるほど、深い……。そこは、ちょっとまたあらためて読んでみますね。私も実は、最初に出した本が『〈発達のつまずき〉から読み解く支援アプローチ』（学苑社）という本で、〈発達のつまずき〉というところを山括弧でくくったんですよ。そして、今はもう、おそらくそうやってくくらなくても、普通に使われる用語になったなという感じがするので、ここから先、さらに一気に〈叱る依存〉という言葉も広がっていくんじゃないかというふうに思います。

叱る人の「苦しみ」に思いをはせる

川上　さて、叱ることの本質についても少し触れていきたいなと思っていて、村中先生は、叱る人が、実はその状況を定義する権利をもつ、というお話をされてますよね（※『〈叱る依存〉がとまらない』30頁参照。また、「権力」を、「状況を定義する権利」であると定義する考え方については、信田さよ子『加害者は変われるか？』（筑摩書房）を参照のこと）。

ですから、前提として上下関係というものが存在してないと、「叱る」は成り立たない。しかも、叱ることは他者を変えようとする。叱ることによってネガティブな感情を植え付けて叱る側のニーズを満たしている。叱る人自身にも苦しみがあって、叱る行為がその苦しみを和らげているんじゃないか……といったご指摘もありました。この辺りも、少し詳しく教えていただけるとありがたいです。

村中　そうですね。『〈叱る依存〉がとまらない』出版後、いろいろな方とお話ししたり、ご意見をうかがう中で、「叱る」にはその**権力格差**や**権力勾配**というものが、キーとなる大きな要素としてあるのだ、とあらためて強く感じています（※本書では、「権威勾配」と「権力勾配」を、話者によって使い分けている）。後ほど川上先生とは学校現場における〈叱る依存〉についてお話をさせていただこうと思うんですけれども、『教室マルトリートメント』の中でも、教師という職業の特殊性として、大学を卒業してすぐの若者が、もう「権力者」になれてしまうというご指摘をされておられます。学校現場の〈叱る依存〉を考える上で、そこは本質だろうと私も思うところです。

あともう一点は、これは「依存」というところに関わってくることですが、実は、**人間**

は快楽だけで依存するということは少ないんですよね。人間は快楽に対してはすごく飽き性で、その快楽だけで依存的になってしまうことというのは少ない。これは、精神科医の松本俊彦先生（※国立精神・神経医療研究センター精神保健研究所薬物依存研究部長。主著に『薬物依存症』（ちくま新書）、『誰がために医師はいる』（みすず書房）など）の講演を聞いて初めて学んだことで、私は頭を殴られるような衝撃を受けまして。「クスリはものすごく気持ちよくて、一回身体に入れてしまうと、その気持ちよさが忘れられなくなってしまうから、やってはダメなんだ」と、ずっと教えられてきたからこそ、衝撃だったんです。つまり、それは大人側の子どもに対する方便だったということですよね。事実ではないんです。

では、人間はなぜ依存するのかというと、本の中にも書きましたが、**「苦痛が除去された」という体験が強烈だから**です。ものすごく苦しいことが何らかのきっかけによって和らいだり、忘れたりすることができた――これが依存のベースになっていく体験であって、この点がすごく大事なところです。

「自己治療仮説」という考え方があります。依存症になる方は、私たちのイメージでは、とりたてて薬物を選んでいないというイメージがあるかもしれませんが、覚醒剤にはまる方、アルコールにはまる方、麻薬系の鎮静薬にはまる方――それぞれ当然人間に対する状態の変化が全然違うわけですが――、自分自身の抱える問題に応じて選ぶそうなんです。ですから、例えば、最初は覚醒剤をやってみたけれども、覚醒剤依存にはならずに、次に麻薬に出合ったときに、どっぷりとはまる人、あるいはその逆の方もいる。つまり、その方がもともと抱えている苦痛がどういった種類のものなのかによって、選ばれるものは異なるということです〔※エドワード・J・カンツィアン、マーク・J・アルバニーズ著、松本俊彦訳『人はなぜ依存症になるのか』（星和書店）の37-41頁などを参照。「物質乱用者が自らの乱用物質を選択するプロセスは、決して無作為に選択されるわけではなく、多くの場合、さまざまな試行を繰り返すなかである特定の感情を緩和するのに適した物質を発見するといったかたちをとる（37頁）」〕。

覚醒剤は気分をぱあっと高揚させてくれる。気分が上がることによって、苦しみから解放されたと思う人。あるいは鎮静剤はむしろその逆で、ちょっとぼおっとするような感じで覚醒水準を下げるわけですが、例えばずっとイライラしているようなとき、そのイライラやトゲトゲが鎮静効果のある薬物で少し落ち着いて穏やかに過ごせている自分に出合ったなら、そちらにはまっていく人もいるかもしれません。何の苦しみを抱いているかによって、何にはまるかが違ったりもするということが自己治療仮説に関す

チャット上のコメント

- 周りの先生からの「あなたのクラスうるさいよね」みたいなのは気になってしまいます。それを「叱る」ことで子どもたちが静かになるという事実（快感）が、叱るを加速させているのだなと。大人が大人に叱られているからでしょうか。僕はそこで負けちゃダメですね。

る書籍には書かれてあり、「これはすごい人間理解の知見だ」と感じたんです。

それで言うと、学校現場の〈叱る依存〉を考える際、根本的で本質的な解決を求めるならば、**教師のみなさまが一体何の苦痛や痛みや苦しみを抱えておられるのか**ということを理解し、その苦しみがなくなっていくことがすごく大事になってくると思います。

私は本の中で、「叱っちゃダメ」とは一言も書いていないですし、「叱っちゃダメ」というメッセージには害が大きいと思っています。「叱っちゃダメ」よりも、叱らざるを得ない、〈叱る依存〉が起こるような教職の強烈な権力構造そのものについてや、教師の方々の抱える苦しみというものにこそ、目を向ける必要があるだろうなと思えるんです。

川上　一部、「働き方改革」というのが学校現場でも叫ばれていて、それが主に勤務時間の短縮やストレスチェックのようなメンタル面のケアには向かいましたが、今のところそれでは教師の苦痛は改善されてはいない。そういうところに、メスを入れたほうがいいんじゃないかということですか。

村中　おっしゃるとおりです。

「叱る」も「褒める」も、〝後さばき〟

川上　村中先生は、今「叱っちゃダメ、とは言っていない」とおっしゃいました。特別支援教育が広がってきた２００５年辺りから「褒めましょう」という言い方がたくさん出てきて、それが「叱ってはいけない」という文脈とセットで語られてしまった部分もありました。村中先生は、ご著書の中で、叱ることには効果と限界があって、効果には二つあると書かれておられます。危機介入と抑止力という二つに関しては、叱ることの効果が発揮されるだろうと。ただし、叱ることが学びや成長をもたらすと言えるかについてはもっと丁寧に見たほうがいいんじゃないかともおっしゃっておられます。この辺りはいかがですか。

村中　結論から申し上げると、「叱っちゃダメ」というメッセージが上手くいかない理由には大きく分けて二つあります。一つは、おっしゃっていただいたとおり、「危機介入」の場面においては、叱る以上に効果的な方法というのは存在しないだろうというのは、やはりあるからです。

ただし、これを考えるときに、同時にすごく大事なのは、危機介入が必要な場面というのは、実はそう多くないはずだということです。例えば、子どもたちの命に関わることや怪

チャット上のコメント

- 教員採用試験にチャレンジしながら働いてる講師の方が戸惑っている様子も見受けられます。試験対策では強い口調やくだけた言葉は注意されるのに、現場では激しく叱る教師を見ている…。4月には優しく丁寧だった講師の方が、だんだん叱る教師に近くなっているように感じることがあります。

我、あとはいわゆる自傷・他害というふうにくくられる事柄。それらが明らかに発生しているというわけではない、という状況においては「これは危機なんだ」と感じるのだとすればそれは、どちらかというと大人側の考える「あるべき姿」と照らし合わせた際の「大人側がつくり出した危機」なだけであって、「子ども側の危機」ではない。そういった目線は一つもたなくちゃいけません。まとめると、「叱っちゃダメ」というメッセージが上手くいかないのには、絶対に必要な場面はかなり限られるものの、危機介入としての叱る場面は存在するということが一点。

二点目として、「叱っている自分」を叱っても〈叱る依存〉はとまらない、ということです。なぜなら、そもそも叱るということが、人の学びや成長を促進しないからです。これは、なにも私が言い始めたことではなく、行動科学的に見ても脳科学的に見てもおよそ妥当な見解だと思うんですね。だとすると、叱っている自分自身を叱ったところで、自分は学びもしないし、成長もしない。ですから、叱っている自分を「そんなことしちゃダメ」と叱ったところであまり意味がない〔※「叱る」ことへの過信や過大評価については『〈叱る依存〉がとまらない』23-28頁に詳しい〕。

川上　今日のオンラインセミナーを開始する直前、プレトークのような形で、お越しいただいたお客さまにも何名かの方にしゃべっていただきましたが、やはり、「『叱っちゃダメ』っていうのは分かっている」とおっしゃっていました。そして、やってしまった後で後悔をする。叱っちゃいけないと分かっているのだけれど叱ってしまう自分自身を叱る……、そんなふうにそこで落ち込むのではなくて、ここから先、上手く**「叱る」を手放していくっていうことを考えていくのが大事になってきますよね。**

村中　おっしゃるとおりですね。先ほど川上先生が、「褒める」ことがすごくもてはやされて、「褒めるコミュニケーションをしましょう」「褒める子育てをしましょう」「褒める教育をしましょう」という言い方が増えていたとおっしゃいました。それとセットで「だから、叱っちゃダメですよ」「叱るのをやめて褒めましょう」となるんですよね。私は、それが別に間違ったことを主張しているとは一切思いませんが、そのメッセージだけではあまり状況は変わらないと思っています。なぜかというと、まず根本的に、**叱るも褒めるも「事の後」に行っていることだ**からです。私はそれを「後さばき」と呼んでいますが、そこにこだわってしまうと、後さばきに自分の意識を向け続けることになるので、**「褒めるべきか、叱るべきか」を悩んでいる時点で、すごく視野が狭くなっている**と思うんです。その意味で「叱らずに褒めましょう」ということだけを伝えるのは非常にリスキーです。

もう一つには、先ほど先生がおっしゃったように、そのメッセージだと「あっ、叱ることは我慢しなくちゃいけないことなんだ」と、叱る自分を叱って我慢して、本当は言いたくて胸がグツグツと煮えたぎっているのに、そこをぐっと抑えて、「にこやかに『すごいね』と言わなくちゃいけないんだ！」という、ものすごく安易な誤解に結びつきやすいように思うんですよね。

川上　確かに。

村中　先ほどもお話ししたように、叱る自分を叱ったところで何の成長もないどころか、今度は「私がこれだけ我慢をしているんだから、あんたも我慢しなさいよ」といった、**理不尽な我慢の連鎖**につながっていくのではないか。自分は、「叱るな、叱るな」と言われるから、「ここは叱らないといかんだろう、理不尽だ」と思いながらも、我慢して優しく接してあげてるんだから、「あなたも、多少理不尽であったとしても我慢をしなさいよ。なぜなら、私がそういうふうにしているんだから」という発想のベースになりやすい気がしていて……、その辺がちょっとリスキーなところだなと感じます。

川上　そうですね。かえって、「叱っちゃダメ」という言葉が、大人側のストレス状況を生み出している可能性があるということですね。

防御モードと冒険モード

川上　ここからは少し、学校という場に絞って「叱る」「懲らしめる」「処罰する」を考えていきたいと思うんです。

先ほど村中先生は、人は快楽だけでその行動に依存するわけではなく、むしろ苦しみから逃れることができたという体験が、依存のきっかけになるということをおっしゃっていました。「苦しみから逃れたい」というのは、きっと多くの先生方の心の中にあるような気がしますね。

さらに言えば、非常に高圧的・威圧的な学年主任の先生が「もっと子どもに言うこと聞かせるにはこういうふうに圧をかけないとダメだ」といったプレッシャーを、他の先生にもかけるということがあるんですね。若手の先生は、その先輩の圧に対して影響を受けているのか、もしくは、その先生の前でそうせざるを得ないのか分かりませんが、「(その先生に)目の前の子どもたちが叱られないようにするには、自分が強く言わなきゃ」という、**「圧の継承」**のようなことが起きる。例えるならば、DVの状況にある母親が父親から子どもが殴られないように先回りして叩いているといったような状況が、私の見てきた学校にも実際にあったんです。この辺りをどんなふうに改善していくか。

さらには、職員室の会話などを聞いていると、「今日も懲

チャット上のコメント

- 村中先生が書いていらっしゃるように、叱るというネガティブ感情への反応には即効性があるんですよね。だから、叱る側が叱ることを強化されやすいんですよね。
- やっぱり焦っているとき、余裕がないときは低コストなほうに行きやすいですね。

らしめてやった」「泣かせてやった」「追い詰めてやった」といったセリフが聞こえてくるといったエピソードもあったりしますから、その辺り、村中先生と一緒に考えていきたいなと思うんです。

村中　こちらこそ、ぜひ川上先生にいろいろ教えていただきながら考えていきたいなと思いますが、今のお話から私が一番最初に思うのは、相手にネガティブ感情を与えて、**防御モードに無理やり引きずり込むことで、全てにおいて事が早くなる**ということです。

川上　確かにそうです。

村中　防御モードというのは即時性にすごく特徴があります。例えば、森の中で天敵に襲われた小動物が、即座に逃げ出すか、逆に襲いかかって戦うかということを瞬間的に行動に移さなければ、ほとんどの場合、食べられて死んでしまうわけです。人間も生物ですから、防御モードに入るということは、いずれにせよスピーディーに物事が動き、変化する。多くの場合、圧倒的な権力者が権力構造の下でそのような状況をつくり出すと、権力者が思う方向に事が動くわけなんです。

この仕組みがもっている罠はすごく大きい。なぜかというと、権力者側からしてみたら、やはり相手が「学んだ」と思うからです。目の前で、相手が行動を変えてくれるわけですからね。実感や経験則によって信じられている自分なりの素朴な認識を「素朴理論」と呼んだりしますが、この場合、「これを繰り返すことで人は成長をするんだ」「自分は、正しいことをちゃんと教えてあげた。正しいことを学ぶには『苦しみ』が必要で……」といった素朴理論ですね。それこそ、先ほど川上先生がおっしゃっていた「今日も泣くほどやってやったぜ」みたいな考えを支えているのは、そういった、**少なくとも「短時間で見るとすごく成功した」という偽りの成功体験**なのではないかと思っています。

川上　村中先生は、防御モードと対極にあるものとして「冒険モード」という言葉も使っていらっしゃいますよね。私も、学校現場で子どもたちが主体的に活動するには、まさに冒険モードに入る必要があると思うんですけれど、主体的に動こうとする子が出てくると、教師側からすると「リスク」になりやすい。だから、物事を時間内に早く効率よく進めるために子どもたちを防御モードに引きずり込んでいく必要がある。それによって、懲らしめるとか、処罰するという感情あるいは行為が正当化されていくということですね。

村中　そうですね。なので、〈叱る依存〉の問題を考えるときに、人物にだけ焦点を当てて、「あの人はダメだ」「あの人は〈叱る依存〉だからよくないんだ」ということだけ考えるのではすごく不十分で、やはりシステムの側に目を向けなくてはなりませんよね。教育のシステム側の問題。「教室の中がザワザワしている状態は絶対ダメなことで、びしっと静かにできてることが、求められる『あるべき姿』なんだ」みたいな考えが強くなればなるほどに、当然、〈叱る依存〉は誘発されやすくなるわけです。

これは当たり前のことなんですけれども、子どもたちが全員「冒険モード」で学び始めたら、それはやかましくなりますよ。学びの冒険者なわけですから「先生、これどうなんですか？」とか「これはどう？」とかって、発言したり行動したりすることになるわけですよね。同じ「やかましい」であったとしても、完全に学びの目的が崩壊した状態で誰も学んでいないようなやかましい状態と、学びに対して子どもたちが冒険モードのスイッチが入っているからこそのやかましい状態というのとでは全く違うはずなのに、**「静かである」ということだけに統一基準を設けようとすると、〈叱る依存〉は誘発されやすくなります。**ですから、個人の問題と捉えることの限界というのは、あるんじゃないでしょうか。

川上　本当ですね。今日参加していらっしゃる先生方も、多分、自分自身はそういうふうにしたくないと思っていても、学校の雰囲気や管理職のもたらす空気感、「同じ学年で足並みを揃えよう」といった価値観などに影響を受けつつも、なんとかそこで踏みとどまろうとするのか、あるいは、もうこの状況に巻かれざるを得ない……というようなこともあるのかもしれません。村中先生が先ほど「偽りの成功体験」とおっしゃいましたが、「叱る」を正当化しないためにも、私たちがその辺りだけでも気を付けることで、ブレーキはかけられますよね。

無力化される子どもたち

川上　さらに、学校現場の〈叱る依存〉にはこんな論点もあります。学校における指導の厳しさが、「熱意」や「愛情」という捉えられ方をしていないか、という点。例えば、「叱るのは愛があるからなんだ」とか、「あなたのためを思って」。それらは善意なのだと思うのですが、その子のことを本当に考えているわけではなくて、無理解なまま熱心に続けてしまう。あるいは、指導という名の下に、あらゆることが正当化されてしまう。それから、「叱れないのは甘い」「指導者として未熟」というような考え方。

さらに言えば、「試練や苦労を乗り越えなければ人は成長しないのではないか」という――村中先生の書籍の言葉で言えば、「生存者バイアス」です――そのようにおっしゃる方ほど、「叱られたことで強くなった」というような、認知の偏りの影響を受けてバイアスがかかっているのではないかというご指摘です。それがそのままその方の「人生観」になっている場合、指導への考えにも影響があるのではないか〔※生存者バイアスは、生存バイアスとも呼ばれ、「脱落したものや淘汰されたものを評価することなく、生き残ったものだけを評価する思い込み」のことを指す。詳細は前掲書、106-108頁〕。

また、学校には理不尽に耐えることを美徳とする風潮もありますよね。この辺り、もう少し踏み込んで、私たちが指導であるかのごとく思い込んでいるようなところにも、さまざまな課題があるのではないかと思うんですが、村中先生はいかがでしょうか。

村中　ベースになるのは、先ほどお話しした防御モードに相手を追い込めば自分の思いどおりに事が進むという、いわゆる誤学習です。相手の成長や学びには実は結びついていないんだけれども自分の思いどおりにはなっているということが、この「厳しさが熱意であり愛情なんだ」という捉えのベースになるということだと思うんですね。

もうちょっと踏み込んで話をすると、本の中で、アメリカの心理学者、セリグマンの「学習性無力感」の研究（※電気ショックを与えられ、非随伴的な理不尽を強要され続けた犬が、脱出可能な状況においても適切な逃避行動をとらなくなったという実験がよく知られる。詳細は前掲書、141-143頁）をご紹介しましたが、相手を「何をやっても無駄なんだ」「自分が何かをしたとして、何も変わらないんだ」「もう仕方がないものなんだ」と無力化させることと、我慢ができることとやすごく協調性があることを子どもの「あるべき姿」だと設定していることは、似ているといえば似ているんですよ。

川上　ああ……、なるほど。

村中　なぜかというと、無力化された子どもは、言われたとおりにしかしないからですよ。自分が何をしたところで何も変化がないから、言われたことをやるのが当然で、そこに何のチャレンジも冒険もなくても当然な状態になる。それはつまり、逆に言うと、周囲に期待をしないということです。例えば、自分が何かすることで、お友だちがこういうふうになってくれるはずだといった期待なども薄くなってきますから、見た目上は非常に仲よくしたりトラブルを起こさずに過ごしてくれたりするようになる。なのでその意味では「ああ、やっぱり多少苦しい思いをさせないといけないのか」「理不尽に耐えてこそ、強く成長するんだ」といった周囲からの誤学習は非常に起きやすいんだと思うんですよね。

私がすごく懸念するのは、これは、**人が冒険モードで生きていく力を確実に奪っていること**だと思っているんです。例えば、義務教育期間中は無力化された状態で「いい子」として育った子たちが、高校生、大学生、社会人になった瞬間に「自分をもて」と言われる。「冒険者として、この社会を乗り切っていけ」と。求められることが変化していく中で、その段階からやり始めてももうおそらく難しい状況になってしまっていて、「私にはやりたいことなんて何もないし、そもそも自分がやりたいことのために計画を立てて、多少の我慢をしてでも頑張っていくということなんてしたことがない」と。それに対して、「いやいや、もうこれからは、個人のやりたいことを実現

チャット上のコメント

- 幼児期から叱られることに、もはや慣れてしまっている子どもたち。少し暴走気味な冒険モードに入ってしまった子どもに対し、子ども側から「先生、強く叱ってよ!」みたいな雰囲気すら感じることはありませんか。こうなるともはや個人だけではどうしようもない状態になってしまっているかもしれません。

していく時代で、主体的に自ら考える力をもつ人を我が社では採用しています」という企業が数多くある中で、「今までずっと、自分で考えることなんて求められてこなかったじゃないか」「そんな力、育まれなかったじゃないか」という状況が起こってしまう。「理不尽に耐える」ということを美徳にしまうと、そこのリスクが非常に高まってしまうんじゃないかと、すごく危惧しています。

川上　今、お話をうかがって、はっとしました。学習指導要領の根っこに、「これからは、混沌としていて何が起きるか分からないVUCAの時代に入っているので、子どもたちに対しても『これさえやれば上手くいく』なんていうものはないのだ」という価値観があります。だからこそ、自分で考えて、どんどん行動していく人たちを育ててほしいし、そのためには、主体的・対話的で深い学びを通して子どもたちの実力を小さいうちから身に付けていってほしいんだ、と。言われていること自体は本当によく分かるんです。

ところが、それを支えるだけのベースのシステムが学校にはないし、教師のモードとしても、とにかく時間に追われていて支えられている感がなく、早く自分たちが言いたいことを子どもたちに伝える、全てにおいて「早く事を進めたい」というマインドになっている。これでは全然車輪が回らない状態ですよね。自転車で言うならば、タイヤが地面にくっついていないのに、ただそこで空回りしてるようなイメージで今の学校が動いているのではないか。

村中　そうですね。私は学校現場の実態をそんなに詳しく目の当たりにしているわけではないので、逆に川上先生に教えていただきたいんですけれども、ただ、〈叱る依存〉というまなざしや、学習性無力感というまなざしで捉えていくと、今言ったようなリスクが推測できて、今日ご参加いただだいているたくさんの学校現場の先生方にも「ああ、確かに」と思っていただけるのであれば、これはやはり、**解決すべき社会課題**なのであり、教育現場が乗り越えていかなくてはならない課題なんだという認識になるのではないかとは思います。

川上　本当にそう思いました。「ああ、そこにつながるんだ」と、実感をもって受け止められた感じがします。

さらに、「理不尽に耐える」ような学校現場の中で育ってきた人たちが例えば教師になるとなったときに、同じことを繰り返す可能性は高いですよね。

村中　よく指摘されていることだと思うんですが、教師を目指そうという人は学校文化に適応的だった人が圧倒的に多いので、先ほどの「生存者バイアス」のように、「理不尽に耐えた

チャット上のコメント

- 「冒険モード」の授業を実践していたとき、保護者から「ちゃんと（講義形式の）授業でうちの子を分かるようにしてください」と要望をいただいたことがあります。そういった指摘も私たちが「これまでどおり」「従来の授業」から脱却できず、焦らせてしまう要因だと思います。

その経験自体が、私を育ててくれたと思っているならば、きっと子どもたちに対しても、「それが子どもたちのためになるんだ、なぜなら私がそうやって育ってきたから」という、再生産につながっていくリスクはあると思います。

川上　そうですよね。今、教師のなり手がいないという話はいろいろなところであって、これから先も、教師のなり手はこの状態のままでは増えていかないでしょうし、「もう見込みがない」とみなさんからも思われている感じがするんです。村中先生も、なんとなくそういう印象って、もたれていますか。

村中　はい。本来、すごく魅力的ですばらしいお仕事であるはずが、あまりに負担が大きいことや、これまで述べてきたようなさまざまな課題があったときに、優秀な学生ほどむしろそういった情報をキャッチして、「もともとは教師を目指していたけれど、ちょっと自分のやりたいことと違うかな」と、公教育の担い手というよりもその周辺で自分のやりたいことをやろうと意思決定をする若者たちを、実際に私も何人か見ているので、あり得るんじゃないかなと思います。

権力者の立場から降りる

川上　ここから少し、まとめに入っていきたいのですが、「叱る」と上手く向き合って手放すために、特に学校現場においてできることは何かということを考えたいんです。先生の本には「前さばき」とありますが、先ほどもお話しがあったように、褒めるも叱るも、結局は、「後さばき」なんですよね。また、褒めるにも叱るにも共通しているのは、前提に上下関係がある。私たち教師が、普段気を付けておきたいことって、ありますか。

村中　基本的なアイデアはもちろんありますが、上からたくさんの仕事が降ってくる一方で減る仕事はないという今の学校現場において、大きなものを背負っておられる先生方にとって、じゃあ、どういうやり方がぴったりとフィットするのかに関しては、正直なところ、共に考え、教えていただきたいのです。いいアイデアをすぐにご提示できるとは思わないんですけれども、だからこそ、こういうときは基本のところから丁寧に積み上げていくことが大事かと思います。

まず、個人としてできることを考えた際、これは別に学校教師だけではなく私自身、親の立場であってもそうなんですけれども、**「自分が圧倒的な権力者なんだ」ということに対して、日々どれだけ自覚して生きているか、**ということですね。

本の中では、「状況を定義する権利」と表現をしましたが、簡単に言えば、**権力者が「何が正解か」を決めているんですよ。**「あなたは、今この時間、何をしたらすばらしくて、何をしていたらダメなのか」を、全部権力者が決めているんですよね。もっと言うと、どういうやり方がいいのかということすらも。何をするかが決まっていて、目標も決まっており、そこに至るルートや方法も、「いや、そのやり方はダメだよ」……最近で言うと例えば「計算式に定規を使いなさい」みたいなことも〔※ここ数年、インターネット上で度々話題になる、筆算の際に定規で線を引かなければ誤答扱いとするといった指導〕、「定規を使うやり方がOKで、定規を使わないやり方はNGです」というやり方の規定は、全て権力者が決めていることですよね。その「権力者が決める」ことに対して「自分は権力者であって、よい・悪いを、恣意的に決めていってるんだ」という自覚が薄れ、疑問をもたなくなってしまったときに、〈叱る依存〉のリスクは非常にはね上がると思うのです。なので、その権力勾配を可能な限り緩やかにする。つまり、自分が権力者の立場からできるだけ降りようとするということですね。具体的には、**意思決定権の一部を子どもたちに委ねることを意識すると**、〈叱る依存〉という罠にはまりにくくなっていくというのが、まず一つあるかなと思います。

“前さばき”のススメ

村中　あとは、とにかく予測力を鍛えるということです。例えば、自分が叱ってしまうポイントであったり、あるいは起こり得るあらゆるトラブルであったりに対して、エネルギーを注ぎ込む前に、それらが起きることをどれぐらい精度高く予測することができていたのかはすごく大事なところです。先ほどお話ししたとおり「叱るべきか褒めるべきか」にエネルギーを注ぐのは、「後さばき」にエネルギーを注いでいることです。でも、事前に予測をしようとすると、「前さばき」にエネルギーを注ぐことになるんですよね。

ですから、すごく大事なこととしては、例えば、本当に力のある、上手く運営ができている教室というのは、そもそも叱る必要がない。もっと言うと、**一番の理想は、叱ることも褒めることすらも必要のない学級の運営**だと思うんですよね。子どもたちが自律的に自走して学級が回っていて、自発的に冒険モードで学んでいる状況であると、子どもたち自身が内発的に動機づけられていくわけなので、周囲が褒めるということすらほとんど必要なくなってくる。しかも、自律的に行動しているから、叱ることもまたほとんど必要なくなってくる。そういった状態が、成功イメージだと思います。

それを考えたときに少し思うのは、**教師の「圧」は、要求水準の高低とは実は無関係**だということです。子どもたちに

チャット上のコメント

- 前さばき・予測力を高めるということはとても共感します。一方でそれらは「時間がかかる」のでは？と思います。だから選択できない……という状況もありそうだなと思いました。余裕のなさというところに帰着するのでしょうか。
- 褒められるより認められたいですね。私自身も、きっと子どもも。

どういう要求水準の高いことを求めるのかということと、圧をかけてそれを実現しようとするのか、圧をかける以外の方法でそれを実現しようとするのかは方法論の問題であって、本来は別の話なんです。先ほど川上先生がおっしゃっていた、圧の「弱い」場合、圧を下げることによって要求水準まで同時に下がってしまうというのが、起こりやすいリスクのような気がするんですよね。

ですから、私自身も親として反省していることですが、私たちが学ばなくちゃいけないのは、**相手のネガティブ感情、つまり、防御モードを引き起こすという手段を放棄した上で、高い目標に対していかに子どもたちが自走的に頑張れる状況をつくれるか**でしょう。「大人がコントロールしてそうさせる」のではない方法で、そうなるためにはどういうやり方があり得るのかを私たちが常に考えることが、とても大事なのではないでしょうか。

川上　ありがとうございます。村中先生のお話をもう一度おさらいしたいと思います。

まず、意思決定権が大人側に強くある状態から、権力勾配を緩やかにしていくこと。そして、「前さばき」のコツとして、予測力を高めること。このお話は、行動分析学でいう、「先行条件」に着目することと、「行動」に着目することだと思うんです。「先行条件」に着目するとなれば、その行動の前に何が起きているかという「こんなとき」の部分に着目して、「こういうときの場合は起きやすそう」だとか、「こういうところで混乱しそう」だとかに目を向けるということです**［図2-11］**。

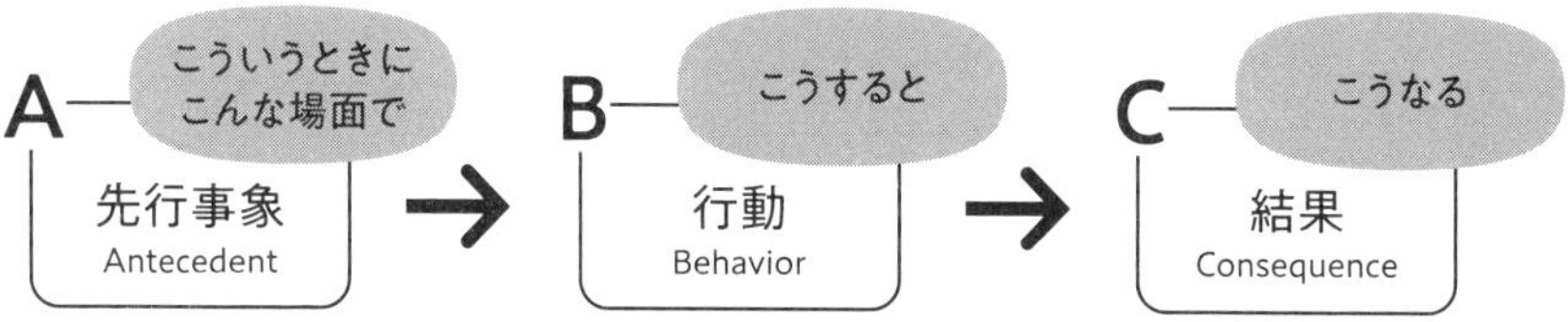

- 「行動」が起こるには「先行事象」というきっかけがあり、また、その後にもたらされる「結果」によって、その「行動」が増えたり減ったりする。3つをセットにして「三項随伴性」と言う。
- 問題行動が長く続く＝「三項随伴性が成立してしまっている」と捉える
- 適切な行動や好ましいふるまいが長く続かない＝「三項随伴性が崩れている」と捉える
- 行動を変えるには三項随伴性を操作（マネジメント）する発想をもつ。

→ ・不足している部分を補って望ましい行動を導き出す。
　・成立してしまっている三項随伴性を崩して望ましい行動を導き出す。

図2-11　「先行事象・行動・結果」の３つをセットにして捉える
（小笠原・加藤、2019、20-21頁を参考に川上による説明を追加して作成）

「行動面」に着目するとしたら、例えば、知らなくてできない場合もありますし、熟達していないからできないように見える場合もあります。そこに対してサポートが必要な場合や、待つことが必要な場合、あるいはやり方を具体的に教える必要がある場合があるんじゃないか、といったことですよね。私たちが「ああ、ここから気を付けていけばいいんだ」ということが明確になってきました。

ないものねだりではなく、あるもの探しを

川上　ここまでの村中先生のお話を受けて、「こういう感じだったら学校で実施していけるんじゃないか」と考えたところを、お話しさせていただこうかと思います。

あえて叱り方のコツを考えるならば——特に、ここでは学級などの集団であることを想定していますが——、「短く、太く」ということです【図2-12】。つまり、叱る時間が長ければ当然、別のことで叱るということも出てきたり、子どものほうも聞こうとしない態度も出てきたりします。そのため、叱るは「瞬間」で終わりにしたい。

特定の子どもに着目するのではなく、行動に着目する。「Aさん」に着目してしまうと、一つ一つ別の行動であっても、大人側は「またか」となってしまいますから、とにかく「行動だけ」に着目し、「その行動はよくない」「その行動は、待って」「その行動は許

「子ども」ではなく、**「行動」**に着目する
◯止める→「その行動はよくない」止まれば「そうだね」

子どもの**「意欲」**や**「過去」**をもち出さない
×可能性の扉を閉じる叱り方（「やる気あるの?」）
×過去の過ちをもち出す（「そういえばこの前も・・・」）
×決めつけた言い方（「いつもいつもあなたは・・・」）

叱りのゴールは**ハッピーエンド**
「そう、それだよ」で終わる叱り方に!

図2-12　あえて叱り方のコツを考えるならば
「短く太く叱る」
（上條、2008、20-21、36-37頁を一部参考に作成）

されないからやめて」などと止めて、止まった瞬間「そうだね」「そうだったね」と伝える。

私が、昔、特別支援教育の先輩に教わった「ＮＧワード」があるんです。「**特別支援教育では、『ダメ』『違う』『早く』、この三つを言った瞬間に、教師側が負けなんだよ**」と。それは結局、「結果」に着目しているにすぎないからです。でも、そうではなくて、子どもに対して私たちは「そうだね」という言葉で終えたい。そんな状況をつくるには、好ましくない行動があったとしても、その行動を子どもが止めてくれた瞬間に、「そうだよ、そうだね」って、伝えられるような心構えを教師がもっておくのが大事なのではないか。これが一つめですね。

二つめです。意欲や過去をもち出さない。「やる気あるの？」と言われてやる気がみなぎる子はいませんし、そんなことを言われたら防御モードに入らざるを得なくなり、可能性の扉を閉じてしまいますから、意欲という言葉をもち出さない。それから、「そういえば、この前もあなたはこうだったよね」というように、過去の過ちをもち出さないのも大切にしたいところです。「いつもいつも、あなたは……」というような決めつけた言い方なども、意欲をつぶすことになります。

三つめに、先ほど「そうだね」で終わりたいということを言いましたが、叱りのゴールをハッピーエンドにする。例えば、叱った後で、「次はどうする」と子どもの気持ちを聞く時間をつくります。そこで子どもが、「こうします」とか「これはしません」と言って

不適切な行動を側面・正面から制止
→止まったら、
「そうだね」「ありがとう」
適切な行動に
サムズアップ

図 2-13　言葉だと刺激が強すぎる場合は
フィジカルサインを効果的に使う

くれたら、「そう、それだよ」と、背中を押して送り出してあげられると思うんです。背中を送り出してあげるっていうのは、つまり、いわば教師が安全基地としての役割を果たすということになります。その一方で、ちょっと間が空けばまた同じことをする子はいるわけです。でも、そのときでも、子どもを呼び止めて「さっき約束したばっかりだよね」とか、「この前、約束したはずだったよね」なんて言うのはNGワードだと私は思うんです。「約束」という言葉は、子どもたちの世界では「楽しいこと」でしか使いません。「明日も遊ぼう、約束だよ！」というように。それを大人側が使うとどうしても「守るべきことを裏切った」という気持ちが出てしまいます。

言葉だけでなく「約束」っていう行為自体がすごく危ない。私たち自身がそうであるように、分かっていてもできないというのが子どもなんじゃないか。あるいは、分かってはいるけれどできないことってたくさんありますから、「分かっていてもできないのが人なんだ。今、この瞬間だけは分かってくれているんだな」で終わりにして、その瞬間の延長線上に「これからも約束を意識し続ける」があるのではないかと考えています。

あえて「叱る」ということを、もっと、学校現場の具体レベルで考えてみましょう【図2-13】。言葉で「叱る」だと、やっぱり刺激が強いんです。特に、特別支援学校にいますと、その叱責の言葉がトラウマを呼び起こすきっかけになってしまう子がいるのを強く意

- 褒められること自体がとても少ない
- 学級や家庭の中で、グッドメモリー（よき思い出）の蓄積が少ない

本来の明るさや
持ち味が
消えていく。

↓

グッドメモリーにつながる
関わりを求めている

図2-14　発達につまずきがある子どもの中には･･･

識します。そこで、言葉は使わずに、手で制止する。例えば、その子が、暴言や余計な一言、その場にはふさわしくない行動が出そうになったときに、手のひらで制止して、そこで止まってくれた瞬間に、教師は「ありがとう」「そうだね」と一言告げる。もしくは、「グッド」っていうサムズアップのサインを送る。これだけでも、教室の雰囲気は崩さずに済みます。また、「先生が今、強い指導をしているんだ」というようなイメージは弱まるんじゃないかと思うんです。

そうはいっても、発達につまずきのある子たちの中には、適応機制が強く働いて、叱られそうになるとうそをついたり、ごまかしたり、誰かのせいにしたりといったことが出てくる場合がある**［図2-14］**。そんな中で子どもと向き合うときには、まずは人の育ちというのは、時間をかけてじっくり大きくなっていくんだということを意識することが大切になります。どの子もみんな、完璧な球体ではなくて多少なりとも誰しもでこぼこがあって、金平糖のようなところがあります**［図1-7、本書73頁］**。そのでこぼこを直したいから、全部取っていくといった「ないものねだり」はやめて、新しく発見していく。プラス面で、余白や伸びしろを埋めながら育てていくという発想に立つ、つまり「あるもの探し」の発想に立つようにします。

「あるもの探し」の発想に立つには、褒めるときにも、結果だけに着目してではダメなんです**［図2-15］**。つまり**「結果承認」ではなく、「存在承認」を大事にする**とよいと思いま

存在承認	「あなたがそこにいることを分かっている」 「あなたがそこにいることを認めている」 ○ あいさつ　○ 会釈　○ 名前を呼ぶ　○ 頷く　○ 誘う ○ 言葉かけ　○ 視線を向ける　○ 呼ばれたらそちらを向く ○ その場にいてくれることを当たり前とせず、感謝を伝える
行為承認	「あなたの行為を認める」 ○ 褒める　○ねぎらう　○拍手する　○ 変化を伝える ○ 早く返事をする　○ 周囲の評判を伝える ○ 前にしたこと・言われたことを覚えている
結果承認	「あなたが行動した結果を見ている」 ○「向上」をゴールにする　○ ノルマを「達成」させる ○ 役割を果たしているかどうか ○ 一定の期待値を満たしたかどうかを問う

図2-15　「らしさ」を認める存在承認の大切さ
（青島、2021、127頁の図表3-18を一部改変）

す。朝会ったときに「今日も元気にきてくれたね。ありがとうね」というふうに感謝の気持ちを伝える。**その子がその場にいてくれることが当たり前じゃないんだという発想をもつ**ようにします。

子どもの〝立つ瀬〟を考える

川上　こういった関係性ができた上で、最後に、「子どもの立つ瀬を考える」のが大事だと思うんです【図2-16】。

先ほどお話ししたような適応機制が強い状態、つまり「叱られる！」となったときの防御モードとしての「うそをつく」「ごまかす」「誰かのせいにする」という反応が強くなるのは、「マイナスな状況に向き合う際に、この子は不快感情を受け止めるだけの耐性がまだまだ弱い状態なのだ」と捉えるようにします。その子の〝立つ瀬〟は、ものすごく薄い氷のように脆《もろ》いのだという理解に立つことができれば、もはや褒めることも叱ることも上からの関わりであることに気付けるはずです。私は、こういう場面では「**横からの関わり**」を意識したいんです。

ごまかすような反応がきたとき、「ああ、気持ちは分かるよ。こういう場面は心がザワザワするよね。でも、無理して取り繕う必要はないよ」と安心感をもたらすような言葉か

● 子どものマイナスな行動への対応の際は、まずその子に
「不快感情を受け止める」だけの耐性があるかを確認する。
（薄氷のごとく脆い立つ瀬であることを理解）

● 「上から」の指導ではなく「**横から**」の関わりを意識:
「こういう場面では心がザワザワするよね」
「でも、無理して取り繕う必要はないよ」と、
安心感をもたらす言葉かけを行う。

● 「解決に向けて、A・Bのプランがあるよ。あなたならどちらを選ぶ?」
などのように、その子の判断力に見合う**選択肢**を示す。

図 2-16　子どもの「立つ瀬」を考える

けで伝え、その後、プランを示す。「解決に向けて、AとBのプランあるけれど、どっちを選ぶ？　あなたが、選んでね」と伝えて、その子の判断力に見合う選択肢の中から自分で選ぶことができれば、おそらく自信をもって前に進もうというエネルギーになるのではないでしょうか。

もちろんこういったことは、綺麗事だと思われる可能性がありますし、「そこまでのゆとりはないよ」とか「そういうやり方は指導とは言えない」というご意見もあろうことは予想しています。けれど、何か、今の「こうしなきゃいけない」「急いでこれを解決しなきゃいけない」と焦る学校現場の改善に向けて切り込んでいくならば、現場レベルではこういったことができるのではないかと思っています。

ニューロダイバーシティなものの見方

村中　お話をうかがっていて、ちょっと今日のテーマとは一見つながらないと感じる方もいらっしゃるかもしれないですが、「ニューロダイバーシティ」の考え方について話をしたくなりました。

今日の冒頭で、川上先生から『ニューロダイバーシティの教科書』と、その次回作としての『〈叱る依存〉がとまらない』を紹介していただきました。私の中では、両者は完全につながっていて、ニューロダイバーシティについて考えることは、「あるべき姿」を問い直す、ということとイコールだと思うんです、本質的に。先ほど川上先生が示してくださった金平糖の図がありますね**［図1-7、本書73頁］**。人間は、完璧な球体ではなくて多少なりとも誰しも金平糖のようなでこぼこがあるということをお示しいただいたんですが、私たちが考えなくてはいけないのは、「何を基準に」私たちはそのでこぼこを語っているのかについて、相対的に捉えなくてはいけないということです。

例えば、四角形が基準だとすると、五角形はでこぼこしています。だけど、五角形を基準として考えたら、でこぼこしているのは四角形のほうなんです。ですから、私たちが容易に、「あの子には発達特性があってね」とか「でこぼこしててね……」などと言うとき、そこでは、「自分たちが『あるべき姿』であって、そのあるべき姿から離れている子たち」だという意識、表現としては得てして「かわいそうな子たち」という言い方が出てくるんですよね。

最近、発達障害という言葉だと「障害」という言葉が強いから、「発達特性のある子たち」という言葉が流行しているようなところがありますが、私は使ったことがありません。なぜかというと、**発達特性は全員にあるから**です。私自身にも発達特性がある。ただ、その有している発達特性が多数派であるか、少数派であるかという差しかないわけです。ですから、四角形が99％である状況の中で五角形があれば、でこぼこしていることになりますが、逆に五角形が99％である社会において、仮に自分が四角形だとしたら、でこぼこしてるのは自分、つまり四角形のほうなんですね。

そう考えていくと、今まで私たちが信じていた「これが人間のノーマルな姿・あるべき姿で、そうじゃない子は、アブノーマルな姿なんだ」という捉え方における「あるべき姿」というものは、ガラガラと音をたてて崩れていく。先ほどお話ししたように、あるべき姿からのズレ、しかも、それが**権力をもっている側が想定した「あるべき姿」からのズレ**によって〈叱る依存〉が引き起こされるのだとするならば、ニューロダイバーシティなものの見方や捉え方と、〈叱る依存〉は、密接に結びついていますよね。

私には自閉スペクトラム者の友人がたくさんいますが、その中の一人の友人が、「発達特性がある子どもという言葉を、〝マイノリティな子ども〟といった意味や言い方をしたりするけれど、あれは私たちが、『宇宙人』という言葉を、自分たち地球人を除外して使いがちなのと一緒だよね」と言っていて、私はすごく感動したんです。つまり、「地球人だって宇宙人の一部のはずなのに、『宇宙人は、〇〇だ』と話すとき、なぜ自分たちがその宇宙人の中に含まれていると思わないの？」と。それと同じように、私たちが「発達に特性のある子ども」って言うときに、**「いやいや、自分には発達の特性がないと思ってるの？」ということを、常に問い続けなくてはならない。**じゃあ、自分にとって当たり前の世界とこの子にとっての当たり前の世界はどこがどういうふうに違っていて、少数派ではあるかもしれないけれども完結した「その世界」をもっているそのお子さんのことを、私たちはどのように理解すればいいのか、という問いがすごく大事だと思います。

これはテクニカルな話というよりは、もっと根本的なレベルの話ですから、「そうは言っても……」と思われる方もいらっしゃるかもしれないですが、ただ、私自身このことについて悩み始めてから、子どもたちとの関わりがすごく変わった実感があるんです。だからこそ、その点はすごく大事にしたい。

【Q&A】予測力の精度を上げる

川上　村中先生のお話は、教育現場に必要な根っこの部分にぐっと踏み込んでいただいていますし、いろんな論点同士が、やはりつながっていきますね。

（司会）　ちなみに、先ほど村中先生のお話の中で、快楽に対しては、私たちはむしろ飽き性であって、苦痛が除去されたときの安心感のほうが強烈であり、それが依存のベースであるということ

チャット上のコメント

- 「自分の基準が絶対ではない」意識せねば。
- 「特別支援学校、特別支援学級だから。通常の学級ではできない」。この言葉も、「何を基準に考えるか」を表しているのですね。

に衝撃を受けた、というお話があったかと思いますが、当該の書籍のほう、もう一度共有いただいてもよろしいですか。

村中　ご興味のある方は、松本俊彦先生の本を全般的におすすめします。自己治療仮説に関しては、『人はなぜ依存症になるのか』。アディクションそのものについては『本当の依存症の話をしよう』（星和書店）は、半ば漫画になっていて読みやすく、すごくおすすめです。アディクションの話は、ぜひ学校に関わる方には知っておいていただきたいテーマなので、読んでいただけるとありがたいです。

川上　今、チャットでも、**「今日のセミナーをみんなに見せたい」**とありました。こうやって、一つ一つ、つながりができていくといいですよね。参加者同士でつながっていったり、「こういう話を聞いたよ」とかって言っていただいたりするのも大事ですよね。ここからは、チャットでみなさまからご質問をいただいて、Q＆Aの時間に移りたいと思います。コメントがかなりきています。

例えば先ほどの「前さばき」のお話の関連でいただいたコメント。**「前さばきや予測の精度を上げるために、日々どこに気を付ければよいでしょうか」**。村中先生、いかがですか。

村中　「予測力」というアイデアの元ネタをご紹介すると、私は臨床心理士ですので、臨床心理学を学んでいく中で、ミルトン・エリクソン〔※1901-1980年。アメリカの催眠療法家として知られる〕という精神科医に熱中し、そこから学んだのですが、彼は、精神科治療の名人と言われていて、ありとあらゆることを予測してメモを取る人だったんですね。要は、出会った人を観察して、例えば3か月後に「どうなっていそうか」を、自分なりに予測し、「予測メモ」をたくさん残して、それらをバサッと自分の机の中に保管する人だったんです。そしてそのメモを、ある時期がきたら開けていって、自分の予測がどれだけ当たったかということを見分けていくわけです。それを繰り返すことで、予測力の精度を高めていったというエピソードがあって、私自身は、そこまでのことはできていませんが、かなり影響は受けています。

例えば、これが学校の先生だったら、今日、何かの行事があるとする。その行事が始まる前に、その行事内で起こり得るトラブルは一体何なのかを全部一度書き出すわけです。書き出すなり、自分の頭の中で整理をしておく。例えば、「○○さん□□さんがけんかしそう」とか「□□さんは言うことを聞かずに何かしそう」だとか。その行事なり一日の中で起こり得る自分の予測と実際に起こったこととを照らし合わせて、どれだけ一致しているのか——？　シンプルに言うと「予測力を高める」というのは、そういうことなんです。

ここで、予測が当たっていなかった場合、もう「叱る」という行為に頼らざるを得ないですよね。なぜなら、発生したことに対して、もう困ってしまっていて、制止しなくてはなりませんから。「叱る」や「圧のパワー」を使わざるを得ない。しかし、アニメなんかで「○秒後の予測ができれば、それに合わせて戦ったら無敵だ！」みたいなシーンがあったりしますが、言うなればそういった類いの予測能力が高まって、起こり得るであろうトラブルを全てばっちり当てるだけの能力をもつと、前さばきが自然に上手くなっていきます。予測したことが起きないように回避する方法は何か、ということに意識が向きやすくなり、叱ること自体がそもそも必要のない環境をつくっていく力につながっていくのではないかと思います。

これは、そんなに時間も労力もかかりませんから、例えば朝出勤したときに、今日一日で起こり得るトラブルや問題を全て予測して、仮に予測どおりのことが起こったとすれば、「まずはＯＫ」と。逆に予測できなかったことが起こったとすれば、まだまだ予測力が足りないな、といった感じの発想ですね。

川上　起こり得るトラブルをたくさん書き出して、仮説を立てておく。

村中　はい。これは今、トラブルに関してだけ言っていますが、「起こり得る、よいこと」でもいいと思うんですよ。

川上　そうですよね。私も「記録を取る」ということが予測力につながると思っています。当たりを付けるには、記録がないとならないですよね。「この時間に、○○が起き得るだろう」というのは、記録を取っておく必要があります。例えば、特別支援学校のトイレ指導では、「この時間にトイレに連れて行けば、出る確率が高い」と当たりを付けていないとダメなんです。そのためには、最初から記録を取っておいて、「この子はこの時間に、オムツがよく濡れている」などの記録を取って、より精度の高い誘い方をしないと、その子がトイレを嫌いになってしまいます。ですから記録を取ることは予測力にも確実に影響するんじゃないか、と思います。

「目的・目標」を権力者から切り離す

川上　さて、つづいてのご質問。「権力勾配をできるだけ緩めるという話について。先生の言うことを子どもたちが聞く、という関係は学校にとって不可欠ですが、どう両立すればよいでしょうか？」

村中　ありがとうございます。これも、「学校の実態にどこまで合うか」という点については分からないままの発言になりますから、「そんなことはできないよ」と感じる方もいらっしゃるかもしれないのですが、私は、「先生の言うことを聞く」という構造自体を変えていく必要があると思っています。そのために必要なのは、

チャット上のコメント

- 先に子どもたちの予測メモを作るっていうのは参考になりました。起こった出来事にしか記録をしていなかったので。
- 私も事後の記録ばかりでした。トラブルだけでなく教科指導、授業計画でも使えそうです。
- 予測力を鍛える前さばき、やっていきたいです。地道にやっていくことが、自分も、何らかの変化につながると信じて……。

ていきます。

何のために今この時間が存在をしているのか、どういう目的なのか、ということを定めるのも、結局はその場の権力者側が定めているわけなんですが、私は、その権力構造を「無くす」のではなくて「権力勾配を緩やかにする」という表現をしています。それはつまり、掲げた目的・目標というものを、先生という権力者から「いったん切り離す」という意味です。このことは、企業経営の文脈で最近流行している「パーパス（purpose）」経営と近い話です〔※ビジネスの文脈における「パーパス」の意味は、その企業の「存在意義」のこと。困難な状況でも揺らがない究極的な目的、全体の指針のこと〕。パーパス経営においては、その企業のパーパス、つまり存在目的を明確にして、企業の権力者たる経営者から、目的・目標を切り離していくことによって、**人と人との権力構造ではなく、共通の目的・目標をみんなで追いかける構造**にしていく。同じように、例えば学級の目標・目的や授業単位でもいいですから目的・目標を、お題目ではなくて、事実として定めて、先生もまたその目標の「従」、つまり目標の下に在るという形にすることで、先生と子どもたちが横並びにその目標を目指していく。

これを為すときの権力者側の覚悟としては、「目標が達成されるのなら、どのルートで登ってもＯＫ」ということを必ず保障しなくてはならないんです。ですから、教師側の

「自分の思うこのやり方でやってほしい」とか、「自分としてはこっちのほうが楽なんだけど」みたいなものを手放して、目標へ「みんなで」向かっていく構造をつくることが権力勾配を緩やかにすることにつながっていくと思います。

川上　私たちの仕事は、結局、「言うことを聞かせること」が目的なのではなく、「未来を担う子どもたちが、いかに自信をもって社会を築いていけるか」をミッションにしているはずです。そういうところにあらためて立ち返っていくのが大事だということですよね。

村中　そうだと思います。今、チャットで**「学級目標に対して大人も子どももフラットな関係で向き合っていく」**というコメントをいただきました。まさにそうなんですけれど、このことをぜひ、「権力をもっているほうから」積極的にコミュニケーションしていただきたいです。「この目標が達成されたらよくて、そのためには先生の言うことを聞くのがみなさんのやることではなくて、みんなでどうやったらこの目標を達成できるかを、先生も含めて一緒に考えていこうね」「目指していこうね、頑張っていこうね」と、積極的に発言する。要するに、**「権力者の座から私は降りていますよ」ということを、子どもたちにしっかりとアピールする**ことが、権力勾配を緩めていく。言うまでもなくこのことは、目標が最初にきちんとあるわけですから、規律を除外するとか何をやってもいいような無法地帯を放置するということとは全然違うと思うんです。

川上　なるほど、そうですよね。**「既に無力化した子どもへのアプローチが知りたい」**という声もいただいてます。

村中　ありがとうございます。ここについては、セリグマンの学習性無力感の研究を、私も臨床心理士になる過程ですごく有名な研究として学んだわけですけれど、今もご存命であるセリグマン博士は、その後50年間、ずっとこのテーマを追い続けており、重要な知見がその後も発表されているというのに、私も含めて、心理士があまりにもそのことを知らないでいる。今回『〈叱る依存〉がとまらない』を書く中で「ああ、不勉強だったなあ……」と思ったのですが、私がすごく感銘を受けたのは、学習しているのは無力感ではない、と最終的に修正されたことです〔※同書143-146頁参照。なお、当該論文は、Maier, SF., Seligman, MEP. "Learned Helplessness at Fifty: Insights from Neuroscience". *Psychological Review* 123(4), pp. 349-367, 2016〕。つまり、理不尽な状況に陥ることによって、自己効力感が完全に奪われる――「何をやっても無駄なんだ」とか「どうやっても変わらない」と、学習されるのではなくて、そもそも人間は、無力化された状態がベースなんだ、と。そういう初期設定で人間は生まれてきているから実は、「学習」する必要がないんです。だからこそ、ストレスフルな状況が続くと、人間は簡単に無力化されてしまいます。

ただ、すごく希望だなと感じたのは、その無力化された状態から何とか自分の苦痛やストレスフルな状況をコントロールする方法を見つけたときに、脳の無力化状態は解除される、という事実が発見されたことです。脳には、ストレス状態に陥ったとき、「この苦痛をなくしたり、和らげたりする方法があるのか」を探して、その方法が見つかった場合にストレス反応を抑えるように働く仕組みがあることが分かったんです。その意味で、**脳が学習しているのは「無力感」ではなくて「コントロールの可能性」である。**だからこそ、私たちが大事にしなくてはならないのは、その「コントロール」のほうであって、それが科学的に示されていたことに、私はすごく勇気をもらったんですね。

具体的に言えば、「ほしい」「やりたい」と思って自律的に行動をして、意思決定をして、それを楽しめる……ということを、小さなことでもいいんです、そういう小さな冒険モードの状態をどれだけ子どもたちの中につくってあげられるかだと思うんです。最初から、あらゆることに対して冒険モードで大きな何かをできるようになるというより、無力化された状態から、それを解除できるような小さな自己コントロール体験、ささやかな自己効力感を感じられる何かを見つけることが大事なんです。「私が働きかけることによって、世の中はちょっとでもいいことを私に返してくれるんだ。コントロール可能なんだ」という、小さなエピソードから無力化を脱していく。

加えて、教育者でいらっしゃるみなさんに、ぜひ知っておいていただきたいのは、自律的に適切に、自分をコントロールしながらやりたいことをやるというのは、長い時間をかけて育まれなくてはならない人間の能力だということです。

よくあるのは、「今は我慢していたとしても、あとでまたやりたいことをやれる時期がくるから、そのときにやったらいいよ」という発想だと、その子の能力を育む期間を奪ってしまっています。ゆえに、いざ「何をやってもいいよ」「自分の好きなことをやりなさい。お金も時間もあるよ」というときがきたとしても、自分の好きなことをやりたいという報酬系の欲求を感じながら自律的に自己調整しながら、適切に計画的にやりたいことに向けて努力していくような経験値が圧倒的に足りないままでは、何をどうしていいか分からなくなってしまうんです。なので、その意味も含めて、小さな自己効力感が感じられるような〝冒険モードの時間〟を、ちょっとずつでも確保することがすごく大事になるんじゃないかと。

社会に吹く風を変えよう

川上　ありがとうございます。お話を聞いていて、松本俊彦先生が、**「アディクションの対義語はコネクションだ」**という話をされていたのを思い出しました。その意味で、無力感から抜け出すために、例えば「人とつながる」というアイデアはどうでしょうか。その子が、援助要求や援助希求ができて、人とつながることができれば、問題状況をちょっとでも改善できるのではないでしょうか。同時に、このことは私たち教師や指導者・支援者などを含む大人たちも同じです。例えば今日、ここにも今、『〈叱る依存〉がとまらない』

や『教室マルトリートメント』を読みながら学校現場に違和感を感じている方々が集っている。そうしたときに、「こういう場に集っている」という状況自体がもう既に、「これでいいんだ」「違和感を感じていいんだ」と思うことができる。そうやって思える人同士がつながって、こういう空間があると確認できたという事実があるだけでも、人は前向きになれるんじゃないかって感じたんです。

村中　本当におっしゃるとおりだと思います。私も、本当に同じように考えています。今日ここに、200人以上の方がいらっしゃる。今ここにきたら、みなさんはものすごいマジョリティですが、例えば、もしかしたら、それぞれの学校に帰れば、ものすごくマイノリティかもしれない。そうした体験をされたときに、だけど今この場では、自分が投げたことに対して、「分かる！」っていう打ち返しがくる。「**自分がやったことに対して、社会は何らか応えてくれる**」ということが自己効力感だと定

チャット上のコメント

- 教師の苦痛は、子どもと上手く信頼関係を結べない、結び方が分からないことのように思います。笑い合える、喜び合えるなどの感情の共有が上手くできないんじゃないかと思います。
- 学校がきちんと「民主主義」になればよいと思っています。
- まさに今が、自分自身の無力化から脱するための小さな冒険モードな気がします。

義するなら、この経験は、やはりある種の自己効力感になるわけです。そこから得られるエンパワーメントの側面は、とても大きい。

川上　本当にそうですよね。

村中　もう少し突っ込んだ話をすると、私は『〈叱る依存〉がとまらない』を出版する当初、怖くて怖くて仕方なかったんです。なぜかというと、〈叱る依存〉という言葉がパワーワードであるということは、書いている自分でも分かるわけですよね。だからこそ、もしこちらの意図と違うふうに受け取られてしまったらどうしようとか、あるいは、書いている最中には、まさか松本俊彦先生に書評や帯を書いていただけるなんて思ってもみなかったですから、もし松本先生に「〈叱る依存〉なんてけしからん」なんて叱られたら、もう私は二度と立ち直れない、と思ったりとか（笑）、……そういうものすごい恐怖を感じながら執筆していたんです。

でも、なぜそれでもこの本を出したかというと、やっぱり、川上先生の言葉で言うと、**「風を変えたかったから」なんです。「社会に吹く風」を。**なんかもう、「『叱る』なんていうものにいまだにしがみついてるのは、ちょっとダサいよね」とか、「なんか〈叱る依存〉っていうのがあるらしくて、叱り倒してる人は、『お前のため』だとかって言うけど、結局自分のためにやってるだけみたいよ、ハハハ（笑）」といった感じで世間や社会に吹く風自体の風向きが変われば、きっと今日ここに集まっているみなさんが、マイノリティーからマジョリティーになっていけるんじゃないか。そんな流れをつくりたいという意図が、やっぱり私にはありますね。

川上　ああ、すばらしいですね……。確かに風向きという意味で、村中先生と同じような立ち位置の本である『教室マルトリートメント』も、若干の抵抗感がある方もいらっしゃるとは思うんですよね。今日のセミナーに参加されていらっしゃる方も、ご自身の職場ではある意味ちょっと浮きこぼれちゃっている方々なのかもしれなくて、そういう方が、「やっぱり自分が言ってることは間違ってない」とか「自分にはこの本がついてるんだ」と思えるような本になれるのだとすれば、すごくうれしいなと思っていて。今日、村中先生からは、またさらに一歩、背中を押していただいた感じがして、今日は本当にうれしかったです。

なんと、終了のお時間がきてしまいました。本当に充実した時間でした。私たちが風を変えて、社会全体が心地よい暖かな風になっていくといいなと思いますし、学校というのは、その社会に出て行く前に全ての子どもたちが通る場所なので、今日のお話を、私たちも考え続けていきたいというふうに思いました。村中先生、最後に一言いただけますとありがたいです。

村中　今日は、とりわけ学校教師の方を中心とする教育関係の方々に向けて、しかも川上先生との対談という豪華な形で情報をお届けできたこと、非常にうれしく思っています。

私は、もともと大阪で民間の私塾という形で、ニューロマイノリティーの子どもたちに対して学びの支援をすることにずっと取り組んできました。なので、教育の問題や子どもたちの学びの問題というのは私の原点なんです。例えば、ニューロダイバーシティについても、「特別支援教育の枠の話だよね」と狭く捉えられてしまうことが多かったりもするので、そうではなくて、あらゆる人にとって影響のあることなんだということを本に書いたり、〈叱る依存〉という言葉を使うことで、より多くの人に社会の風を変える流れに乗っていただきたいというふうに思っていたり……。「風を変える」という話に、今もチャット上でポジティブなフィードバックのコメントもたくさん届いていてうれしいのですけれども、ぜひ、みなさんも一人ひとりが主体者として冒険モードで「よし、変えていってやるぞ！」というふうに動いてくださる方が増えて、私はその側方支援、後方支援に回れるとありがたいなと思っております。今後ともよろしくお願いいたします。

川上　チャット上でも、村中先生にたくさんの拍手が湧き起こっています。本当にありがとうございました。

2022年8月11日開催

図版における引用・参考文献

・青島未佳著、山口裕幸監修『リーダーのための心理的安全性ガイドブック：本当に強いチームを作るためにリーダーはどうすべきか』労務行政、2021年
・小笠原恵・加藤慎吾『発達の気になる子の「困った」を「できる」に変えるABAトレーニング』ナツメ社、2019年
・俵原正仁『「崩壊フラグ」を見抜け！：必ずうまくいくクラスのつくり方』学陽書房、2019年
・上條晴夫『叱る技術：騒がしい教室を変える40の方法』学陽書房、2008年
・辻和洋・町支大祐編著、中原淳監修『データから考える教師の働き方入門』毎日新聞出版、2019年
・村中直人『〈叱る依存〉がとまらない』紀伊國屋書店、2022年

参加者のみなさまからの声

○緩やかな権力構造のお話、これは教室だけでない学校組織全体、ひいては社会構造全体にも言えるお話だと思います。お互いの立場で上下関係を変えるのではなく、お互いの存在自体を尊重し合える社会となることを切に願っています。自分もそのために微力ながら行動できればと思っております。

○村中先生から研究や理論に基づくお話を聞くほどに、子ども理解とともにそもそも教師を含めた人間理解が自分には必要だと感じました。何事も0-100で考えたり、伝えたりするのではなく、そういう考え方がある、というところから自分の教育活動や職場での広め方を考えていきたいと思いました。ありがとうございました。

○「叱る」という行為や依存のメカニズムについて知っておくことは自分にとっての抑止力になると思います。「叱る」ことが「偽りの成功体験」であることにも気付かずに、武勇伝のように語っていた自分を消し去りたいです。理論に基づいたお話の最後に、〈叱る依存〉というパワーワードを使って変革の風を起こしたいという熱いお気持ちを聞いて、泣きそうになりました。自分も風を起こす存在になりたいです。

○教育現場において自分の悩んでいたことがテーマだったので、まさに！という気持ちでメモが止まらない対談でした。教育現場は変わらない、自分は教師らしくない人間だ、転職を考えようと思っていたので、その考えは間違っていないと言ってもらえているような気持ちになり、勇気をいただきました。また、同じ考えが自分だけじゃないと気付かせてもらえました。だからといって20代の私一人で教育や現場を変えることは到底無理です。まずは自分自身が冒険モードで、クラスの子どもたちに対しての関わりを考えていこうと思っています。

○依存に陥るのは「苦痛」から逃れるためという点、目から鱗でした。また、叱る側、権力のある人間の考え方一つで変わっていくことも共感しました。教師サイドは自分が常に正しいと思っていますし、経験のある先生方ほどその傾向が強いです。経験値の差が指導の差という発想になってしまいがちです。そこで変われる方はよいのですが、そうでないと、厳しい指導をしなければ一人前ではない、指導ができていないと批判されてしまう、居場所がなくなる、という悪循環がこうした〈叱る依存〉を引き起こしてしまう原因の一つかなと感じました。ちょっとした冒険モードすら、周囲から見れば指導ができていないという見方にも陥ってしまう、現場の余白のなさが原因で、構造的な課題であると感じました。

○「叱るってダサいよね」の風を教育現場に吹かせまくりたいと思います。「あのとき、叱っている自分ってダサかったよね……理由は……」と周囲の人々に自分の反省のフィードバックをしていこうと思いました。

○「予測力」という言葉が心に残りました。起こり得ることを想定していくことで、冷静に対応できるというのはそのとおりだなと思いました。実際、最悪を想定して臨んでいると、実際には起こらなくて気持ちに余裕が生まれるということがあったので、納得できました。

○生活指導の視点で聞こうと思いましたが、学習にも関わるお話にも発展したことは今後の実践にとても役立ちそうです。村中先生がおっしゃっていた「権力勾配をできるだけ緩やかにする」「ディフェンスモードで学習しているように見える」「冒険モードで学習に向かっていることと無法地帯は違う」など、とても印象に残りました。なぜ教師が善意であっても間違った手段を取るのかよく分かりました。

○「叱るも褒めるも上から」ということに、ハッとさせられました。新任の時代から「褒める」って難しいなと悩んできました。小さなことでも褒めればいいんだよと教えられてきましたが、何でも褒めればいいわけないだろ、と思ってきた私。今回のお話を聞いて、子どもの成長に気付き、一緒に喜んであげられる先生でいたいと思いました。

○先生方お二人が相手に対して敬意をもって対談に臨んでいらっしゃる姿勢に、すてきだなと感じました。人とのコミュニケーションで大前提になるところですが、日常生活の中で意外と大切にされていないなと感じ、自分のあり方を振り返る機会になりました。「教師の痛みや苦しみを考える」という一言に、涙が出そうでした。叱るを禁じるだけでは解決しない、現場の教師の心情に添っていただけて、ありがたいです。分かってもらえたら、力が湧いてくる、そんな感じです。

○Q&Aを聞きながら、結局のところ「学校教育は民主主義を体験させる」ということを具現化しなくてはいけないと思いました。しかし現場では「権力者である教師」が専制君主であるかのように価値を決め、その価値に従えない生徒に「圧」をかけたり「排除」をしたりする場面が多いです。世の中、これだけ「民主主義が大切」と言われていながら、保護者も学校に対しては「厳しく指導してほしい」という要望を出してきて、「権力者による指導」を求めているところがおかしな点だと再認識しました。私たち教師は、自分たちが「権力者」であることを自覚し、できるだけその「圧」を薄くしたり、ときとして強めたりして、生徒が「一人の主体者」として学校生活に「民主的」に参加できるよう、環境整備をしていかなくてはいけないと感じました。

○今回、学校で働いている教師の方が、ご自分の反省なども包み隠さずチャットにご感想を入れていたり、ご質問されていたりということに感動いたしました。

私が出会い、一緒にいろいろな学習をしているお子さんたち（就学前のお子さんと会うことが主です）が、就学したときに、このような先生方に出会えることを心から望みました。

〝あるべき姿〟と向き合い続ける

ここでは、対談で話し切れなかったことや私の思考や発想の背景になっていることについて、二つのキーワードに絞って補足させていただければと思います。

キーワード① 〝あるべき姿〟とニューロダイバーシティ

対談でもお話ししましたが〈叱る依存〉と叱る人が考える〝あるべき姿〟には密接な関係があります。叱る人はみんな叱られる人に対する権力者なので、かなり自由に〝あるべき姿〟を決定しているからです。しかしながら多くの場合、叱る人はそのことに無自覚であるように思います。キーワードは「普通」「常識」「当たり前」です。自分で定めている〝あるべき姿〟がまるで、社会の真理であるかのように錯覚してしまっていることが多いのではないでしょうか。そしてその当然の摂理に反した言動を相手がしていると思うからこそ、処罰欲求が刺激されるのでしょう。

私がそのことを痛感したのは、発達障害とカテゴライズされることの多いニューロマイノリティ（神経学的に少数派）な子どもたちとの出会いと関わりによるところが大きいです。一つ、事実を改変した架空の男の子の話をしましょう。小学生の彼は、学校で突然友だちを叩いてしまいました。友だちを叩いてしまった事実を彼は認めており、友だちへの謝罪には応じました。しかしながら「もう二度と叩きません」という内容の反省文を書くことを断固拒否したのです。学校の先生たちは、躍起になって彼に反省文を書かせようとしましたが、最後まで書きませんでした。そして彼はこっぴどく「叱られ」続けました。

なぜ彼は謝罪したのに、反省文を書かなかったのでしょうか？

その理由は、彼の記憶メカニズムの特性にありました。昔の記憶がまるで今目の前で起きていることのように感じられることがあるのです。特に強い感情を感じた記憶は、「タイムスリップ」したかのように鮮明に再体験する傾向があります。実は彼が友人を叩いてしまった理由もここにありました。数年前に彼はその友人にとても酷《ひど》いことを言われたことがあり、そのときの記憶が蘇《よみがえ》ることで思わず手が出てしまったのです。もちろんだからといってそれは叩いていい理由にはなりません。だから彼は友人に謝罪しました。してはいけないことをしたと理解できたからです。けれども同じことを二度としないという約束はできませんでした。いつ何時、かつての記憶が襲ってきてまた自分を見失ってしまうか分からないと考えたからです。だから彼は無責任な約束をしないために「できない、書けない」と言い続けました。

みなさんならば彼に一体どんな〝あるべき姿〟を求めますか？　私には「もう二度と叩きません」と彼に約束させることが、彼の学びや成長を支えるために必要なことだとは思えないのです。ましてやそのために叱り続けることは、弊害のほうが圧倒的に大きいはずです。彼は彼なりに自分のふるまいを振り返り、また真摯に考えたからこそ「できない」と判断したのです。彼の自己決定を尊重しつつ、どうすればよくない状況を繰り返すことを避けられるのか一緒に考えることが必要なのだと思います。しかしながら、そう考えるためにはまずそもそも彼の脳内で起きる「記憶メカニズム」が少数派であることを正確に理解しなくてはいけません。そうでないと彼の「できない」が字義どおりの意味であり、「しない」という意味ではないことが理解できないからです。

人の多様なあり方を知ることで、自分の考える〝あるべき姿〟を常に疑い続けることができる人でありたいと私は思っています。そしてそれが〈叱る依存〉や教室マルトリートメントにとって、実は最も有効な予防法なのではないかとも思うのです。

キーワード② 透明化する権力

次にお伝えしたいのは、支援や教育における「権力」についてです。私は長く発達障害の子どもたちの支援現場、そして支援者の育成、養成の現場に携わってきました。そこで強く感じるのは、教育現場や対人支援現場において、その場の「権力」が容易に透明化され意識から消えてしまうことです。例えば、学校において教師は子どもたちにとって絶対的な権力者です。今この場において何を為すべきなのか、また逆に何をしてはいけないのかを決めています。しかしながら、それはあまりにも当然のことなので、そのことを日々自覚しながら教師生活を送ることはとても難しいことなのかもしれません。

先ほどの「反省文を書かない少年」の例において、彼を指導した教師は自らの権力を行使することで、何とかして反省文を書かせようとしました。しかしながら、その教師の主観的体験としては「私の権力（望み）に従わない子ども」ではなく、「社会的に、あってはならないふるまいをする子ども」と感じるものだったのではないでしょうか。だからこそ、規律違反に対する処罰感情が刺激され、叱り続けたのでしょう。つまり自分自身の欲求としてではなく、「正義の代弁者」のように感じてしまうのです。自分が権力者であり、自分の望みを子どもたちに強制していることに無自覚になってしまう。ここに、学校や対人支援現場においてときに加害的な対応が容認されてしまうことの根本的な要因があるように私は思っています。

私はかつて、個人の学びやトレーニングによって意識や知見を高められれば、この問題が解決できるのではないかと考えていました。さまざまな学校でのトラブルや問題を見聞きするたびに、子どもたちに加害的な対応を続ける教師の方に「なぜ学ばないのか」「教師としての資質が疑わしい」と、強く叱りたくなっていたことをここで懺悔《ざんげ》いたします。その発想は誤りでした。確かに個人の学びは予防的に問題を緩和する効果はあるでしょう。けれどそれだけでは限定的で不十分なのです。そのことに気付いたのは、人間には規律違反に対する処罰欲求が生来的な欲求として備わっているという脳・神経科学の知見を学んだときでした。人は自分が信じる「守るべき規範」に反する他者を見たら、その人に苦しみを与えたくなる。これが人が抱える性《さが》なのだとすると、規律自体を生み出せる立場にいる人は無制限に処罰感情を充足することができることになります。なぜならば、規律、規範自体を恣意的に生み出すことが許されるからです。つまり私が叱りたくなったような対応を、私だって環境が整えばやってしまう可能性が十分にあることに気付いたのです。**自分は絶対そんなことはしないという前提に立った「叱る人を叱る」発想は、私の傲慢さと構造的理解の不足によるものだった**のです。

そのことに気付いたことで、問題（ここでは例えば学校における〈叱る依存〉の多発）の根本的な解決のためには、個人の学びや変容だけでは限界があり、構造や仕組みの変化が必要なのだと考えるようになりました。

ではどんな構造上の変化が必要なのか。

ヒントは公教育を変えようと頑張っておられる先駆者の先生方の取組の中にありました。近年メディアに取り上げられるさまざまな先駆的な取組は表面上違って見えますが、ある共通点があったのです。それは教師と子どもたちの間にある、「権力勾配を緩やかにする」構造の変化です。例えば学校改革の中で「複数担任制」や「全員担任制」に取り組んでおられる学校が増えてきています。一学年3クラスの学校が、一クラス1担任ではなく、三つのクラスを3人で担任するような仕組みです。最初この仕組みがなぜ有効なのか、どんな効果があるのか、私はピンときていませんでした。ですがある先生に「複数担任制をすることで教師の縄張り意識を自然に緩和する効果がある」と教えていただき、深く理解することができました。「我がクラス」という意識は、権力の集中を生むこととセットです。もちろんそれがよい方向に向くこともあるとは思いますが、そこに強烈な権力勾配が発生することは事実です。強い権力勾配は〈叱る依存〉のリスクを高めます。複数の先生が担任することで、一人の子どもに対する権力を分散することができます。また子どもの視点で考えると「逃げ道」を常に確保することができる仕組みでもあるでしょう。

権力を手放す勇気

近年、「子どもの権利」を大切にしようとする機運が高まっています。私はその動きに全面的に賛同しています。そして忘れてはいけないことは、**「子どもの人権を尊重する」とはつまり、「大人の権力を手放す」ことにほかならないという事実と向き合うこと**だと思います。学校という場所は長らく、強烈な権力者を生み出し子どもたちをコントロールすることで運用される場所だったように思います。これからの時代は、（学校に限った話ではありませんが）大人たちが自分の権力を手放す勇気をもち、その発想の下に社会の仕組みをつくっていく必要があるのだと思います。

第3章　荻上チキ×川上康則

子どもの「心理的危機状態」とは何か

——教室マルトリートメントの視点から考える

【参考図書】荻上チキ『いじめを生む教室』（PHP新書）

【参考資料】荻上チキ・増田 史作成、伊藤絵美・松本俊彦監修『心理的危機対応プラン「PCOP」Psychological Crisis Coping Plan 日本語版リーフレット』

最終回のゲストは、NPO法人ストップいじめ！ナビの代表理事として、いじめ問題への具体策を提示・実現させる活動を続ける評論家の荻上チキさん。『教室マルトリートメント』では、帯に推薦コメントを寄せてくださり、念願の初対面でした。荻上さんの主著『いじめを生む教室』に加え、同法人が「死にたいほどつらい」ときに使えるアイテムとして昨年発表したリーフレット「PCOP」をもとに、今回は主に「いじめとトリートメント／マルトリートメント」「子どもの心理的危機状態」という二つの観点から議論していただきました。イベント当日は、2学期開始直前の8月末。荻上さんとの対話は「夏休み明け、笑顔の子どもたちと出会うために」という今回のイベントのコンセプトをまさしく体現するような内容となりました。

荻上チキ

おぎうえ・ちき

評論家。メディア論を中心に、政治経済、社会問題、文化現象まで幅広く論じる。NPO法人ストップいじめ！ナビ代表理事。一般社団法人社会調査支援機構チキラボ所長。TBSラジオ番組『荻上チキ・Session』メインパーソナリティー。同番組にて2015年度、2016年度ギャラクシー賞を受賞。著書に『すべての新聞は「偏って」いる』（扶桑社）、『日本の大問題』（ダイヤモンド社）、『いじめを生む教室』（PHP新書）、『社会運動の戸惑い』（山口智美氏、斉藤正美氏との共著／勁草書房）、『ブラック校則』（内田良氏らとの共著／東洋館出版社）、『みらいめがね（1～2）』（ヨシタケシンスケ氏との共著／暮しの手帖社）『宗教2世』（櫻井義秀氏らとの共著／太田出版）など。

イントロダクション／川上より（20分間）
→レクチャー／荻上より（15分間）
→対談（50分間）→Q&A（30分間）

【イントロダクション／川上より】学級の荒れの山場

川上　刊行記念オンラインセミナーの最終回となる今日は、評論家の荻上チキさんをお招きしています。『教室マルトリートメント』では帯にコメントを寄せていただき、心強い応援をいただいたような気持ちでいました。今日は、荻上さんのご著書『いじめを生む教室』（PHP新書）および荻上さんが代表を務めるNPO法人ストップいじめ！ナビのHPで見ることができる「心理的危機対応プラン『PCOP』リーフレット」を参考に、対談をしていきたいと思っています。

まずはその前に、私のほうからイントロダクションです。多賀一郎先生の著書『多賀一郎の荒れない教室の作り方』（黎明書房）の中に、学級の「荒れの三大山場」というのが載っていたんです（11-14頁）。学級の荒れの山場は、何月のことだと思いますか？　まず、ご参加されているみなさま、チャット機能を使って数字を三つ入れてみてください（参加者がコメントし始める）……少しずつ割れている感じもありますが、みなさんの回答は1学期で言うと6月というコメントが多いでしょうか。2学期で言うと9月とか11月とか12月辺り。また3学期では、2月辺りとなりますかね。ありがとうございます。

これは、「正解」がどれかということではなくて、あくまでも、この時期に荒れやすい、ということを多賀先生は述べています。まず6月。そして11月、2月です。学級経営に関する教育雑誌などを見ていると、「6月の荒れ」「魔の6月」といったキーワードが載っていたり、11月に関しては「11月危機」という特集が組まれているような時期でもあります。

上越教育大学教職大学院教授の赤坂真二先生（※学級経営・生徒指導等の専門家。2022年6月4日、『教室マルトリートメント』の刊行記念イベントを開催し、学校経営や学級経営に関する対談を実施した）は、学級の荒れに関しても分析をされています。とりわけ「11月危機」の理由としては、学校行事で追い込まれて、その反動が生まれているのではないかということ、それから、大きな学校行事が終わったことで目標が喪失したときに起こるのではないか、ということ。加えて「人間関係見極め説」。つまり、「教師の手の内（例えば、指導力や信頼関係）は見抜いたよ」とか「子ども同士の人間関係を見抜いたよ」ということの不満の表れ。さらに、授業が退屈であるということ。特に、塾に行っている子たちにすっきり感がもたらされず、退屈・手持ちぶさた感から生まれる反発がありそうです。そして、1学期からのほころびが時間とともに顕在化してきたんじゃないか、意訳ですがそんなことを述べられています（※なお、赤坂氏は「魔の6月」についても分析しており、以下に詳しい。赤坂真二「『幸せになる力』で『勝負の6月』を乗り越える」『授業力&学級経営力』2016年6月号、明治図書出版、4-9頁）【図3-1】。

また、今日のゲストである荻上チキさんのご著書『いじめを生む教室』の中で、荻上さ

● 行事で追い込まれ反動説

学校行事の練習などで追い込まれた反動

● 目標喪失説

大きな学校行事が終わり、目標の喪失感・バーンアウトの症状

● 人間関係見極め説

教師の手の内（例えば指導力や信頼関係）、
子ども同士の人間関係を見抜いてしまった故の不満の表れ

●「塾」組の授業退屈説

授業での「すっきり感」がもたらされず、
退屈・手持ちぶさた感から生まれる反発

● 1学期からのほころび顕在化説

本当はさまざまな問題が潜在していて、
時間とともに顕在化してきた

図3-1　11月危機といわれる学級の荒れ
（赤坂、2018を参考に作成）

ん自身が、2011年10月に起きた滋賀県大津市の中2いじめ自殺事件の「大津市いじめの防止に関する行動計画」第2期行動計画に委員として入られ、そのときのアンケートの結果をもとに、やはりいじめには起きやすい時期、ピークがあるということを書かれていました【図3-2】。小学生のピークが6月頃。中学生のピークは秋口となります。つまり、ちょうど冒頭の6月、11月、2月と重なるような形でいじめが起きている。

環境要因の重要性

また、『いじめを生む教室』の中では、いじめの発生が、個人因子よりも環境要因によるところが強いということも示唆されています。今の学校現場では、まだまだいじめが心の問題だという捉えであったり、あるいは道徳教育を進めることでいじめが改善できるんだという、幻想めいたことがまことしやかに伝えられていたりするようなところもある。そうではなくて、集団心理や教師から与えられるストレスの割合など、環境要因によっていじめが引き起こされるということが既に広く知られている、ということもおっしゃっています。

私も確かに、中学校でなぜここまで秋口にいじめが強まってくるのだろう?と考えたときに、秋口に学級対抗型の行事が連続して行われるのが中学校の一つの特徴なのではない

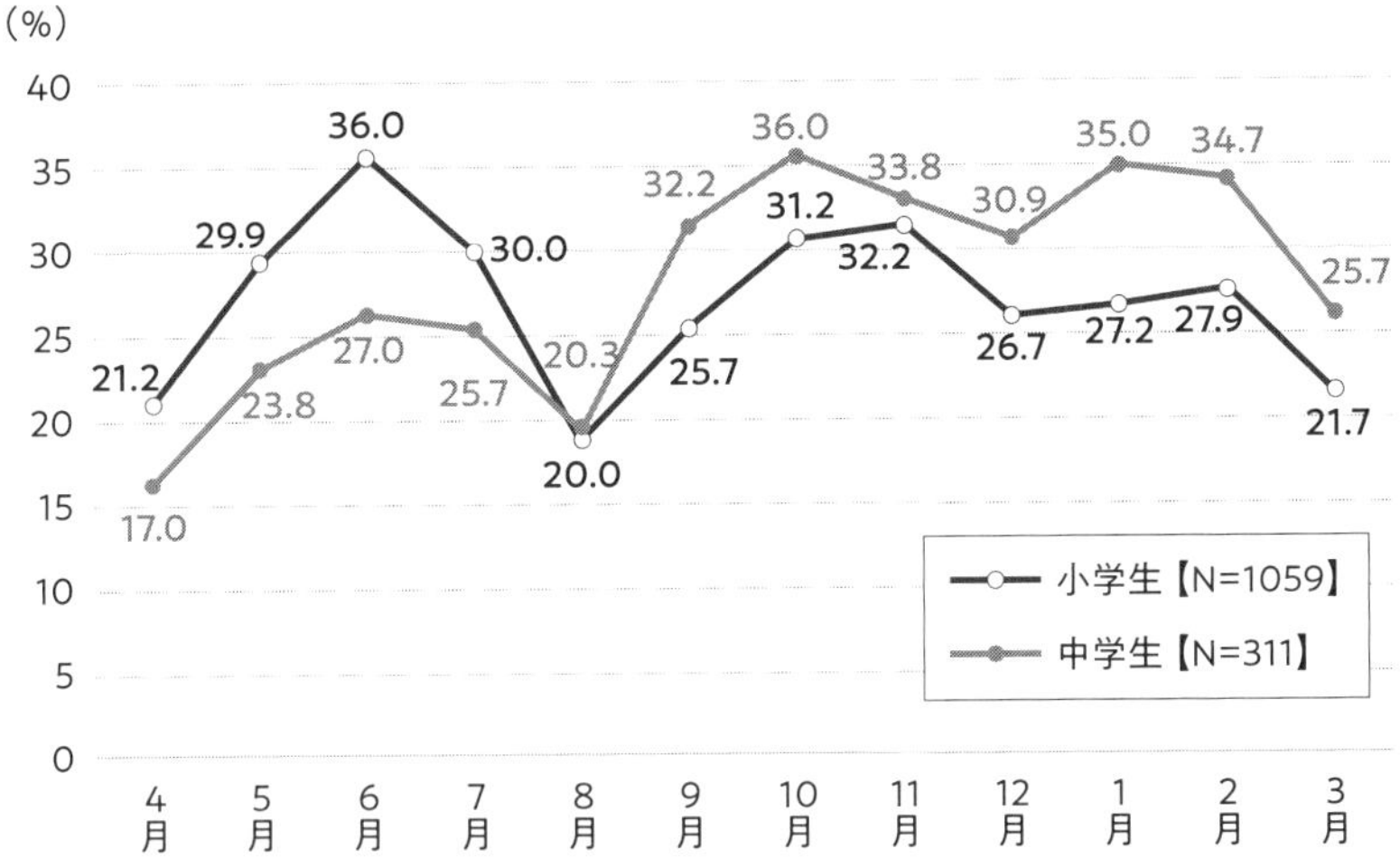

図3-2 2016年度いじめを受けた時期の割合
(滋賀県大津市2017年調査)
(荻上、2018、65頁より図3-3を転載)

かと考えるようになりました。学級の「協力」や「結束」が、「○組の絆」などの言葉で表現され、「一つになること」がぐっと求められ、それをもとに中学校では学級経営を行いやすくしていた部分もあると思うんです。その一方で、排他性が強くなった場合に、いじめの原因にもなり得るのではないでしょうか。

例えば「○○さんが練習でふざけていた」「○○さんが足を引っ張ったから勝てなかったんだ」などのように、特定の子どもが槍玉《やりだま》に上がりやすいということはないでしょうか。あるいは教師への不満のはけ口が、学級を引っ張るタイプの「ミニ先生」の役割を果たすようなリーダー的な存在の子どもに向けられやすくなるという部分もあるのではないでしょうか。

そして、赤坂真二先生がおっしゃる「目標喪失」に当たるのだと思いますが、行事が終わるとそこで一度、教師側は子どもの気持ちのダレやたるみみたいなことを心配し始め、学年通信などで「さあ、これからは勉強です」のようなメッセージを伝え、子どもを心理的に追い込むような状況をつくり出してしまう。いずれにしても、学校で過ごす時間そのものが子どもたちのストレッサーになり得るという事実が生まれているんじゃないかというふうに感じています。そのことから目を背けてはいけない、というのが今日の大きなテーマになるのではないかと思うんです。

『いじめを生む教室』の中で荻上さんは、教室という場を**「他人に時間を管理されている**

環境」と、明快に看破されていらっしゃいました（94頁）。他人に時間を管理される場にきて、さらに教師の抑圧的な態度みたいなものがストレスをもたらす。子どもたちがそのストレスを発散しようとしたときに、教室ではその発散の仕方がかなり限定されてしまっていて、自分好みのストレス解消がなかなかできません。それが「いじめ」という形で、それなりにおもしろいゲームとして機能してしまうきっかけになるのではないか、と示唆されていらっしゃいます。つまり、家庭であれば、ゲームやスマホ、あるいは好きなものなどを手元に置いておけばストレス発散になるのだけれども、ほとんどのものが学校では持ち込み禁止になっています。それから、自分の都合で教室から離脱することも認められていない。荻上さんが書かれているとおり、**「逃げ場がない」**というのが学校の現状だろうと思います。

「やる／やらない」の選択すらも、子どもたちは委ねてもらえていません。「基本、全員やる」というスタイルが、今の子どもたちの実態に学校現場が合っていないという部分は見逃し

チャット上のコメント

- 「他人に時間を管理される」……、まさに！　子どもたちが自分の時間をどう過ごすか、考える時間は今の学校にはほぼないかも……。
- 「学級対抗行事」はある意味、教師に対するプレッシャーになりますね。

てはいけないと思います。そういった「他人に時間を管理される場」であることに加えて、教師の指導が『教室マルトリートメント』で示したように抑圧的・威圧的で、さらに授業が一方的で楽しくない、あるいは子どもの納得がないままの指導が加われば、社交性の高い子どもほど、コミュニケーション能力を生かして「人をからかって楽しもう」という方向に向かっていくのではないでしょうか。

この点に関しては、荻上さんとエッセイストの小島慶子さんとの対談が掲載されている書籍『さよなら！ハラスメント』（小島慶子編著、晶文社）の中で、「いじめをしやすい人、されやすい人というのは、データからわかるのか」という問いに対し、荻上さんが、小学校4年から中学校3年までの間に、いじめを経験する人は9割以上というデータがあり、条件に関係なく学校に通っている時点で一定のいじめの被害に遭うということなので、個人属性で語るということは、まず前提を整えてからにしなくてはいけないのだけれども、前提を整えた上でもいじめを行いやすい人、受けやすい人はいて、「ソーシャルスキルが高くて、友だちを作りやすくて、特定の空気を作りやすい人」は、いじめのリーダーになりやすいといったことをおっしゃっています（301頁）。

「人をからかって楽しもう」という方向がいじめであったり、あるいは比較的弱い圧の教師に対するからかいや授業妨害になったりするのではないか。こういう状況に対して、「いじめは犯罪なんだ」と、厳しく取り締まるような指導を行うこと――今、いじめを厳罰化するというようなことも一部動きとしてはありますよね――それについても、『ソーシャル・マジョリティ研究』（綾屋紗月編著、金子書房）の中で荻上さんが、厳罰化が逆にいじめを強めていくのではないかと懸念されています（279頁）。加害者により多くのストレスを与えることでいじめの発生源をさらに増やし、全くの逆効果になるのではないか、というご指摘でした。

教室を重く苦しめているもの

ここであらためて教室を重く苦しい空気感、方向づけているのは一体何だろうというふうに考えてみました。『教室マルトリートメント』で触れた部分と触れていない部分、両方入れています。全部で五つあります。まず一つめが、「あるべき姿」という呪いです**【図1-3、本書59頁】**。これは第1回、第2回のオンラインセミナーでも同じお話をさせていただいたのですけれど、学校というものが、ありとあらゆる場で「こうあるべき」が氾濫し、求められすぎている場なんです。今の自分に対して理想の自分があって、それに届いていない。つまり、目の前の状況と目指したい状況に開きがある。ですから、「足りていない」という焦りが常に降りかかってくるんです。

これは子どもたちに向けてもそうですし、教師自身もそうですし、学校全体で「あるべき姿」に、とらわれている部分がある。さらには自治体単位で、あるいはもっと大きく言えば国単位、つまり国際比較で、「ここが足りていません」という焦りがどんどん降りかかって、「こうしなきゃ」「こうさせなきゃ」「こうならなきゃ」という呪いがかかってくる。「あるべき」のオンパレードです。これがまず一つ、教室の重く苦しい空気感を方向づけている大きな要因として挙げられるのではないか、そんなふうに思います。

二つめ、「教師にとっての安全基地」がない。安全基地とは、メアリー・エインズワースというアメリカの心理学者が提言した概念です【図0-2、本書47頁】。安全基地というのは比喩であって、実際の場所ではなく「人（の役割や働きかけ）」を指します。人が主体的に行動しようとなったときに、安全基地となれる人の存在が必要で、喜んで背中を送り出してくれるような空港の滑走路のような役割を果たし、何かあったときに戻ってくることができる。喜んだり慰めたりする行為を通して安心感を伝える役割、こういった役割を果たせる第三者が教師自身にいないんじゃないか、と思うわけです。

もちろんそういう役割を果たしてくださる管理職の先生方や教育委員会の方がいらっしゃる場合もあるでしょうが、多くの先生たちは、「自分にはいない」と、おそらく感じているのではないかというふうに私は思うんです。今、目の前の状況が――例えば、学級が荒れ始めているとか、授業が成立しなくなってきているなどで――「このままだとまずい」と思ったとき、「あるべき姿」の呪いとセットになって抑圧的な指導になっていくのではないでしょうか。

安全基地となれる人がいれば、「いや、大丈夫だよ、とらわれなくていいよ」というふうに言ってくださるはずで、そこで一度ブレーキがかかる。そのような人がいない現状は、自分たちを追い詰めますし、子どもたちをも追い込んでいくということがあるのではないかと思います。

そして三つめです**【図1-8、本書75頁】**。これはある意味では、ちょっと踏み込む形になりますから、「それ、言われちゃうとつらいな」と思われる方もいらっしゃるかもしれませんが、子ども理解の守備範囲を広げる努力を怠ってはいないか、という視点です。そういった教師ほど、自分自身の枠組みに固執してしまう。

例えば、どの教師にも「許せないライン」「譲れないライン」というのがあります。その先生の守備範囲が狭い枠組みであるが故に、子どものちょっとした言動にイラッときてしまうとか、自らが対応できないときに「この子は難しいです」「この子は手に負えません」「こういう状況だったら、特別支援学級に行ってもらうしかありません」といった排除の論理が働くことはないでしょうか。そういったことで、教室の重く苦しい空気感も方向づけられていくところがあるんじゃないかと感じるんです。

そこで、教師の守備範囲を広くして、子どもたちのちょっとした成長に気付けてうれしくなる自分をつくっていく。対応できないときには、自分自身を磨いて、次は対応できるようにしよう、と考えていく。そういった「自分をつくっていく」ことも大事なのではないでしょうか。

四つめは、ルールからの逸脱者をとがめる相互監視的な雰囲気です【図3-3】。職員室内にも相互監視的な雰囲気がありますし、教室内でもこういった子どもたち同士の雰囲気を教師自身がつくっていってしまう部分があります。

少し具体的に考えてみましょう。学級の中には、意欲の高い頑張り屋さんや努力家タイプの子どもがいます。彼らは、小学校低学年では、一生懸命に挙手するような場面をたくさん見せてくれます。その一方で、教師から「この子はもう理解できている」と判断されると、指名の機会がグンと減ります。そうなると彼らは「挙手してもどうせ指名されることはない……」と気持ちをくすぶらせていきます。「正当な評価を受けていない」と感じさせてしまうわけです。その不満は、他者に向かいます。「(私はできているけれども)、あの子はできていません」「(私はやらないけれども)あの子がまたやっています」といったルールの逸脱者を見つけ出そうとするサーチモードになっていきます。そういった流れが、やがて「あの子はそう指摘されるようなことをする存在なのだ」というオーバーサンクション(過剰な制裁行動)が生まれやすくなる構造につながっているのではないでしょうか。これがネガティブ報告になっていきます。「先生、○○さんがまたできてません」とか、「先生、○○さんがまたこういうことやってます」みたいな報告ですね。

「意欲の高い子」
「頑張り屋」が
正当な評価を受けて
いないと感じる場合

↓

ルールからの逸脱者を
見つけ出そうとする
「サーチモード」が
働きやすくなる

↓

オーバーサンクション
(過剰な制裁行動)
が生まれやすくなる

他者からミスや
エラーを指摘されがちで、
承認欲求が
満たされない子の場合

↓

「自分よりも下」の子を見つけ、
仮想的有能感(相手を批判･非難･
軽視することによって生じる
有能さの感覚)を満たす

↓

他者の失敗や
マイナス面に
目ざとくなる

その名も【エラー自警団】

「ネガティブ報告」が増える(学級経営の“危険水域”)
このまま放置すると、学級全体がミスやエラーを許さない雰囲気になる

↓

①「**ポジティブ報告**、待ってるよ」と伝える
②「先生、○○さんが励ましてくれました」
「先生、○○さんが待っていてくれました」という報告に対して、
「○○さんはやさしいね。
そしてあなたも報告してくれてありがとうね」とダブルで褒める
→学級の雰囲気がよくなる

図3-3 ルールからの逸脱者をとがめる
相互監視的な雰囲気

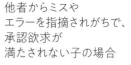

もう一つの流れもあります。他者からミスやエラーを指摘されがちで承認欲求が満たされていない子が、自分よりも下を見つけて仮の有能感で満たされる、という流れです〔※仮想的有能感：本来の有能感は成功体験に基づくものだが、仮想的有能感は成功体験の有無にかかわらず、自分よりも下位のレベルを見つけ、それと比較することによって生まれる。速水敏彦編著『仮想的有能感の心理学』北大路書房、6頁など参照〕。他者の失敗やマイナス面に目ざとくなるという側面からのネガティブ報告も増えていくということになります。このままこの状態を放置すると、学級全体がミスやエラーを許さない雰囲気にどんどんなっていく。2学期に最もすべきことは、教師が子どもたちにとにかく明るく声かけをして、子どもたち同士の「ポジティブな報告を待ってるよ」ということを伝えることです。そしてその報告を喜んで受け止める時間をしっかりと取ることなのではないかと思います。

「先生、○○さんが励ましてくれた」とか「先生、○○さんが待っていてくれました」、そういう報告を受けたら、「○○さんはやさしいね。そしてあなたも報告してくれてありがとうね」と、ダブルで褒めるようにするんです。そうすることで、学級全体の雰囲気をよくすることにつながっていきます。

そして五つめです**〔図1-6、本書67頁〕**。社会の個人化による集団秩序の維持の難しさです。今はネット上で多種多様に、自分の好きなものを見つけることもできますし、時間を使うこともできるようになりました。コンビニエンスストアの店舗数、パソコン普及率、インターネット普及率が1995年から2005年の間に一気に右肩上がりで向上し、もはや「集団」という状態を保つ、いわゆる全体主義的な学級経営のあり方そのものを見直す段階にあると考えています。そのような時代背景を踏まえて、特別支援教育の対象となる子どもたちの姿も、そういう集団を強く求められることへの拒否感、抵抗感、嫌悪感が非常に強くなってきているような気がしています。これはあくまで私自身の肌感覚なのですが、ここ最近は、私が小・中学校の巡回相談に出向いていた頃と比べると〔※特別支援学校には、地域の特別支援教育のセンター的機能が託されている。川上は2006年〜2016年にコーディネーターとして小学校や中学校からの依頼に応じて巡回相談に出向いていた〕、圧倒的に今のほうが集団に参加することに難しさがある子が増えているのを実感します。それだけ、教室自体が苦しくなってきているように感じています。

さて、みなさんはいかがでしょうか。教室の重く苦しい雰囲気を方向づけているもの。Zoomの投票機能を使ってみようかと思います。今、五つの要素を挙げましたので、みなさんが一番強いなと感じるものを選択して、一つ押してみていただけますでしょうか。今日は200名近くの方が参加されていますので、ある程度の傾向というものは見えるんじゃないかと思います（参加者が投票を始める）……よろしいでしょうか。では、結果を見てみましょう。一番は、やっぱり一つめに挙げた「あるべき姿という呪い」、これが最も多くて、その他は十数%になっていますね。ありがとうございます。

そんな中で、私は教室の重く苦しい雰囲気を、これまで「白か黒か」で述べられていた不適切な指導、例えば「体罰」や「わいせつ行為」、それだけに限定して防止する研修を実施すると考えていくのではなくて、もっとグレーとされてきたゾーンに目を向けていくことを提案したいと考えています**【図0-1、本書19頁】**。

例えば、信頼関係のない中で行われている抑圧的な指導は心理的虐待に類似した関わりなのではないか。あるいは、「もういい、さよなら」のように子どもを見捨てるような指導は、ネグレクトに類似した指導なのではないか。指導という名の下に、半ば黙認あるいは看過されてきた部分に着目し、「教室マルトリートメント」という言葉でワーディングしていくことが大事なんじゃないかという考えに至りました。常にこれらの指導は隣り合わせであるという認識に立つ必要がありますし、**言語化・可視化されることで日常を見直すという視点に立てる**のではないかと考えています。

今日は、子どもにとって学校というものが、「明日も通いたい」と思える場になっているんだろうか、無理して通うようなしんどい場になってはいないだろうか。特に、夏休みを終えて2学期が始まる瞬間の今まさに一番大事な時期だと思うんです。この辺りを荻上チキさんと一緒に、そして、みなさんとも一緒に、考えていきたいと思います。

〈参考2〉いじめの認知（発生）件数の推移のグラフ

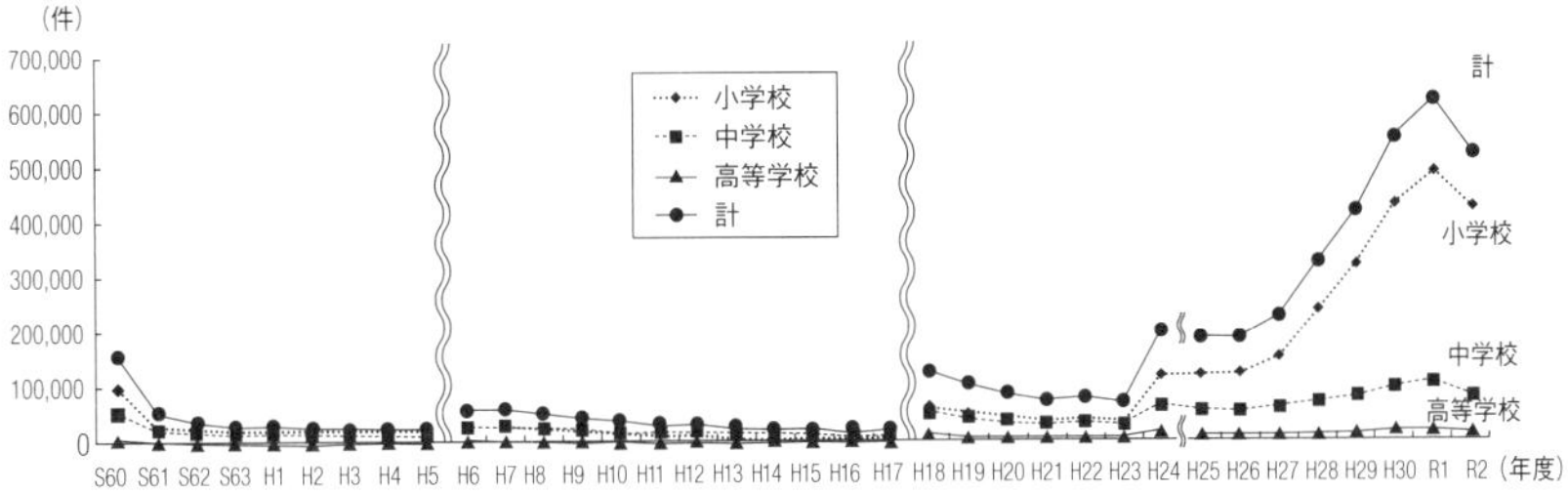

〈参考3〉いじめの認知（発生）率の推移（1,000人当たりの認知件数）のグラフ

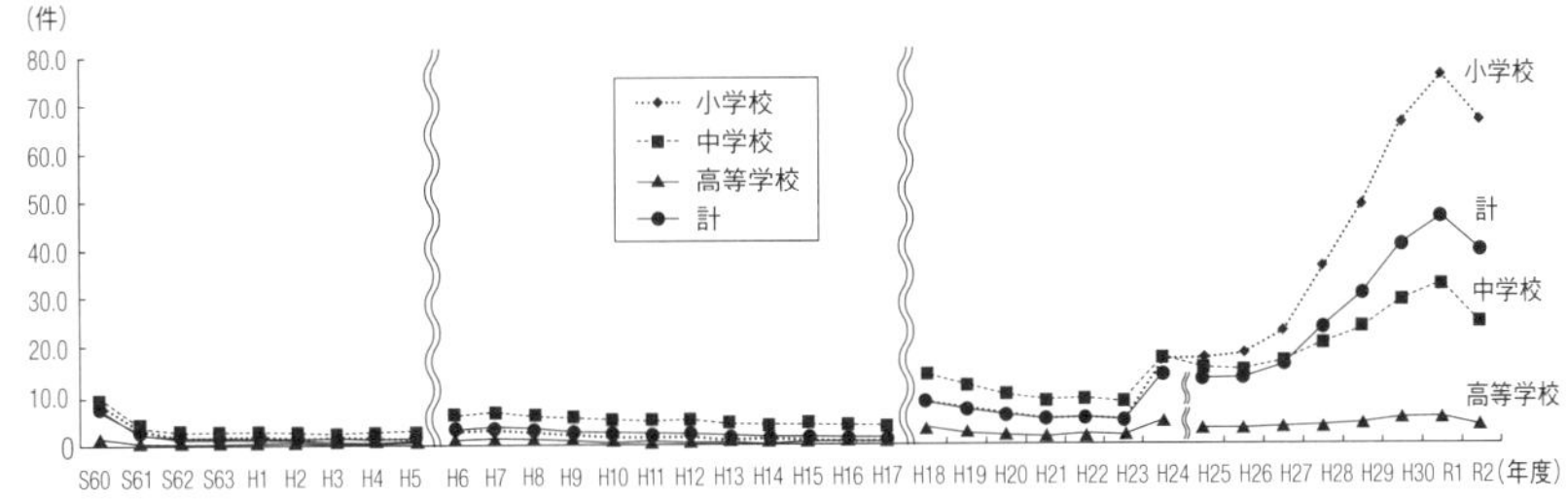

図3-4　いじめの各年には
ピークがあると誤解されやすい
（文部科学省、2021、22頁より転載）

［レクチャー／荻上より］研究データをもとにいじめ対策を

荻上　今、川上さんから、学校での「トリートメント（treatment／扱い）」と「マルトリートメント（maltreatment／悪い扱い）」、その境目についてお話をうかがいました。私からは、「いじめ」の観点から、「トリートメント／マルトリートメント」について振り返ります。

私はストップいじめ！ナビの代表として、おおむね行政関係者、メディア関係者、教育関係者に、いじめの実態がどうなっているのかという情報をお伝えしています。研究ではいじめについてどこまで分かっているのか、という情報を伝えていく。そのことで、よりベターないじめ対策をしてもらうと同時に、よくない対策はやめてもらう、ということを行っています。

なお、直接、子どもたちの相談に乗るという活動はしていません。そういった活動は、チャイルドラインさん〔※子どもからの電話相談・オンラインチャット相談を行う認定ＮＰＯ法人。https://childline.or.jp/〕など、他の団体の方がやっています。

メディア経由でいじめの議論が行われる際、文部科学省の問題行動調査が紹介されることがあります。この図を見れば、各年によっていじめが増加したり減少したりしているようにも見えるでしょう【図3-4】。しかしこのデータは、いじめの推移を追うには不向きなものです。なぜでしょうか。

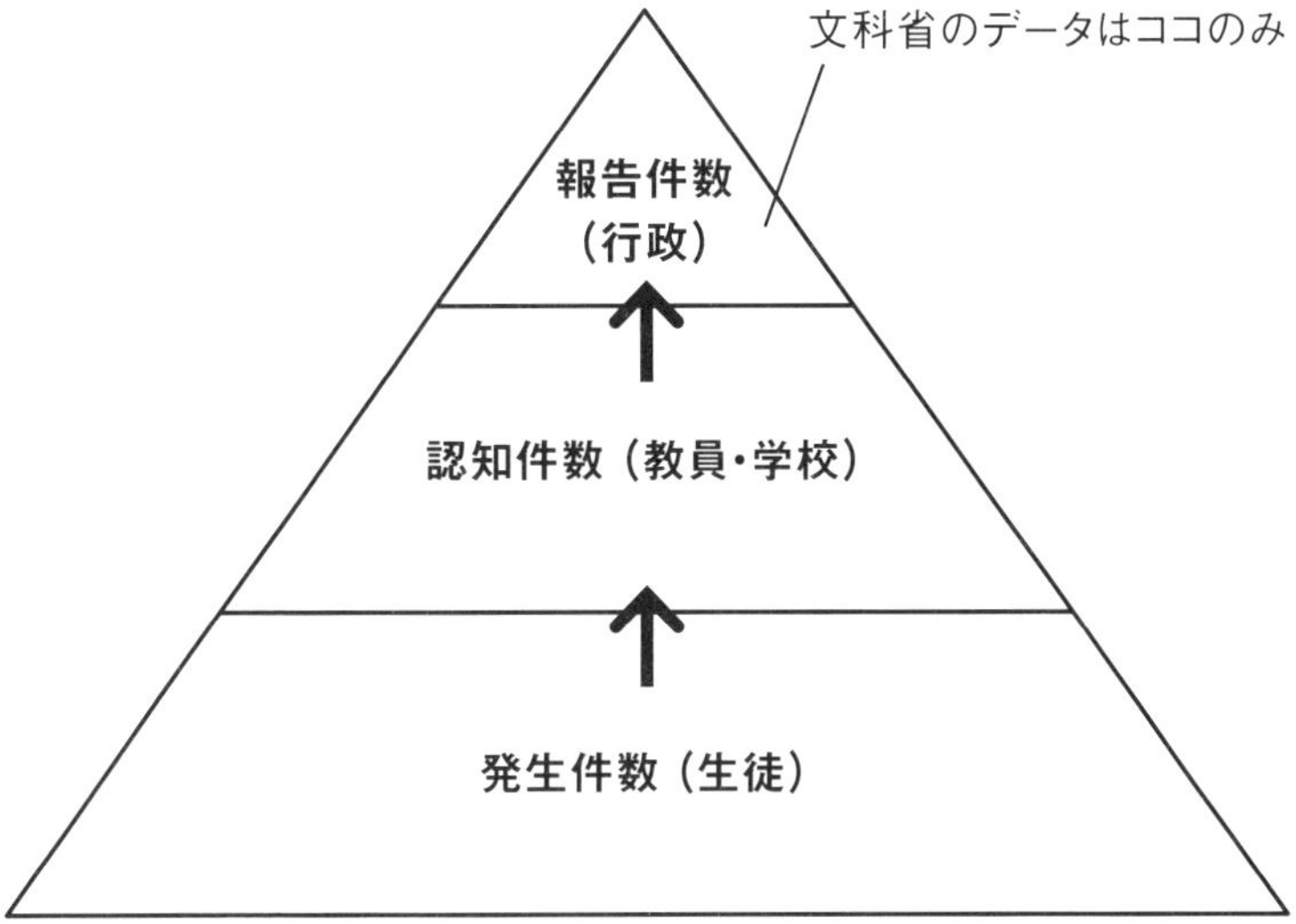

図3-5　発生件数と報告件数は異なる

（荻上、2018、21頁より転載）

このデータは、実際に起こっているいじめの「発生件数」のうち、学校の先生が把握をした「認知件数」、それをさらに国などに報告をした「報告件数」だけをカウントするというものです【図3-5】。それゆえに、いじめについて社会的注目が集まれば、「アンケート」や「三者面談」などによって、いじめを発見する割合が高まる。その結果、実際の発生件数が変わらなくても、見た目上の数字では「増加した」と取られることになります。

また、社会通念の変化も重要です。かつてであれば、「子ども同士のけんかでしょう」「プロレスごっこでしょう」で済まされていたものが、しっかりと「それはいじめだよね」「それは暴力だよね」と認知されるようになれば、「認知件数」「報告件数」は増加します。学校の教師たちの人権感覚が上がったりすることによって、数字が上下することになるわけです。

国立教育政策研究所の「いじめ追跡調査」では、いじめに関連した「行為」を、実際に行ったかどうかを子どもたちに聞き続ける、という調査を行っています。このデータに基づけば、いじめの急増などは起こっておらず、ある段階までは横ばいの傾向が続きました。いじめ報道が盛り上がったタイミングでは「凶悪化」とか「陰湿化」とか言われたりしましたが、そのようなことは起きていませんでした〔※詳しくは、国立教育政策研究所生徒指導・進路指導研究センター『いじめ追跡調査2016-2018』(令和3年7月)などを参照のこと。1998年から現在に至るまで継続されてきた調査であり、同じ内容の調査を同じ地点で

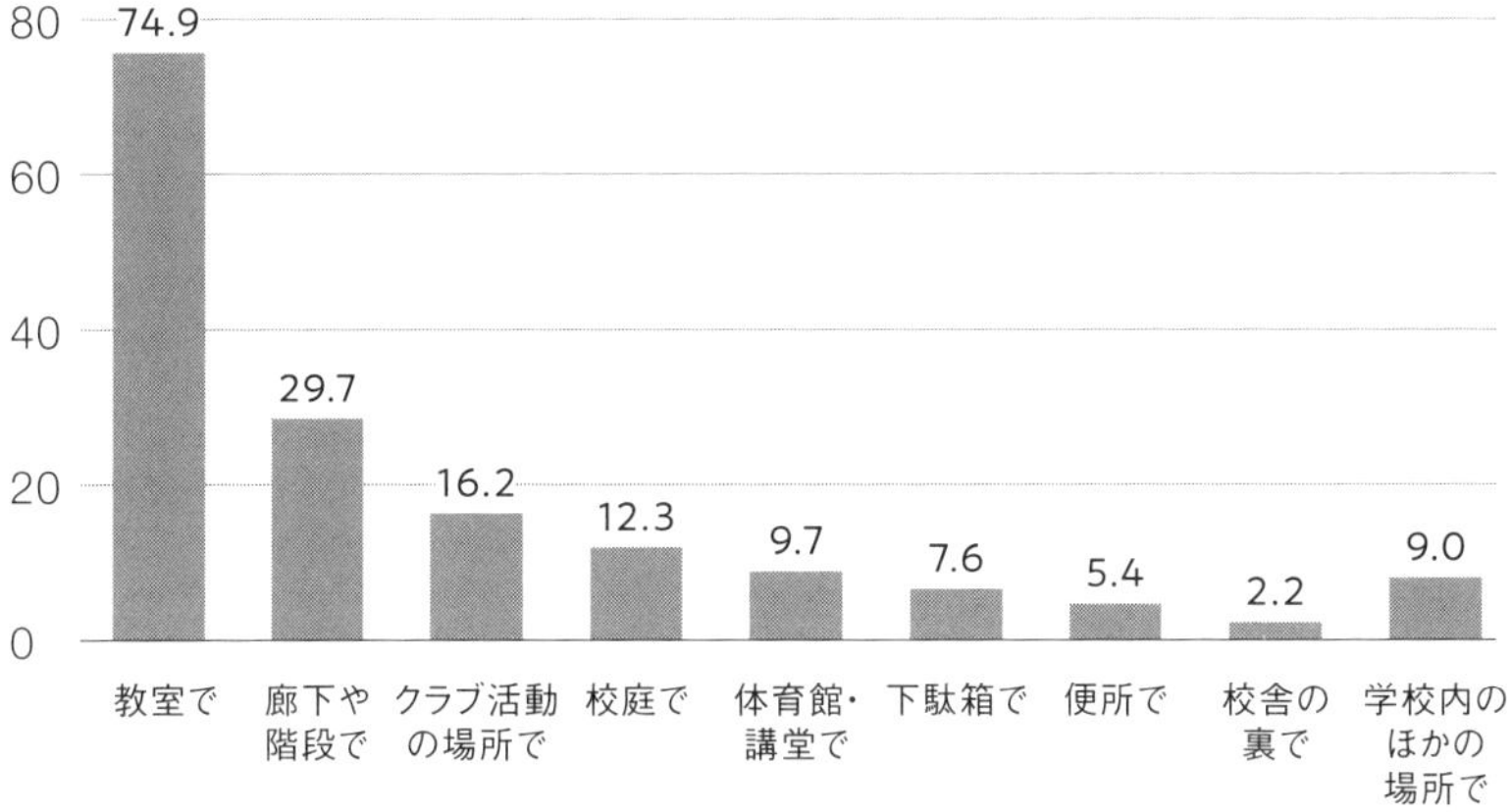

図3-6 学校の中での被害場所
(竹下、1999、42頁より転載)

繰り返す定点観測の発想により、いじめの経年的な変化を確認できる。https://www.nier.go.jp/shido/centerhp/2806sien/tsuiseki2016-2018.pdf]。

いじめは減少しつつある

荻上　「ある段階までは」と言いましたが、それはどういうことか。実は、2014年頃から、小学生におけるいじめの経験率の減少が始まります。このタイミングで何があったのか。2012年に大津市中2いじめ自殺事件が社会問題化し、その年の12月に政権交代。各政党が「いじめ防止対策推進法をつくります」というマニフェストを掲げ、翌年に成立。2014年から、いじめ防止法が施行されていくということになります。

　それまでいじめに関しては、各学校によって任せられているのですが、いじめ防止法によって、学校や地域の役割がさまざまに変わりました。例えば、いじめ対策の行動計画を立てることや、いじめの事案を担任の先生一人で抱えず学校で共有しなくてはならないこと。いじめ防止対策や重大事態対策のチームをつくらなければならないことなどです。こうしたさまざまな試みの積み重ねが、いじめ減少につながっていると見られます。しかし日本ではまだ、「どの試みが最も効いたのか」などの研究が不十分です。ただここでは、「いじめは減らせる」という事実だけを、まずは共有しておきたいと思います。

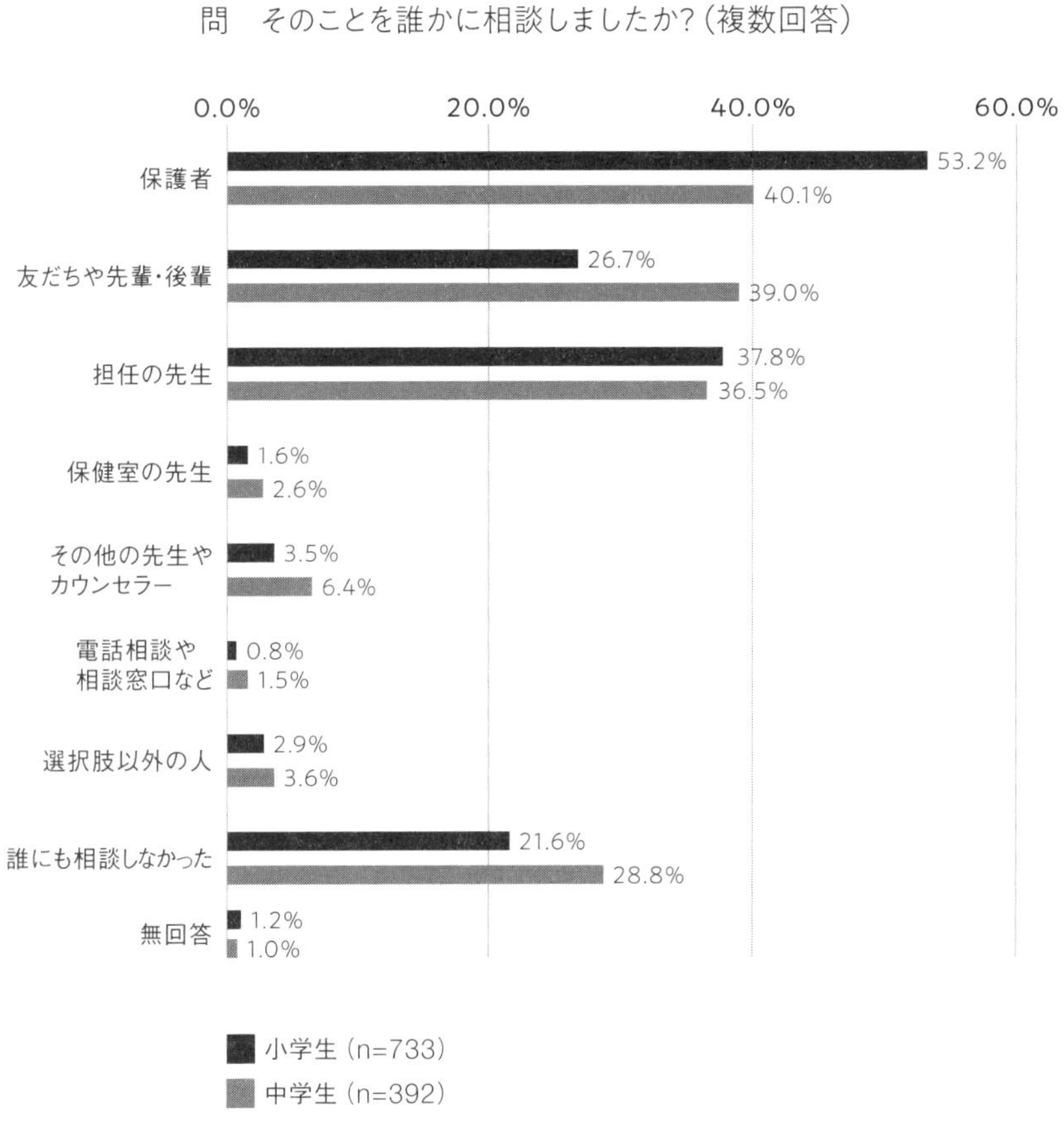

図3-7　被害先の相談相手
（大津市、2021、8頁より抜粋して作成）

いじめとトリートメント／マルトリートメント

荻上　私は、いじめはどういったところで起きるのか——ホットスポットや小・中学校の違いなど——そういうことをしばしば話します。

まず日本のいじめの特徴としては、**【図3-6】**は少し前のデータにはなりますが「休み時間の」「教室」でのいじめというのが最も多くなります。海外ですと、国によっては、グラウンドや廊下でいじめが起きるような国もあるのですが、日本の学校は「子どもがいる教室に先生がやってくる」という形式であり、なおかつ「教室から勝手に外に出てはいけない」といった運用になっているため、「先生の目が届かない休み時間」というタイミングで、教室に滞在せざるを得ない子ども間で、いじめが起きやすくなります。ただし中学生になると、部活動でのいじめも増加します。

いじめの内容は、「コミュニケーション操作系」「心理系」といったいじめが多くを占めます。暴力的ないじめは中学校になると減少する一方、悪口や無視といった、言葉や社会性に関わるいじめが主流になります。

いじめが高頻度で起きるのは、小学校の中学年から中学2年生までです。小学校から中学校にかけて、暴力的ないじめは減少しますが、それ以外の割合が多くを占めるようになります。そして中学生になるにつれ、周囲への相談率が下がります**【図3-7】**。

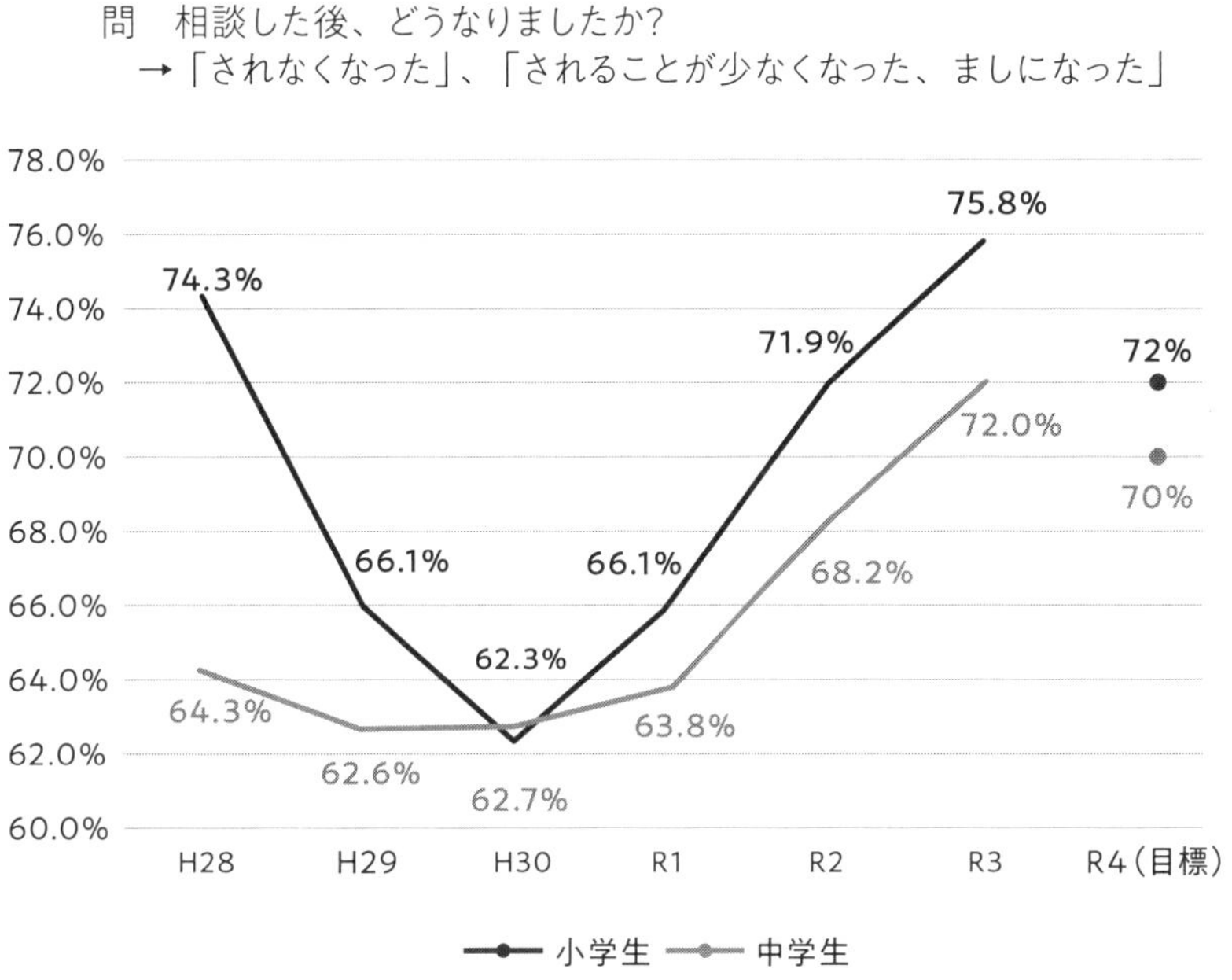

図3-8　いじめを受けて誰かに相談した結果、いじめが改善された子どもの割合
（大津市、2021、9頁より抜粋して作成）

いじめについて、子どもが先生などに相談をすると、7割程度は解消に向かいます **【図3-8】**。「先生に言っても変わらないじゃないか」という認識をもっている生徒が多いんですが、実際は違います。もちろん、改善されなかったどころか、悪化したというケースも起こります。こうしたことを踏まえると、まずは相談率を上げていくということが喫緊の課題で、その上で「悪い対処」をなくしていく必要がある、ということが分かります。これらのデータは大津市の調査によるものですが、データに基づきながら、相談率や改善率を上昇させていることも分かりますね **【図3-9】**。

いじめについては、起きたときのトリートメント、起きないようにするためのトリートメントもありますが、**いじめを起こしがちなマルトリートメント、いじめ問題を悪化させるマルトリートメント**もあります。介入をするというトリートメントもあれば、目の届かないところで放置し続けるというマルトリートメントもあります。マルトリートメントというヒントをいただいた上で整理してみると、いじめに対処しない放置型、介入失敗による悪化型、否定的なあだ名を付けるなどの加担型など、いくつかの類型があると感じます。

いじめは、環境要因によって大きく変化します。人はストレスを多く抱えれば、他者を攻撃しやすくなります。攻撃抑制規範が下がってしまった集団であれば、攻撃が発散手段に選ばれやすくなります。それら環境要因のうち、大きなものの一つが、教師の存在です。

例えば、教師との関係が良好でない生徒のほうが加害をする可能性が高い、という研究

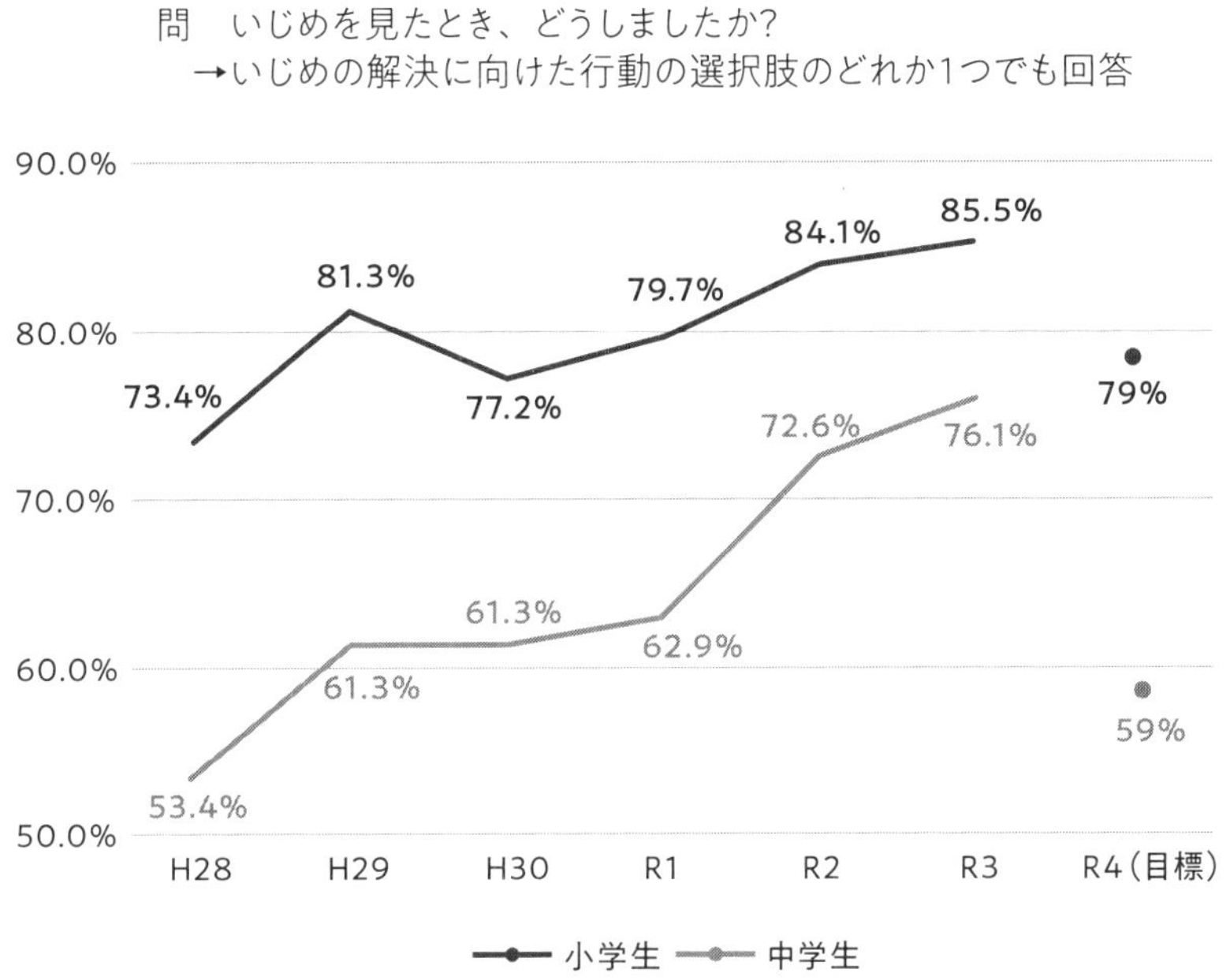

図3-9　いじめを見たとき、
いじめの解決に向けた行動を
とった子どもの割合
(大津市、2021、10頁より抜粋して作成)

があります。また、教師がいじめに対して適切に指導することは、加害の停止に影響をもたらす、ということもあります。

また、「教師に対する認知」が、いじめ抑止にも影響をもたらすという研究もあります〔※大西彩子ほか「児童・生徒の教師認知がいじめの加害傾向に及ぼす影響」『教育心理学研究』第57巻第3号、2009年、324-335頁を参照〕。「教師に対する認知」というのが、「受容」「親近」「自信」「客観」などのパラメーターが高い教師認知の場合、いじめへの否定的集団規範および、いじめに対する罪悪感の予期を媒介して、加害傾向に負の間接効果をもつというのです。やや難しいですね。具体的な場面を想像してみましょう。

ある教室では、担任の先生が、「話しやすい」とか「しっかりしている」とか「あの先生はえこひいきなどをせずにちゃんとフェアに判断をしてくれる」と、生徒たちから思われているとしましょう。そういう先生だと認識している生徒というのは、「この先生に怒られたら、すごくばつの悪い思いをするだろうな」「この先生を困らせてしまったら、自分はものすごく罪悪感を刺激されるだろうな」、そんな感覚を予測することになりますね。その場合、「この教室ではいじめはよくないことだとされるだろうな」とか「いじめなんかしたら、好きな先生を嫌がらせてしまうだろうな」という予期が起こります。つまり、いじめがよいか／悪いかという善悪の判断とは別に、いじめをした自分が嫌な思いをするか／いい思いをするか、自分がいじめをしたらとがめられるだろうか／見過ごされるだろうか、という予測が変化するということです。

フェアで好感をもてるような先生に叱られそうだとなれば、いじめを避けるようになりますよね。逆に、「不適切な権力の行使をする先生だ」といった認知をされている先生の教室の場合、いじめの加害傾向に正の直接効果をもつとされます。つまり「理不尽に罰を与える先生だ」、つまり、そういった先生がいる教室では「いじめをしても問題ないんだ」といった認知を生徒がもってしまうことが想像できそうです。先生が積極的に理不尽なペナルティーを与えている状況では、そもそも子どものストレスも大きく増大するでしょう。

このように、**教師のふるまい方がいじめを増やす要因にもなりますし、減らす要因にもなるのです**。だからこそ教師は、自分がストレッサーにならないことや、子ども同士のコミュニケーションへの適切なファシリテーターになることを心がける必要があります。また、「いじめは見逃さないよ」という、トリートメント・シグナルを発し続けることも大事でしょう。

いじめ対策の1・2・3

いじめに関してはさまざまな研究があります。あまりにたくさんあるので、今日は最低限、「いじめ対策の1・2・3」というものだけ覚えていってください【図3-10】。

いじめ対策の1は**ファーストエイド**。まずは、いじめの解決に動く前に、いじめを訴えてきた子どものケアが必要だという考えです。ファーストエイドとは、応急措置の意味です。つらい気持ちを訴える人に対し、情緒的サポートを行うことです。そのためにはシェルター、つまり避難役になることが重要です。

その人の発言に対して、疑うとか、信じないとかではなく、まずは「受け止める」ということ。まとまったアセスメントは後で行うとして、まずは心理的安全を提供すること。その上で、解決方法の設計に向かうということになります。

いじめ対策の2は、**二人目の離脱者**、というものです。誰かが「いじめってよくないよ」と言い出したら、「自分もそう思う」「私もそう思う」と言う人が現れることで、いじめの抑止を空気として増強することができます。

心理学実験でも、抗議に対する賛同者が複数現れれば、周囲の人もまた声を上げやすくなると言われています（※縄田健悟『暴力と紛争の〝集団心理〟』（ちとせプレス）第3章を参照）。「他の人も、いじめにノーと言ってくれるだろう」という予期があれば、子どもたちも動きやすくなります。もちろん、最も重要なのは、「通報さえすれば、大人は動いてくれるだろう」という期待をつくることです。

そして、いじめ対策の3は、**第三者の介入**です。インターネット上でのハラスメントでも、あるいはヘイトなどでも、第三者が介入すると攻撃抑制規範が高まります。ただし子

周囲の果たすべき役割は「仲裁者」だけではない

- 仲裁者 …いじめに対して介入し止める
- 通報者 …問題解決できる人に通報する
- スイッチャー …コミュニケーションの空気を変える
- シェルター …いじめられている相手に、心理的安全を提供する

いじめ対策の1・2・3

1. ファーストエイド（シェルターとアセスメント）
2. 二人目の離脱者（スイッチャー）
3. 第三者の介入（通報→介入）

図3-10　いじめ対策の1・2・3

ども同士のいじめですと、子ども自身が介入するということは、大変ハイレベルなスキルを求められるものになります。そこで、介入できる人に伝えてもらう。すなわち「先生に教えてね」ということになるわけです。

いじめ対策の1・2・3は、子どもにとってはそれぞれ「①シェルター役になるということ」「②離脱者やスイッチャー（空気を変える人）になるということ」「③第三者への通報者になること」になります。大人はそれを子どもに伝えつつ、「通報を受け止めて対処する第三者」として信頼されることが重要になります。

がらりと変わる、先生の「モード」

荻上　ここから、川上さんとの対談に入っていくと思いますが、その前に少し、個人的なエピソードを話させてください。

私の子どもが、こども園を卒園し、小学校に入ったときの話です。私は、子どもの発達特性上の理由から、学校に付き添うことが多くありました。その際、こども園と小学校の「風景の違い」というのを、まざまざと見せつけられました。

私が見たケースでは、こども園と小学校とで、集団の空気ががらりと変わっていました。そして先生のモードも、がらりと変わっていました。

こども園の段階ですと、先生は**ケア**、**サポート**、**トリートメント**を提供してくれるんです。例えば、集団の中で、一人がちょっとぐずついていて参加できない。あるいは、誰かがけんかを始めてしまった。物の取り合いで揉《も》めている。そうしたところに、こども園の先生たちが介入する際、仲裁的、傾聴的に介入していたんです。「けんかはやめなさい！」と頭ごなしに叱ることはなかった。

「何をやっているのかな？　あ、そうか、これがほしかったんだね。でも、○○さんもこれ使いたいんだー。じゃあ、どうしようか？　どう決めるのがいいと思う？」といったふうに、**コミュニケーションに対するケアと提案、そして二人へのトリートメント**などを行っていく。

集団の遊びにのれない子がいたら、その子に対して、「今、これをやってるんだよ。じゃあ一緒に踊ってみようか。手足バタバタさせてみようか。ちょっと大きな声、出したくなったたね。じゃあ、廊下に出てみて一周ぐるって先生と散歩をしようか」。そのような対応をするんです。とりわけ、そうした介助を専門に行う役割をもつ先生が一人いたため、私の子どもは、その先生と遊ぶことを楽しみにしていました。「こども園で誰と仲がいいの？」と聞くと、「○○先生！」と元気に答えるような状況でした。

ところが、その後子どもが入った小学校では、**命令**、**叱咤《しった》**、**マルトリートメント**で溢《あふ》れていました。集団などで並べていない子どもたちがいたりすると、「そこ、ちゃんと並べ！」「おい、何やってんだよお前！」と、先生が理由も聞かずに怒鳴りだす。一方的に命令することも、人前で怒鳴ることもよく見かけるようになりました。子どもに困り事があっても、個別のケアをしたり、サポートをしたりする余裕がない。全体の秩序を維持しようとするばかりで、結果として叱咤などのストレスフルなアクションが増えていきました。結局、子どもが「学校に行きたくない」と言いだすのに、時間はかかりませんでした。

もちろんこのケースは、こども園一般と小学校一般の比較だとは位置付けず、あくまで集団秩序の違いだと考えてください。かたや、トリートメントに熱心な空間があり、かたや、マルトリートメントに溢れた空間がある。その違いによって、**子どもの心理的安全は大きく変わる**ということをお伝えしたいのです。

もちろん、学校空間というものを、ケアとサポートとトリートメントとが行われるような空間にするためには、学校の先生の余裕というものを確保しなければいけません。そのため私は行政に対しては、「どうか、先生の数を増やしてください」「教師にもサバティカルを設けてください」「複数担任制度にしたほうがいいでしょう」と提案します。**とにかく人的余裕の確保と、仕事総量の削減をお願いしたい**、と言っています。余白の時間があまりにないので、球技でいう「リベロ」のように、自由に動ける人員の確保が足りないんですよね。

他方で、いじめ研究についてもお話ししながら、「せっかくやるなら効果のあるものを」

ということもお伝えします。政府が進めた「道徳の教科化」がいじめ対策に効果があるというエビデンスはありませんが、「効果があるいじめ防止プログラムがある」ということは研究で分かっています。そのようなことをお伝えすることで、少しでも教育システムが改善すればと考えています。

【対談】複数担任制やサポート人員との権限の分配の重要性

川上　ありがとうございます。「理不尽な権力の行使」に関しては、これまでに行ったオンラインセミナーで、武田先生（第1章）も村中先生（第2章）も、共通しておっしゃっていました。特に、荻上さんのご著書の中では、理不尽な権力の行使が「大人がそういうふうにしているのだから私たちだってやっていい、弱い者に対してそういう態度で臨んでいい」というアティチュードモデルになっている、というようなことも書かれていましたね（※「懲らしめの連鎖」については、『い

チャット上のコメント

- 教師のモードの変化は、保育所、幼稚園の先生からよく言われます。
- 「むちによる支配」……つらいです。。。
- 若い先生方にも、ベテランの先生方にも、「ケア、サポート、トリートメント」モードのモデルがいないのではないかなあ。

じめを生む教室』95-101頁に特に詳しい」。

そこに「いじめ対策の1・2・3」の方策と、さらにマクロの部分では学校の人的余裕の確保と教師の抱えている仕事の減少をご提案いただいている、ということでした。荻上さんのお話から、とにかく先生たちを追い込むだけではいけないのだという思いもたくさん伝わってきました。また、特別支援教育についての理解や、子どもたちへの具体的な関わり方、集団秩序への重きの置き方などについて、こども園と学校を一つの例に、集団秩序の違いを感じたエピソードも印象に残りました。例えば、幼稚園、保育所、こども園では特別支援教育についての関心も高い一方で、小学校、中学校、高校と上がっていけばいくほど、「そこまでのことをしていたら甘えになる」とか「逆にそれは差別じゃないか」とか言われます。さらに高校まで行くと、「義務教育ではないのだから」と言われることもあり、学校種ごとに教師モードの変化というのはすごく感じます。

荻上 「教室風土」「学校風土」と言って、教室ごとにいろんな空気感が違うということがあります。それだけでなく、「職員室風土」というのもあるでしょう。その学校ごとに「子どもにはこう指導するものだ」というような感覚が違っているところはあると思います。「職員室風土」は、学校ごとにも違うでしょう。他方で全体としては、幼稚園、こども園、特別支援学校、小学校、中学校などでもまた異なる面もあるでしょうね。

そこで気になるのは、先生同士のアティチュードモデルの伝播、つまり「子どもというのはこうやって懲らしめるもんだよ」とか「一発喝を入れれば、そこで締まるものなんだよ」みたいな、ある意味での「指導法」が伝授されていく過程です。私も教員免許を持ってはいるのですが、大学や大学院ではそうした指導方法までは習いませんでした。いじめ防止などは、「生徒指導」などにくくられ、OJTで方略が伝播されていく。実際にはいじめは科学的にベターなアプローチが分かっていても、そうしたものが現場にまで伝わっていないなと感じます。

川上　温かく包み込む指導ができるようなアティチュードモデルを示せる人が、マラソンのペースメーカーのような役割になると、職員室でのコミュニケーションも非常に豊かになるということでしょうか。

荻上　そうですね。先生同士の中でもいじめはありますし、ギスギスすることもある。クラスマネジメントだけでなく、職場マネジメントなども必要となります。

本来は行政も、そうしたケアに力を割くべきなのですが、なかなか意識されない。そればかりか、「全国学力・学習状況調査」などが、本来の趣旨を外れて、〝学力テスト〟などというあだ名を付けられて、地域ごとの競争に使われているような状況がある。そのような状況だと、先生たちもストレスフルですよね。

どんな企業でも、ノルマが厳しく、上司が不機嫌だと、労働者はギスギスします。同じようなことが学校でも起きている。**あらゆる教育問題は、教師の労働問題と関わるものな**

ので、過剰なノルマ、人手不足、残業代が出ないなどの悪しき風土が残っていれば、それは当然、子どもへの指導などに対してもいろいろな問題が生じてくるだろうと思います。

川上　少し話が逸《そ》れてしまうかもしれませんが、先ほどリベロのように複数の学級を渡り歩ける人的余裕というのを一つの策としてご提案されていらっしゃいました。

仮に、そのリベロ的立場に抑圧的な指導をする人がくる可能性もあって、ただ単に人が増えるだけでよいのだろうかという一抹の不安があります。私たち現場の人間は確かに人が増えることは助かりますが、どんな人がくるのかという心配も生まれるかもしれません。

荻上　質が悪い先生がくる可能性は常にあるわけですが、基本的に今よりは確実に「マシ」になると思います。5人の人材のうち一人が質が悪くても、4人の人材のうちの一人が質が悪いよりはマシですから。

それから、教師の質というのは、固定的なものではありません。異動前の学校ではやたらと不機嫌だった人が、職場環境が改善された別の職場に移ったりすると、憑《つ》き物が落ちたように余裕が出てきて優しくなる、ということも起き得るわけです。そうした意味でも、基本的には**マンパワーを確保するというのは大前提**だと思います。

川上　分かりました、ありがとうございます。確かにリベロというか、スーパーサブみたいな先生が救ってくれる学年というのはやっぱりあって、「この人がいたからよかった」と感じる場面は多々あります。また、時折、役割をスイッチしたいときもあるんです。

自分は確かにメインで担任をしているんだけれども、「今この子はこの瞬間、自分よりもこっちの人（が必要）だな」と感じる瞬間があります。通常の学級だと、そこで一人で全部丸抱えしなきゃいけない、ということからくる疲弊感や不安感、苦しさみたいなものはありますよね。

荻上　そうですね。小学校への付き添いをしていたときに、自分の子どもが通っていた地域では、支援ボランティアの方が各学校に配備されていました。でも、そのボランティアの方が付いていればそれでよかったというわけではありません。ボランティアの方に、療育についての知識があるかなど、スキルの問題が一点。加えて、ボランティアの方に「権限」があるかどうかが一点です。

例えば、子どもが教室で長く座っていることで疲弊していて、トイレに行きたいとか、廊下で深呼吸をしたいとか、図書館や保健室に行きたいと思っている。でもボランティアの方が、先生に許可を取らず勝手に「ちょっと○○さん、少し疲れたみたいだから廊下に出ようか」とすることはできない。だからこそ、親である自分が付き添い続けていたわけです。

チャット上のコメント

- リベロ教師が教室の空気を変えるスイッチャーになり得ますね。
- リベロ的な立場として、特別支援教育コーディネーターの専任化を望んでいます。

合理的な配慮などの方法を知っているかだけでなく、それを行使するための統制権があるか。その辺りの意思疎通が大人同士でできているかどうか。今でも変わらず「担任の先生」一人に大きな権限が集中するので、そこは大きな課題だと思います。先生の労働負担軽減のためにも。

川上 教師におうかがいを立てないと支援員は動けない、という状況ですね。

荻上 そうですね。授業をする先生は、全体の進捗や、集団の反応を見なくてはなりません。一方で国際調査でも、個別の子どもに対する課題提案やサポートは不十分です。複数担任制だと、一人が授業の進行、もう一人が個別への合理的配慮などの対応を行うなど、役割分担もできます。そのときも、権限の分配ができていなかったり、教師間で権威勾配があったりすると、「独裁者の教室」になってしまいます。

川上 そのとおりです。ひどい場合は、支援員やボランティアの方に丸投げしてしまう担任の先生もいます。

荻上 そうですね。あとは例えば、突発的に何かが起きたとしても、「突発的に起きたこと」というのは、実は持続することもあるわけです。週に1度くらい教室にいられない子がいるなどですね。確かに初回は「突発的」だけれども、それが2回、3回と重なると、どういった出来事が起きるのかが分かってきますよね。そのときにアイコンタクトで、「じゃあ、ちょっといったん外に行こう」のように、先生と支援員同士、あるいは先生と先生同士がやりとりできるようになる必要があります。

しかし一人で授業をしている場合に、個別の「突発的な何か」が起きたりすると、「全体を進めたい」というようなプレッシャーがあるので、見逃したり聞き逃したり、大したことないはずだと矮小化《わいしょう》したり、あるいはその子を抑圧するなどして対処してしまうということが起きります。だからこそ、複数担任制度などの検討は重要だと思うのですが、これは相当マクロな話なので、今日、明日の議論には使えません。ただこのようなシミュレーションをすることで、「なぜ先生たちがイライラしがちなのか」「なぜ職員室に余裕がないのか」といった議論を整理することはできると思います。

心理的危機状態とは何か

川上　ありがとうございます。深めたい話や聞きたい話があって、時間が足りないような気もするんですが、今日のキーワードであった「心理的危機状態」について踏み込んでお話をうかがい

チャット上のコメント

- 個人の意識・理解・テクニックを深化させていくことは大切です。しかし、それだけでは解決できないほどに、学校は制度として疲弊しているんだと思います。例えば小学校の学級担任制を大きく転換するような、ムーブメントがないと根本的な解決にはならないと感じます。

たいと思います。
ちなみに今、荻上さんがメインでお仕事されているのは、ストップいじめ！ ナビですか。
荻上 私はもう、何がメインか分からない……（苦笑）。今は社会調査支援機構チキラボという団体もやっています。あとはラジオパーソナリティーや、その他ボランティア活動などもしています。
川上 それだけお忙しく活動されていらっしゃる中で、お子さんのサポートで学校にも行かれていたんですか。
荻上 そうですね。小学校1年生のときはそうでした。ただ、子どもが1年生のときに、もう学校に行きたくないと言ったので、それからはフリースクールに通っています。
川上 これまで学校で見聞きしてきたことの経験も、今の荻上さんの活動とリンクされているということでしょうか。
荻上 そうですね。
川上 そうなると、このストップいじめ！ ナビHPで提示されている「心理的危機状態」とそれを脱するための「心理的危機対応プラン」に関しては、荻上さんご自身の経験も含めて、かなり深く踏み込まれて作られたのではないかと思います。あらためてご説明いただいてもよろしいでしょうか。
荻上 はい。身体的な危機状態というのはみなさん想像しやすいと思います。大怪我をしたり、心肺停止だったりするわけですね。そのような状況を想定し、今や各所に、心肺蘇生措置の補助をしてくれるＡＥＤの設置などが進んでいます。また、そのようなときには、みなさんが１１０番や１１９番をして、警察や病院につなげる。このように身体的な危機については、それなりに対応システムが発展してきました。

ところが、心理的危機になると、一気に脆弱になってしまいます。例えば「死にたい」といったことを言うと、「そういうことを言う奴は、かまってちゃんだ」「本当に死にたい人は、そんなこと言わない」みたいなことを言う人が出てきたりします。「足を怪我して痛い」と言う人に「甘えだ」と言う人は少なくなっているでしょうが、心の怪我については、まだ理解が進んでいない。対処方略が共有されていないためです。

人は、対処できるノウハウをもっていれば、それに対する無力感を味わわずに済む。無力感を味わわないということは、それに対する「冷笑」をしなくなるんです。**解決法を知っていれば、揶揄する前に、体が動くんです**。しかし心理的危機に対しては、多くの人たちが体が動く状況にはありません。

そこで「心理的危機対応プラン」というものを、精神科医の方や臨床心理士の方と共に作りました。短時間でできる、認知行動療法キットで、ウェブ上で無償で頒布しています。このキットを読んだり使ったりすれば、30分で心理的な危機を脱出することができるという、そうしたアイテムです【図3-11】。

川上　私も読ませていただきましたが、ステップがしっかり示されていますし、私自身にも必要だと思えるものがたくさんありました。特に、コーピングの例示が参考になりました【図3-12】。これだけ幅広く網羅されていれば、どれかが必ず当てはまりますね。ここまで書いてあれば、どれか必ず自分も引っかかると思える子がいるんだろうなと思ったんですよね。

荻上　学校の子どもたちも先生たちも大変ストレスフルな環境になっています。子どもたちの場合、他者に時間を管理されつつ自分自身のケアも禁じられています。どういうことか。

大人であれば、仕事中に疲れたりストレスを味わったとき、例えば「休み時間にはコンビニに行ってスイーツを買おう」とか「お茶を一杯飲もう」とか「10分散歩してこよう」とか「立ち上がって伸びをしよう」とか「ここらで一服」「コーヒー一杯」「友人とLINEする」「ちょっとYouTubeでも見るか」「一試合だけゲームしよう」とか、いろんな仕方でのコーピングをできます。「コーピング」というのは、**ストレスへの意図的な対処法**のことですね。

ところが、学校の子どもたちというのは、校則などによってそうしたコーピングを禁じられています。授業中に伸びをしたら叱られる、他の学年の教室に行って仲のよいきょうだいと話すのすら怒られる、買い食いは禁止、水筒の中身はお茶だけでポカリはNG、ス

リーフレット

支援者向けリーフレット

「死にたい、と思うくらい辛い気持ち」のことを、私たちは「心理的危機状態」と呼びます。心理的危機状態に陥った時、自殺以外の出口を、短時間で見つけることも重要となります。

臨床心理学者のCrayg J. Bryan氏は、米国軍人の自殺対策のため、短時間で実施可能な認知行動療法として、“危機対応プラン”と呼ばれる方法を作りました。“危機対応プラン”を用いた現役兵士は、標準治療を受けた現役兵士と比較して、介入後6ヶ月間における自殺企図が76%減少したと報告されています。

このページで無償頒布している、心理的危機対応プラン「PCOP」（ピーコップ）は、この“危機対応プラン”を日本向けに作ったものになります。「PCOP」は、30分の所要時間で使えます。一人でもできますし、信頼のできる人と協力して使うこともできます。

「PCOP」には、当事者向けと、支援者向けの2つのバージョンがあります。心理的危機状態と向き合い、そこから脱するために有用です。「心の心肺蘇生法」のような「PCOP」を、ぜひ活用してみてください。

図 3-11　心理的危機対応プラン「PCOP」（ピーコップ）リーフレット

（文章部分は、ストップいじめ！ ナビHP内「心理的危機対応プラン「PCOP」（ピーコップ）を活用してみませんか」より抜粋）

マホもゲームも持ち込み禁止、のように。私たちは子どものとき、コーピングは罪なのだということを教わっている。

「心理的危機対応プラン」の基本的な考え方というのは、認知行動療法というエビデンスの固い心理療法のメソッドになります〔※認知に働きかけて気持ちを楽にする精神療法（心理療法）の一種。認知は、ものの受け取り方や考え方という意味。ストレスを感じると私たちは悲観的に考えがちになり、問題を解決できない心の状態に追い込んでいくが、認知療法ではそうした考え方のバランスを取ってストレスに上手に対応できる心の状態をつくっていく。国立精神・神経医療研究センターHPより抜粋引用。https://www.ncnp.go.jp/cbt/guidance/about〕。この認知行動療法の前提として、「そもそもストレスとは何か」ということなんですが、世の中に「ストレス物質」なるものがあって、そのストレス物質を摂取すると人は大変なことになる……なんていうような単純な話ではないんですね。そうではなく、実際の起きた状況と、それに対する人の反応。これらが合わさって、「ストレス体験」が生まれるわけです。

例えば小さな子どもが、家で自分の食べようと思っていたお菓子を勝手に食べてしまった。あるいは部屋中をクレヨンで汚したり、部屋中のクッションをぼろぼろにしたりしてしまった。そうしたときに、大きなため息とともに、子どもを叱咤してしまったり、殴ってしまったりするのか。それとも、笑いながら「見て、見て。こんなことやられちゃった。ウチの惨状（笑）」みたいな写真を撮って、友人やSNSで共有するか。

行動コーピングの例（「PCOP」巻末資料7-8頁より抜粋引用）

- ダラダラしてみる
  テレビを観る、映画を観る、DVD を観る、本を読む、
  二度寝や三度寝をする、LINE やSNS で時間をつぶす、等

- 無意味なことをする
  ヘンな顔をしてみる、部屋の中で走ってみる、一人で笑ってみる、
  独り言をひたすら行ってみる、等

- 食べたり飲んだりする
  お茶を飲む、お茶やコーヒーをゆっくりいれる、ガムを噛む、
  新商品を試して見る、はじめての店にいく、等

認知コーピングの例（「PCOP」巻末資料9-10頁より抜粋引用）

- 考え方を変えてみる
  「プラスの面に目を向けよう」「引き出しが増えた」
  「いい勉強をさせてもらえた」いい面も悪い面も両方考えてみる、
  次にどうするか考える、等

- 人とのつながりを確認
  「あの人なら相談に乗ってくれる」「あの人ならわかってくれる」
  「あの人も力になってくれる」「いつでも連絡がとれる」
  「親友と呼べる人もいる」等

- 好きなものをイメージする
  好きな人の顔、あこがれのアイドル、なつかしい故郷の街並み、
  毎年恒例の祭、お気に入りの景色、行ってみたい国の景色、
  好きな食べ物や飲み物、等

図 3-12　行動コーピングと認知コーピングの例

前者と後者ではそれぞれ、その人にとってどのような体験になっているかが異なっています。前者のケースではストレス体験ですが、後者ではおもしろエピソードなのかもしれません。どちらも、起きた現象そのものは同じです。しかしながら、認知、反応、感情、行動の段階で、「これは自分の時間を奪うような攻撃なのだ」と捉えて怒るのか、ちょっとよくある「〝子どもあるある〟がいよいよ私にも起きたぞ！」と捉えて笑うのか。そのときにとる行動で、体験の意味が変わります。

人の「反応」とは、**認知と行動と感情と身体反応**、この四つの面でさまざまな状況に対する反応を示します【図3-13】。

このうち、認知と行動については、ある程度意図的に変えることができる。認知は、**認知コーピング**や**リフレーミング**といって、考え方を変えてみたり、別のことを考えてみたりすること。**行動コーピング**というのは、例えばストレスがたまったなら、お茶を飲もうとか、お風呂入ろうとか、散歩しようとか、電話しようとか、そういうような仕方で対処ができるということです【図3-14】。

ここで、学校の問題が浮き彫りになります。学校では、子どもの行動コーピングの多くを規制しています【図3-15】。子どもに、コーピングの自己決定権があること、あるいは学習必要性があることが軽視されています。子どものストレスが軽視され、日常的なケアが疎《おろそ》かになっています。

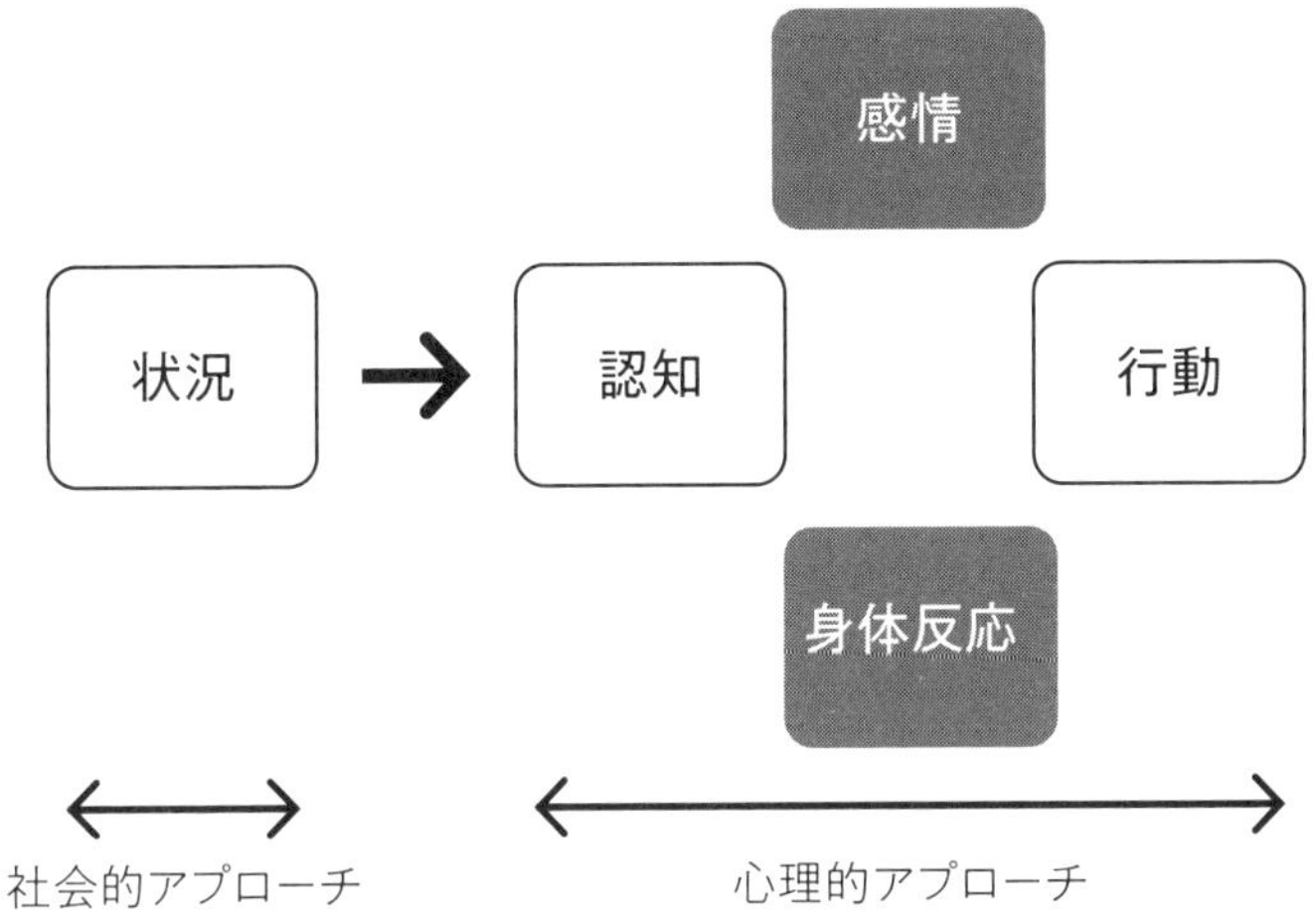

図3-13　ストレス状況に対する人間の反応

もし子どもが、行動コーピングを増やそうと思っても、そもそも校則を変えさせてくれない。そうすると、「環境は自分たちの手で変えることができないんだ」と学習性無力感を覚えてしまう。このような悪循環も、何とかしなくてはいけませんね。

川上　なるほど。本来であれば、学校が世の中を渡り歩く術《すべ》を積極的に伝えていくことや、「**社会は自分たちの手で変えていけるんだ**」ということを伝えていくべき立場であるにもかかわらず、それを奪う場になっているということですか。

荻上　そうですね。学校の先生は身近な科学者であると同時に、セルフケアのアティチュードモデルにも、主権者としてのロールモデルにもなってほしいところなんですが、その発想がなかなか現場では共有されにくいというのがありますよね。

川上　今日は、通級指導教室の担当者も多数参加されていると思いますが、通級指導では、「自己理解」についてとか「自分にとってこういうことが心地よい」ということをみんなに伝えていこう、ということを学習内容に含むことができます。しかし、通常の学級ではそれらを学ぶ機会すらありません。

荻上　そこが不思議なんですよね。特別支援学校や特別支援学級などでは、複数の先生を配置して合理的配慮で授業を展開する、場合によっては個別の子どもに合わせたプログラムを実施するということが現にできている。つまり、モデルはあるんです。だとするならば、一般の教室でも、同様のことをしてほしいんですよね。なぜそれを全

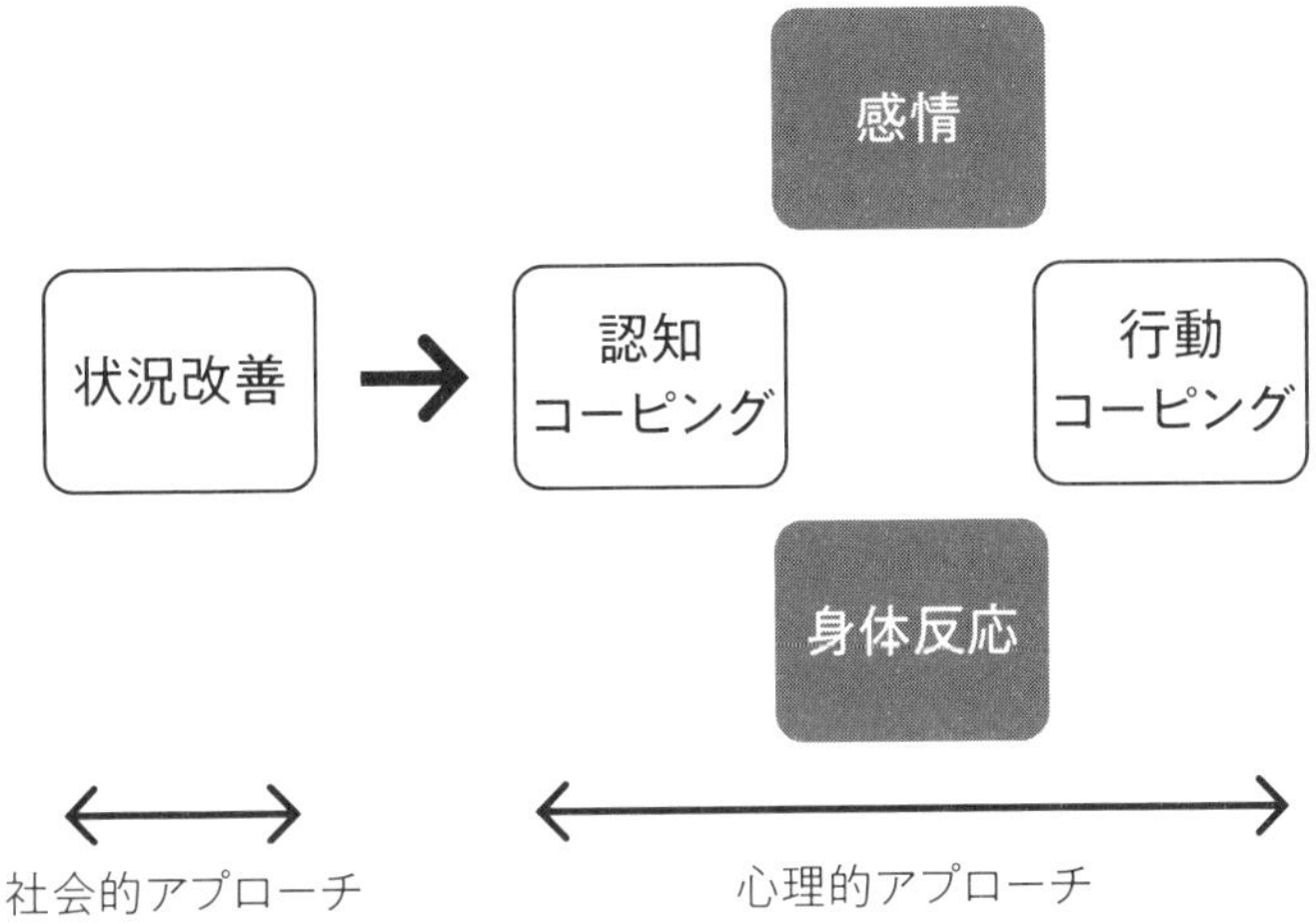

図 3-14　認知行動療法とコーピング

国の学校で対応できないのか。一言で言うと、予算がない。そして、「まだやっていないから」。将来的にはそこは改善してほしいなとは思います。

川上　そうですよね。「モデルはある」という、今の荻上さんのお話は私自身にとっても、背中を押していただいたような気がします。

荻上　そうですね。

川上　（参加者に向けて）ここまで、いかがでしたか？　投票機能を使って、みなさんの反応をうかがいたいと思います。その上で次のキーワードに進んでいこうと思います。荻上さんのお話、川上の前半のプレゼンのところも含めて、ここまでのご感想を選択肢の中から選んでください。1　納得、2　スッキリ、3　モヤモヤ。「モヤモヤ」という選択肢も入れましたけれど、「モヤモヤ」も決してネガティブなメッセージではなく、まだ言語化できてない部分をちょっとすっきりしたいという気持ちもあると思うんです。

荻上　現実の問題が分かっているにもかかわらず、変えられないというモヤモヤ、もありますね。

川上　確かにそのとおりですね。（参加者が投票を始める）……投票ありがとうございました。「モヤモヤ」を選んでくださった方もいらっしゃいました。いただいているチャットや質問などからも参加されているみなさんの熱量を感じます。

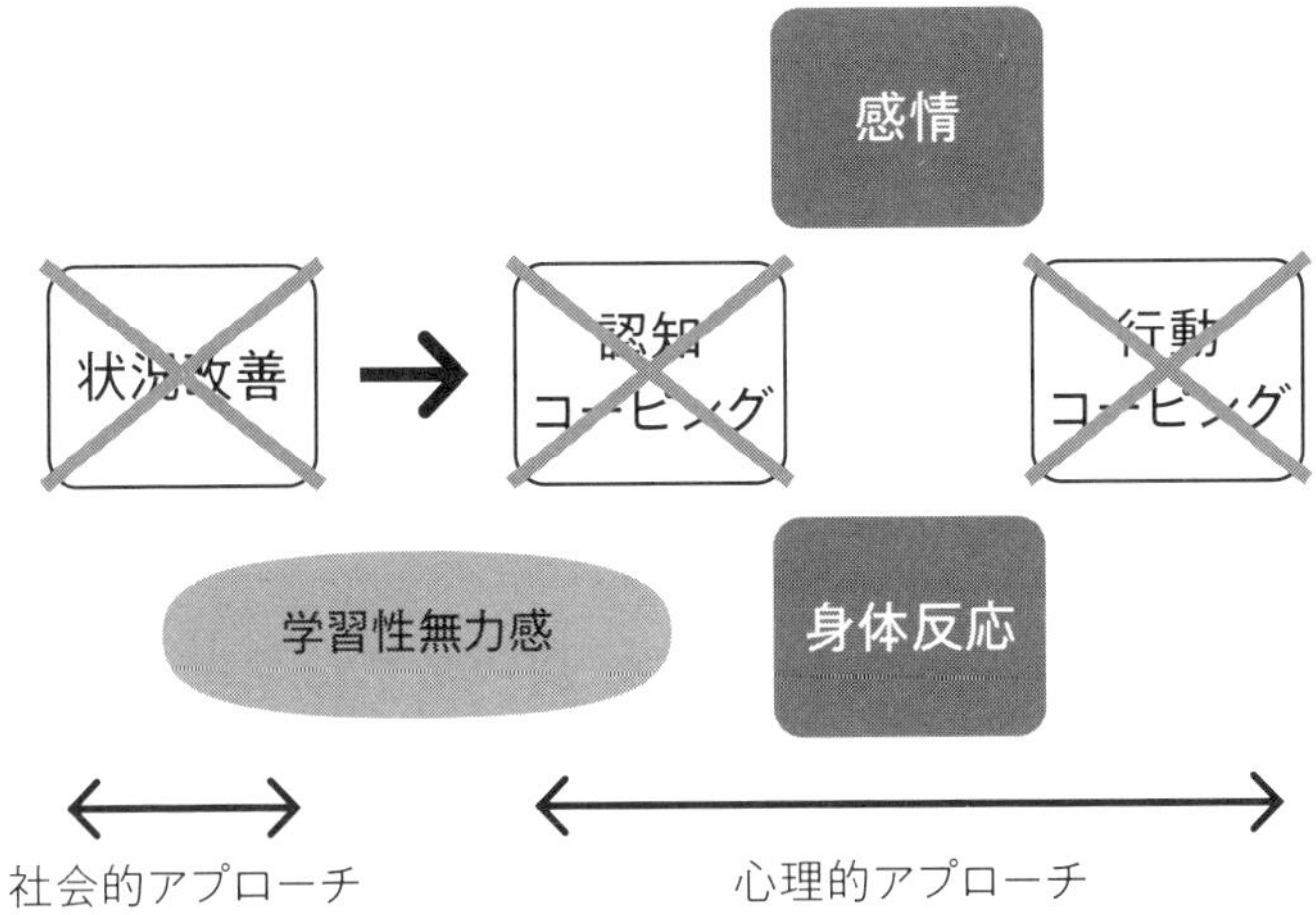

図 3-15　理不尽指導が奪うもの

「連休明けブルー」にご用心

川上　さてつづいて、先ほど申し上げたとおり、本日は2学期直前、あるいは既に2学期に入って数日という学校もありますが、荻上さんは夏休み明けの学校を「連休明けブルー」というキーワードでお話しされておられます。連休明けブルーに伴う子どもの心理的危機状態について、あらためてお話をうかがえますか。

荻上　これまで「9月1日」が、子どもの自殺率が最も高い日ということで注目をされてきました。これは、この日付そのものが危険というわけではなく、「連休明け」が問題なんですね。学校によっては8月の後半に2学期を開始する学校もありますから、その時点が要注意です。また、自殺率の増加というのは、ゴールデンウイーク明けにも、冬休み明けにも見られる現象です。

大人でも、「サザエさん症候群」と呼ばれたものがありましたね。日曜の夜にテレビを見ていると、明日から会社があることに憂鬱な気分になるという。同じように、子どもにも登校ストレスがあるわけです。

そのときに、どういった問題を考えなくてはいけないのか。子どもにはそもそも「**学校ストレス**」があり、それを連休明けに味わうであろうという予期が、さらなるストレスになってしまう。

そこで行うべきことはいくつかあります。**連休明けブルーを引き起こす学校ストレス全般を減らすことや、個別の子どもにとっての学校ストレスを特定し対処することなど**です。

あとは、**連休明けにいきなり学校のモードをフルスロットルで再開しないということができればと思います。**例えば、連休明けの最初の1週間は、授業は、一日一コマずつ増やすとか、午後は休みにするとか、緩やかなスタートでもいいと私は思います。初日は何もしない。二日目は一コマだけ、三日目は二コマ、のように。準備運動しないでマラソンをすると怪我しますからね。

いきなりたくさん動いていくと、先生も大変ですね。先生にとっての「連休明けブルー」というのは、夏休み明けに宿題の採点などをしなければいけないという、仕事が増えるタイミングがくるということです。そして、いきなり授業が全コマスタートしていく。これは不合理ですよね。

もし、先生に残業代を払うのが学校側や政府に義務付けられていれば、その残業代を減らすために、宿題の採点時期は授業量を減らそうかとか、いろいろなことを考えるはずです。けれどその辺りは、給特法〔※公立の義務教育諸学校等の教育職員の給与等に関する特別措置法。1972年施行。教育職員の職務と勤務態様の特殊性に基づき、給与やその他の勤務条件について労働基準法とは異なる特例を定めたもので、現在の教師の勤務時間や業務量とは実態が合わないと指摘されている〕の見直しも必要かと思います。

川上　今、荻上さんに二点、教えていただきました。一つには、学校ストレスそのものを特定し、減らすこと。二点目は……、私も実は見過ごしていました。

荻上　スモールステップにするという点ですね。

川上　いきなりみんなフルスロットルを目指してしまい、それで子どもが苦しんでいるというのに、そこに気付けていない現実があります。

荻上　「通学スモールステップ」をやるような感覚ですかね。

川上　おそらく4月もそうですよね。新しい先生、新しい学級になったときにも、同じように緩やかにスタートしていく。こういう発想はもてていなかったです、ありがとうございます。そして一点目の「学校ストレスを特定する」際には、手前味噌になりますが、『教室マルトリートメント』は少し参考になるものですか。

荻上　そう思います。「何が不適切な扱いなのかリスト」というものを先生が把握していないと、「これぐらい耐えられるでしょう」みたいな格好で、負荷をかけ続けてしまうこともあるでしょう。さらに、先生がマイクロアグレッションを行ってしまうこともあり得ます〔※マイクロアグレッション：直訳すれば「小さな攻撃」「小さな侵犯」という意味で、日常生活の中に潜む、小さな差別のことを表す。例えば「女性ならではの丁寧さだね」「ゲイの人はセンスがいいね」など、褒め言葉を装った固定観念や「アナウンサー／女子アナ」などのジェンダー化された言葉の使い分けなど、ちょっとした会話や文章、制度の中に、差別でないようなそぶりをしながら、ふとした拍子に顔を出す。荻上氏執筆の「マイクロアグレッションとステレオタイプ」より抜粋（東京人権啓発企業連結会ＨＰ内）https://www.jinken-net.com/close-up/20230301_3683.html）。

「学校ストレス」を把握するといっても、注意深く見れば誰でも理解できる、みたいなものではありません。その点、参照になるような、「マルトリートメント・リスト」のようなものがあれば有用でしょうね。

例えば、「攻撃行動の研究」を行う分野では、環境要因や社会的シグナルによって、攻撃が増減すると指摘されています。分かりやすい研究ですと、夏の時期、エアコンをつけていない車だと、クラクションの頻度が上がるという研究があります。その他、相手の車種、その人の匿名性など、何が攻撃行動に影響を与えるのかといった研究があります。

こうした研究蓄積は、なかなか教室運営に反映されません。例えば夏休み明けはまだ暑いですから、ストレスフルであることは容易に想像できます。本来は適切な教室空間

チャット上のコメント

- 夏休み明けから、運動会練習全開の学校もありますよね。
- 小学校は時間割を担任が決められますから、私はかなりゆるくスタートさせてます。
- 特別支援学級では、徐々にスタートしていくようなやり方をやっていますよね。

をつくるためには、教室だけでなく廊下や体育館にもエアコンを設置すべきですが、まだまだ不十分です。**よりストレスフルな環境というものは、いじめを含むさまざまな逸脱行動や、学習意欲の低下につながります。**それらを取り除くためにも、学校ストレスの言語化を子どもと一緒にしていくなどが必要ですよね。

不機嫌な教室とご機嫌な教室

川上　荻上さんのご著書の中では、「不機嫌な教室とご機嫌な教室」という言葉が使われていました。不機嫌な教室は、非常にストレスフルでいじめも起きやすい。ご機嫌な教室は共感に満ちて温かいと。このお話は、どこから出てきたものなのでしょうか。

荻上　いじめ研究だと、環境要因に着目をする研究自体は2000年前後には定着しています。いじめ研究は当初、加害者・被害者の心理に注目をするところがまずありましたが（性格原因論）、その次に、「いやいや、もうちょっと幅広い社会心理観があるね」ということで、集団論に注目をする研究がトレンドになる。その上で、集団に対して影響を与えている環境要因にも注目が集まっていきました。

どんな教室だと集団心理がネガティブになるのか。どんな環境だと集団心理がヘルシーになるのか。そのような研究の流れを踏まえて一言でまとめると、「何が不機嫌な教室とご機嫌な教室とを分ける要因なのか」となるわけです。

川上　その辺りが、私が『教室マルトリートメント』を書くきっかけになった部分でもあります。教室環境や学校システムの問題はとても大きく関わっています。そして私たち教師は、指導という名の下に、子どもたちへのリスペクトに欠けた関わりをしても許されると思い込んでいる立場でもあると思います。当然ながら許されているわけではないのですが、あたかも私たち教師側が常に正しいかのごとくふるまえる環境があります。そのことが不機嫌な教室をつくる危険性があるという自覚をもっていないと、子どもたちにとって学校そのものが本当に無理して通うしんどい場になっていくと感じてきました。

荻上　そうでしょうね。攻撃研究の中では、人には、ストレスの対象に対して攻撃できない事態というのがあるんですよ。例えば、人を殺した理由に、「太陽がまぶしかったから」みたいな説明をすることは、理不尽さの象徴のように例示されます。しかし、攻撃研究を参照すれば、理不尽というわけでもないことが分かります。太陽がまぶしいということは、要は環境によってストレスを味わっていたということです。しかし、我々は太陽そのものに復讐はできない。

そんなとき、どうするか。ストレスを与えてきた「挑発の源泉」ではない別の対象に、攻撃を「置き換える」のです。例えばゲームで負けてイライラしたのを、身近なぬいぐるみを殴ることで発散するとかですね。

学校の先生などの大人が、子どもに対して、「**置き換えられた攻撃**」（displaced aggression）を行うこともあります。子どもは自由にコントロールしていいのだという発想があり、逆襲してこないだろうという予期があるときに、理不尽な攻撃をしたりする。そこまで行かなくても、普段の1・5倍〜2倍ぐらいの声の張り具合で叱る、みたいなことって、起きてしまうことだと思うんです。

攻撃をエスカレートさせるもう一つの要因に、「相手からの反撃が予期されないこと」というのがあります。だからこそ、みんなクッションやサンドバッグなどは力いっぱい殴れるけれど、顔が見える相手に対しては力いっぱい殴ることに遠慮をする。それは同情とか共感とかいうこともありますけれども、「反撃可能性」という要因もあるからです。また、「介入可能性」もまた、攻撃行動に影響を与えます。何か暴力的な行動をとったときに、第三者が介入してくると予測するかどうかなどですね。イライラして町のゴミ箱を蹴っ飛ばすような人も、交番の前ではそのような行動を控えるかもしれません。同様に、子どもへの攻撃は、誰かにたしなめられるようなことなのだと教師間で合意されている学校風土であれば、攻撃頻度も変わるでしょう。

川上さんの言葉で言えば、子どもへの「リスペクトが欠けてしまっている」ことによって、逸脱指導や理不尽指導などが行われてしまう。それに対して、子どもへのリスペクトを内面でもつことだけでなく、「リスペクトの欠けた行為には介入される」という予期もまた重要なことなのだと思います。

川上　「不機嫌な教室」の不機嫌因子に関して、それを取り除くにはどうしたらいいかということで、いくつか荻上さんの著書から抜粋をしてみました【図3-16】。まず、学校に過剰なルールが存在すること、「学校で起きたトラブルは学校内で対処する」という習わしが、子どものストレス発散を妨げている、そんな表現がありました。

さらに、不機嫌な教室はどんどん怪物化していって、理不尽な秩序が正義だと誤認されていく。例えば、いじめの被害者が「自分が悪かった」と謝ったら許してもらえる、ということも例として挙げられていましたよね。この辺りも少し詳しく聞かせていただけるとうれしいです。

荻上　そうですね。みなさん、多分人生で一回くらいは「丸く収めるために謝った」っていう経験があると思うんです。明らかに理不尽なんだけれど、謝れば場がもつからということで謝った。めっちゃ悔しい思いをするんだけど、同時に何かしらの安堵感も覚えてしまう。その安堵感というのは、攻撃を回避できる可能性への安堵だけではなく、あたかも「悪い自分を許してもらった」みたいな感情との錯覚でもあります。論理的な正しさとは別に、コンフリクトが解消されることで〈群れ〉に再加入できることへの喜びが勝ってしまうんですね。

不機嫌な人って、他人をコントロールする力がある。不機嫌な人を目の前にすると、機嫌を取らなきゃいけないのかな、みたいな「配慮側」へと位置付けられてしまう。明らかに理不尽でも、「従ってみせる」「気遣ってみせる」みたいなことが起きてしまうんですよね。

教室の中に理不尽なルールがはびこっていたとしても、それに従いさえすれば衝突が生まれないようになる。つまり表面上、衝突が発生しにくくなる。ハレーションを起こして、一個一個声を上げて、改善を要求するのは、面倒だし大変です。だから、「まあ1年くらいしかいない教室だし、やり過ごそうか」というように、不適切なルールというものが温存される。

それは、多くの人にとっての不機嫌因子になりますし、いじめなどのさまざまな問題につながりやすい。でもそのような誤ったルールですら、「守らなくてはならない」という同調圧力で相互監視されていくようなことがあります。

川上　学校現場で起きる「あるある」のような気がします。例えば「お互い、ごめんなさいって言いなさい」みたいな場面なども、それに近いですね。

荻上　握手でやめよう、みたいなやつですよね。あれ最悪ですよね。ダメです。

川上　誰の納得のためにそういうことをやらせているかって、「最終的に、先生が手を打ちました」みたいなことがやりたいんだろうなという気もします。

というのは、私が担任してきた子の中で、自閉スペクトラム症のエコラリア〔※オウム返し。自閉症児の特徴の一つ〕がある子がいて、あるとき、フラッシュバックが起きているで

● 学校に過剰なルールが存在するのはなぜか
→「学校で起きたトラブルは学校内で対処する」
という習わしが生み出す落とし穴

● 理不尽な指導はなぜ止められないのか

● 不機嫌な教室は「怪物化」し、理不尽な秩序が
「正義」だと誤認されていく

● クラスのまとまりや結束の固さは「諸《もろ》刃《は》の剣」

● 教室という環境そのものを見直すために必要なこととは

図3-16　教室の「不機嫌因子」を取り除くための観点
（荻上、2018、98-102頁を参考に作成）

あろう状況で、その子の口から「ごめんなさいって言いなさい！」っていう言葉が出てきたんです。それは、教師からかつてその子に向けられた言葉であろうことは想像に難くありませんでした。記憶に深く刻み込まれてしまっていて、苦しそうだなと感じましたし、「学校は一体何を教育するためにある場なんだろう」と、そのときに感じました。教室という環境そのものを見直すためにはどのようなものが必要になるでしょうか。

荻上　最初のほうで話した教師のふるまい方で言うと、**子どもにとって教師というのは「環境」の一つ**です。まずは教師自身が、ストレスを与える要因にならないことです。「よい先生」を目指す前に、「悪い先生」をやめましょうということですね。

客観的に判断してくれて、**えこひいきをしないこと**。あるいは信頼をもって話しかけることができて、**不機嫌ではないということ**。また、親しみをもって話すことができる人であって、**権威主義ではないということ**。こうしたような先生の「ふるまい」というものが、まずは必要になってくるかなと思います。

加えて、これまでいじめについてはさまざまなプログラムが開発されてきました。いろいろなプログラムがあるので、どれの何が効くのか、「メタ分析」というものも行われてきました。メタ分析というのは、複数の異なる調査実験で行われたデータをいったん再集計して、より多くのデータを同じ手法で分析し直し、その結果「結局どれが効いているのか」とか「どれが効かないのか」を把握する手段です。

今、効果的だと言われているいじめ対策のプログラムですと、ＫｉＶａと言われるフィンランドのプログラムや、ノルウェーの「オルヴェウスいじめ防止プログラム」〔※例えばダン・オルヴェウスほか著『オルヴェウス・いじめ防止プログラム』（現代人文社）参照〕です。あとはＳＥＬ（Social and Emotional Learning／社会性と情動の学習）などがあります。

こうしたプログラムのうち、どんなものが「いじめ対策」として効果があるのか。一つは、いじめのホットスポットに対する**スーパービジョンを行うこと**などが挙げられます。この意味は、見張るということよりは「見守る」という感覚で置き換えてくださると、通りがいいと思います。

先生の目が届かないところよりは、届くところのほうでいじめが減る。先ほどの休み時間の教室がいじめが起きやすいということを踏まえると、日本でいうなら「教室でのスーパービジョン」ということになると思います。

次に**「効果的な懲戒メソッド」**。要は、反省文を書かせる云々ではなくて、懲戒メソッドとしてアメリカ心理学会などが勧めている仕方というのが大体二つあります。一つが特権の停止。もう一つはタイムアウト法と言われるものです。

「特権の停止」というのは、例えば、携帯を与えている子どもに対して、それをいったん使うことを禁じる。あるいは、普段だったら門限8時の子どもを、「明日から1週間、門限6時な」みたいな。こういったものって、アメリカのドラマなどで最近見ると思うんですけれど、これは懲罰を与えているというよりは、与えられているポジティブな要素というものを「いったん停止させてもらうね」という仕方なので、人権侵害にまでは至らない範囲だけれども、「ノー」とは言っている。そのメッセージは伝わる、ということになるわけです。

「タイムアウト法」というのは、例えば、保護者が子どもを叱るときに、保護者が怒っているんだということを伝えるために、「10分間自分の部屋に行ってなさい。ただしドアを開けていなさい。10分後にまた話そう」って言って10分後に会話をする。それでまた埒《らち》が明かなかったら「10分タイムアウトしよう」と言ってまた話す。そうやって時間を取っている間に、それぞれが考える時間をもつ。それはある種の気まずさであると同時に、「自分との向き合い」にもなるわけです。

学校で、このタイムアウト法をやると想定すると、例えば別教室指導であるとか、あるいは休み時間などを使って先生と話す時間とそうじゃない時間を設ける。スクールカウンセリングの時間を設けることなどが考えられます。いろいろな仕方で「集団からちょっと離れる」。けれども、それはペナルティーではない。

あとは、**スクールカンファレンスや両親への情報提供、クラスマネジメント**といったものがいじめの抑制要因として効くというふうに言われています。どれぐらい効くのかというと、これを実行しないときと比べて実行したときが2割ほどいじめが減る。それくらいです。

逆に言えば、これだけやってもそれくらいしか効きません。いじめ対策に特効薬はない。使えるものを一個ずつやっていくことが重要です。**せめて先生は、ストレッサーにならない。せめて先生は、まずシェルターになる。**そういったようなところから始めていくというのが、とても重要かなと思います。

川上 お話をうかがいながら感じたのは、日本の学校はもっと深刻な状況で、個人個人の認知コーピングや行動コーピングが認められない中で、さらに懲罰的な対応が行われたらもう行き場もない。逃げるどころか居場所もない、ということですよね。「特権を取り上げる」と言われても、もう既に子どもたちは取り上げられている環境になってしまっているということですからね。

荻上 そうですね。特権以前に、基本的権利すらない。

【Q&A】ハームフルな教師／ハームレスな教師

川上 ご参加のみなさまから、ご質問も結構きています。少しずつ見ていきましょう。まずは、「**荻上さんのご講演は、教育現場の管理職にされていますか？**」。

荻上 はい、しています。コロナ禍で少し減りましたが、大体は教職員組合や各自治体の研修会、校長研修会みたいなものを行う場面が多いです。あとは、学校の先生方は本当に忙しいので、土日などに自主的にこられるような先生方向けの講演会に出ることはありますが、学校の先生に対して一気に、っていうのはやはりちょっとできないですよね。

川上　今日こうして参加していらっしゃる方は、おそらく志が高く、『教室マルトリートメント』を読んでくださった上で共感していらっしゃる方が多いように思います。その一方で、仲間が少なくて苦しんでいらっしゃるという背景もありそうです。きっと今回の対談企画や荻上さんのお話に大きな期待を寄せてくださっているのではないでしょうか。

荻上　私個人は、先生方に対してサバティカルを与えてほしいと思っています。サバティカルというのは研究休暇のことです。3か月でも半年でもいいんですけれど、しっかりとお金を出すので、その期間で大学などに行ったり、ほかの現場に行ったりして、例えばいじめに関する研修など、研修期間にするというようなインプットの時間がほしいですよね。

川上　本当にそうですよね。ケアやサポートに関して、なぜ実行可能な現場とそうでない現場があるのか、要はそういった土壌がもともとあるのか、大学等で教わるのか……。

「学校という場では、なぜそこ〔※ケアやサポートに対する認識〕が薄いのか？」というコメントもありますけれど、これはどうですかね。

荻上　それについてはまず二つあると思います。一つは先生のマンパワーの問題。もう一つは、「合理的配慮」を前提とするかどうかだと思います。個々人に対してアプローチするのであって集団の秩序を重んじるのではない、という発想の違いがあるとは思います。

川上　ありがとうございます。ご質問の中で、**「学校ができること、具体的にどうすればよいのかを示してほしい」**。それから、小学校の通常の学級の担任の先生から**「担任一人では、支援が必要な子をサポートし切れない。担任一人でもできることを知りたい」**というコメントが寄せられています。

荻上　まず、いじめ防止対策推進法では、学校でやらなくてはいけないことがいくつか定められています。いじめという観点から言うと、いじめ対策の年間行動計画のような基本的な方針を立ててウェブサイトなどで公表することになっています。また、いじめに対しては常駐のいじめ対策チームというものをつくり、いじめ対策の計画を実行していくということになっています。

そして、いじめなどの情報は担任一人が抱えるのではなくて、必ず学校間、場合によっては自治体と共有するということが義務付けられています。こうしたルールは、ない状況よりあったほうがベターなので、その意味では学校がすべきことをしっかりできているかどうかの点検をするというのが今できる一歩なのかなと思います。

チャット上のコメント

- 今のサバティカルのお話は、大賛成です。
- 教師がインプットする期間、大切だと思います。それによってさまざまに考えたり、自身を振り返ったりすることにつながると思います。

そして次に、担任の先生ができることについてですが、これは実にたくさんあるとは思うんですけれども、繰り返し強調したいのは、子どもにとって有害な先生にならないことです。今日のテーマで言うなら、教室マルトリートメントなどを積極的に行うような教師像からは距離を取ること。そのような教師像にならないこと。つまり、「理想の先生になるぞ！」と目指すと大変なんですけれども、**「よくない先生にはなっていない」、それだけでまずは及第点**として、悪しき像から距離を取るということが重要だと思います。

怒鳴らないとか、子どもの話を聞かないなんてことをしないとか、えこひいきをしない。分かりづらい話をしない。分かりやすく授業をする。授業についていけないことを個別の子どもの能力のせいにするのではなく「いろんなケアの不足があるのかもしれない」といった発想をもてるような先生になる。

つまり、ハームレス（harmless）な先生なのか、ハームフル（harmful）な先生なのか。「有毒性」がないヘルシーな先生になってほしいなと思います。今日のテーマで言えば、**心理的安全を提供する前に、子どもの心理的危機に気付いてほしいし、自分たちが心理的危機をもたらさない側でいてほしい**と思います。

川上　いきなり魅力的なすばらしい教室が出来上がるわけじゃなくて、**まずはしんどさが少なくなっていくようなことから始めよう**ということですね。

荻上　そうですね。

川上　ありがとうございます。つづいて中学校の先生からです。「**集団指導的な学級経営が限界にきていて、さらに個別最適化の重要性も叫ばれていて、まして教師の増員も期待できないという状態。現場としてはどうしていいのか策がない状態なんですが、とにかく私たちがすぐできる一手はないか**」ということで、これについては私、ちょうど、荻上さんのご著書の中から、「これだー！」と、思ったところがありましたので、内容を少し補いながらスライドでご紹介しましょう**〔図3-17〕**。

子どもたちにとって納得のできる指導をすることで「ご機嫌な教室」へ、という話です。このことはとにかく私たちが常に目指していかなければならないことですし、明日からできるのではないかと思いました。

まず、先ほど荻上さんがおっしゃったように、分かりやすい授業をする。『教室マルトリートメント』では、例えば「この『毒語』を言っちゃいけないよね」といったところに焦点が当たりがちなんですけれど、実は**授業づくりこそが解決のカギ**なんだ、ということを本書からのメッセージとして強く打ち出しています〔※同書の第5章を参照〕。

今の子どもたちは「人とつながる」実感が弱く、その時間も少ない。つまり、コミュニケーションを期待している子たちと言えます。さらには、自分たちでいろいろと決めたいと感じている。そこで、子ども自身がコントロールできる部分を授業の中でもっと増やしていくことが重要なカギになると考えています。教師は、授業の中でコミュニケーション、特に、子どもたち同士をつないでいくためのファシリテーション力を発揮することが重要です。さらに、子どもが自分で選択できる場面を随所に用意すること。例えば、今日のオンラインセミナーでは、投票機能を使ったり、みなさんでチャットを使ったりしましたが、そのように自分たちがアウトプットできる時間というのをつくることが授業づくりの一つのきっかけになるといいなと思っています。

二つめが、子どもの話をよく聞く。これは荻上さんのご著書の中にも、子どもの話をいっぱい聞いてくれる先生がそこにいるだけで、かなりの率のいじめが減らせるのではないかというようなご提案がありました（『いじめを生む教室』104頁）。さらに多様性を尊重し、異質なものは異質なままでいい、と受け入れることができる雰囲気をつくっていくこと。自由度を尊重すること。子どもたちの自尊心を高めていくこと。ルールを適切に共有していくこと。先ほど、荻上さんが「ハームレス」という言葉を使われましたが、教師がストレッサーにならないようにして、さらには、取り除く側に回れること。

最後に**積極的な「フレームはずし」で認識を変える**。ここは、少し荻上さんに補足をしていただきたいのですが、いかがでしょうか。

荻上　「フレームはずし」というのは枠組みをはずす、ということなんですけれど、これは、「ラベリング」の議論などでもよく使われる言葉です〔※「フレーム」とは、アメリカの社会学者E・ゴフマンが用いた概念で、ある行為に対して社会的に与えられる解釈枠組みのこと。「ラベ

- わかりやすい授業をする
  ——実は「授業づくり」が解決のカギ

- 子どもの話をよく聞く

- 多様性を尊重し、異質なものを異質なままで
  受け入れることができる雰囲気をつくる

- 自由度を尊重する

- 客観的で、信頼される教師としてふるまう
  懲罰的で威圧的なふるまいをしない

- ルールを適切に共有していく

- 教師がストレッサーにならず、取り除く側になる

- 積極的な「フレームはずし」で認識を変える

図3-17　納得のできる指導で「ご機嫌な教室」へ
（荻上、2018、108-111、217-219頁を参考に作成）

リング」は、他者に対するネガティブなレッテル貼り行為などを指す」。

子どもたちがかけられがちな声かけの中には、否定的フレーミングを含むものがあります。単に「お前は太っている」といったラベリング、シェイミング（辱め）を行うだけでなく、「太っているのはおかしなことだ」「異性をこそ好きになるべきだ」といった、社会的価値付けを学習させる。そうしたものを、むしろはずしていく役割を、教師が積極的に行う、ということです。

例えば、好かれる先生像というものを誤解して、「子どもと同じ目線に立つ先生＝好かれる先生」だと思って、さらに飛躍して「子どもをイジれる先生」とか「子どもをからかえる先生」がいい先生なのだとする方が結構いるんです。でも、**からかいやイジりっていうのは、要はフレームづけと非常に密接に結びついている**。例えば、おかわりをよくする子に向かって、「今日も3杯目か、さすがだな」みたいなイジりが、いわゆる太っている人に対するイジりというものに加速を与えるのと同じように、そうしたフレームづくりに参加をする先生というのがいる。そこから距離を取って、そういったフレームを積極的にはずしていく。フェアに扱っていく。

社会における性的少数者や生活保護受給者などにおける差別意識が、そのまま教室空間で再生産されていないか。そういったことを意識しながら、子どもに接してほしいですね。「よく、テレビ番組で性的マイノリティーなどが否定的に描かれがちだけれども、実際には先生の友人にもね」とか「実際にはこういった講演会を昔聞いたことがあって……」とか「こんな本があって、この当事者はこういったキャラクターで」とか、そういうふうに子どもたちのフレームをはずしていく。間接的にでもそうした当事者の存在などを伝えたり、痛みの共感性というのを増したりさせていく。そういったことを先生方にはしていってほしいということです〔※「共感性」とは、「自分が相対している人が、自分と同じように傷つくことのある人間であり、相手がどのように感じるかということに思いをはせる力」のことで、それを育む上では単に、「道徳」や「優しさ」では不十分であって、他者理解のために必要なのは「知識」である。詳細は前掲書、125頁〕。

手続き的公正を確保する

川上　「フレーム」ということに関して言うと、私たち教師は、かなり認知バイアスにとらわれやすい職種だと思っています。自分たちがやっていることが、あたかも正しいことであるとか、社会から認められていることであるとか、そういう思い込みにとらわれやすいところがあります。

子どもの行動を捉えるときも、どうしても教師都合に偏りがちです〔図3-18〕。

例えば、自分の受けもつ学級に、授業をかき乱す子がいて、周囲は我慢を強いられていると嘆く教師がいます。その背景には、学級の中で「かき乱す子」たちが加害者で、まじめに授業を受けたい子たちが我慢を強いられている被害者なのだという、教師が陥りがちな世界観があるはずです。しかし、実際はどうでしょうか。

実は、教室でおとなしく静かにしている子たちのほうが、教師にお付き合いをしているだけで、静かに黙って聞いているふりだけをしている、いわゆる「過剰適応」と言われる状態になっている危険性が高いとも言えます。そういったことも含めて、教師自身も、子どもに対してかけているフレームがあるなら積極的にはずして、自分の授業を変えるきっかけにしていけるとよいのではと思いました。

荻上　そうですね。あとは「授業のおもしろさ」だけではなく、**「公正さ」のある先生であること**も大事です。例えば何か問題があったというときに、話を聞かずに叱る先生と、それぞれの話をじっくり聞いた上で結果的に叱るという先生。叱るという最終的な回答は同じだったとしても、そこに至るプロセスが違うということが起こります。

前者の場合ですと、よく、「手続き的公正」や「相互作用的公正」が確保されていない、と言われたりします。実際に当事者の言い分というものを聞くのか聞かないのかで、手続きが公正なのかどうかが変わるんですね。出た結果が不服であったとしても、つまり自分にとってマイナスであったとしても、手続き的な公正が確保されていれば、人はその結果を受け入れられるんです。

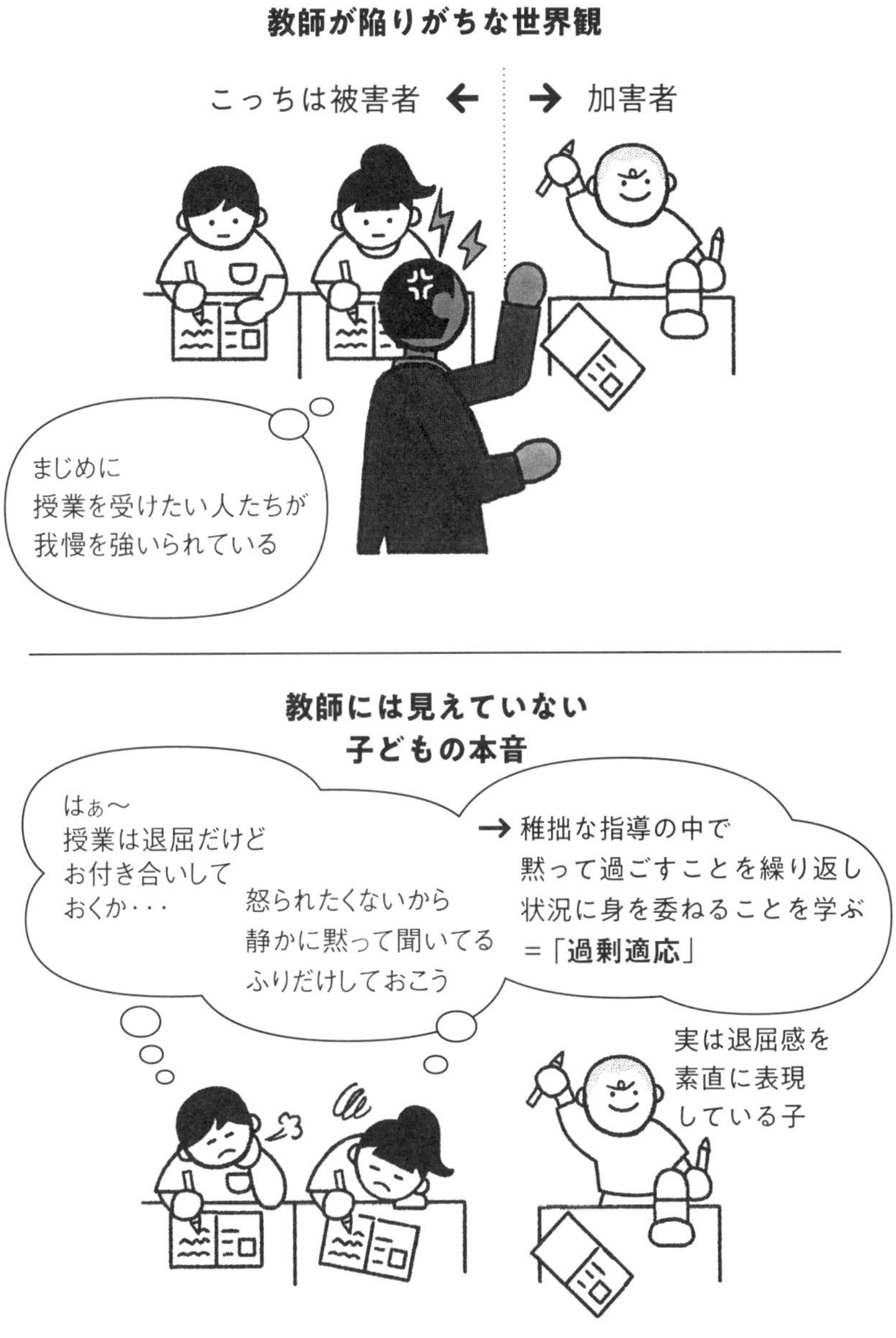

教師が陥りがちな世界観
こっちは被害者
加害者
まじめに
授業を受けたい人たちが
我慢を強いられている
教師には見えていない
子どもの本音
はぁ～
授業は退屈だけど
お付き合いして
おくか・・・
怒られたくないから
静かに黙って聞いてる
ふりだけしておこう
→稚拙な指導の中で
黙って過ごすことを繰り返し
状況に身を委ねることを学ぶ
=「**過剰適応**」
実は退屈感を
素直に表現
している子

図3-18　教師が陥りがちな世界観と子どもの本音

例えば選挙結果。自分が応援している政党が毎回負ける、みたいなことがあったとしましょう。だけれども、選挙システムそのものは議会制民主主義を信頼しているし、および投票行動そのものは、選挙監視なども行われており適切に管理されているので、どうやら不正投票とかはなさそうだと理解できる。となると、「結果は不服だが、でもこのシステムそのものの信頼性はあるし、結果は受け入れる。不服だけど受容する」ということが起き得るんですね。

子どもたちが先生に理不尽な叱られ方をして、その結果「納得しています、というふるまいをしないと面倒くさいから」という理由で表面上は従っているんだけれども、「この教室は不公正な場だ。この先生は不公正な先生だ。客観的ではない」と捉えていた場合、そんなシステムには本音では従わなくていいだろうという判断、ある種の「見抜き」が行われることになるわけです。つまり、表向きは従っているかのように見えるけれど、〝裏では従わなくていい〟となる。

そうすると、いじめが起きていてもいちいち先生に通報しないといったことが起きるんですね。なぜなら、それに対して先生が公正・客観的に対処できると期待できないからです。だから、わざわざ通報しない。

だからこそ教師は、「いや、公正にちゃんとやっていますよ」ということを、手続き上も子どもに見せる。そして**具体的なフィードバックとリスペクトをもって、子どもとの相互**

作用を働かせていく。これらのことがとても重要だと思います。

川上　それは、「教師―子ども」間の関係性だけでなく、「管理職層―教師」間の関係性にも当てはまりますね。相互作用のある公正な手続きになっていないと感じれば、教師もまた「フェアではない」と感じます。そして、そのことを子どもたちに向けて「不満があってもそういうものだから我慢しなさい」という理由づけにしてしまうところがありそうです。

荻上　「決まりだから」の一言で話すら聞いてくれないとか、検討すらしてくれないということは、不公正感覚を高めます。そして子どもには「ここでは無力だな」「自分にはコントロールする権利がないんだな」という感覚も与えますよね。

川上　まさにそのとおりです。私たち教師自身が「もう仕方がないから」というあきらめの感情に包まれています。先ほど、荻上さんが「無力」とおっしゃった、その一言に尽きると思います。私自身は、そういった状況を受け入れながらも、それでも子どもたちに向き合うときには「防波堤」となって、笑顔で納得のできる指導を進めていかなきゃいけないんだという気持ちで、『教室マルトリートメント』の最終章をまとめました。でも、それではやっぱり最終的な答えにはなっていないんじゃないかとも思っています。「教職をずっと続けていきたい」と思えるような期待につなげるには、まだまだ考えなければならないことがありそうです。

学校を小さな民主主義に

荻上　私はよく「学校は小さな民主主義になるべきだ」と言います。逆に言えば、今の学校は小さな専制主義になっている。どういうことか。

例えば、学校側の校則をどう変えられるのか。「校則改変要件」というのが校則そのものに盛り込まれていません。憲法をどう変えればいいのかということも法律をどう変えればいいかということも、憲法などに明記されているにもかかわらず、学校の校則は、「じゃあ、どうやったら変えられるんですか」というのが記されていないですよね。

つまりそれは、子どもたちからすると、学校は子ども主権ではなくて校長主権や先生主権であるということです。**「子どもが主役」と言いながら、子どもに統制権が与えられていません。**社会というのは、権力者に従う場所なんだということを学んでしまいます。ただし、表面上は民主主義社会ということになっている。

小さな民主主義を小さな仕方でちょっとずつ実行していこう、ということはできるわけですよね。ちょっとした合間の時間でのディスカッションを大事にしようとか、互いにいろいろな話を聞き取り合い、伝えてみるという場を設けようであるとか。そうしたようなことを教室風土として埋め込むということは可能なので、まずは小さな一歩からかな、とは思いますね。

川上 そうですね。特に今、荻上さんがおっしゃった「校則に改変要件を入れる」というのは割と早くできそうな気がします。

荻上 そうですね。例えば、「生徒総会の過半数の同意をもって変える」などの要件になりますよね。

民主主義のもう一つのポイントは**「権力の分散」**です。典型的なのは、三権分立ですね。立法は、子どもに委ねましょう。行政は先生がやりましょう。司法に関しては保護者会や周囲の監視でやりましょう、というふうに、校則権力を分散する。そうすると、「どのようなルールであるべきなのか」という立法は生徒総会で決め、それが適切に守られているかどうかというのは先生方が行う。でも、その先生方の介入が理不尽な仕方や不当な仕方であったなら保護者会などで、「その先生のあり方は、ちょっと違うと思います」みたいなフィードバックがある。本当は、学校管理については校則という手段である必要はないので、そもそも校則自体が不要だと考えるのですが、マイルドな改変をしたい人向けには、そ

チャット上のコメント

- 「民主主義が何なのか」から理解できていない人も多いと思います。単に「多数決で物事を決めること」だと思っている人も多いです。
- 校則を改変させたくないから改変要件を入れようとしない学校も多いでしょうね……。

う伝えています。

川上　なるほど、ありがとうございます。

笑顔の子どもたちと出会うために

川上　ご参加の方からこんなコメントもいただきました。「貴重なお話ありがとうございました。むちで支配する教師、質の悪い教師、自分のことだなと感じながら聞いていました」……すごく誠実な受け止めをしてくださったんだと思います。「今日の講演をきっかけに、子どもたちが明日も通いたいと思う教室になれるよう努力していきます。今日のお話で私たちが気が付けることや心構えをたくさん教えていただきました。もしよろしければ、私たち学校現場でやってきたことの中で、今後も続けていくとよいことや心構えについてもお話しいただけないでしょうか。今後の励みにしていきたいと思っております」いかがでしょうか。

荻上　「やってきたこと」というのは、各学校によって違うと思うのでなかなか難しいところですが……。私としてはまず、この10年間学校の校則が厳しくなっていますので、それはやめたほうがいいと思います〔※詳しくは、荻上チキ・内田良著『ブラック校則』（東洋館出版社）を参照。統計データや苦しむ子ども・保護者の声のほか、司法・貧困・トランスジェンダーなどの多様な論点を提案し、解決策を探る。なお、黒人差別を避ける観点から、荻上氏は「ブラック校則」という呼称は現在は使用していない）。

一方で、**評価から自由である時間の確保**は、進めてほしいなと思います。部活動ですら、学校からの評価の対象ですから、それ以外の「余白」が必要です。

子どもたちが評価されないレクリエーションの時間もさることながら、「何が楽しいかはそれぞれが決める」ので、校則でコーピングを規制しないでほしい。それが一点です。

これは個人的なエピソードなんですが、僕は高校のとき、読書が好きだったんです。ただ、学校の教科書って、それこそ一日もあれば読めてしまうじゃないですか。そうすると、現代文の授業とか、時間を持て余してしまうんですね。なので、授業中、小説とかを持ち込んでずっと読んでいたんです。

現代文の先生は、それを見逃し続けてくれていたんですよね。現代文だけは成績が悪くなかったのもあってか、「授業中、活字なら読んでいい」という暗黙のルールを設けてくれて。時折、「今は何読んでるの？」とか聞いてくれるんです

チャット上のコメント

- 学校は評価ありきで、できていますね。
- 新たな視点をいただきました。
あと数日の夏休みに、子どもたちとの9月の出会いのための楽しい作戦を考えたいと思います。

が、それが当て擦《こす》りとかでもなんでもなく、純粋な興味であることも伝わる聞き方で。そんな「余白の時間」がたくさんあった高校は、とても過ごしやすいなと感じていました。

　学校ストレスを減らす工夫をすること。その上で、何がその手段として適切かは、子ども自身にも裁量権を与えること。これが、学校ストレスを減らす上では重要かなと思います。

川上　本当ですね。学校は、本来予測不能なことが起き得る場ですし、子どもたちは私たちの想像を超えてくる。もちろんそれはアクシデントも含めてですが、それを楽しみにできる人が本当は教師に向いているんだと思うんです。でもそれが、「事前にこういう心配があるからこれは禁止しておこう」「これはやめておこう」と、いろんなものがしがらみのように出来上がっているような気がします。何か一つ、私たちなりに子どもたちの成長をとにかく楽しめるということが、学校の一番の魅力なのではないかと、あらためて感じました。それを縛り付けている要因を私たち自身がつくってしまっているということに早く気が付かないといけない。**もう遅すぎたかもしれないけれど「今からでも」**、という気持ちをすごく強くもちました。荻上さん、ありがとうございました。

今日は2時間があっという間でしたし、参加していらっしゃる方々は、ここでつながりをもちたい方が多かったと思うんです。「自分が考えていることは決して間違ってなかったんだ」という気持ちももちたいんじゃないかというふうに思っています。荻上さんからの一言一言が、心の中に刻み込まれたのではないでしょうか。みなさま、ご多忙な中イベントに参加していただきまして、ありがとうございました。荻上さん、ご参加のみなさまに一言いただいてよろしいでしょうか。

荻上　ありがとうございました。先生方というのは、いろいろな制限の中で頑張らざるを得ないような状況ではあるんですけれども……。

私は、人がバーンアウト〔※燃え尽き症候群。それまで熱心に仕事をしていた人が、突然やる気を失ってしまう症状〕するのはどういった環境なのか、ということも調査したりしているのですが、その視点から言えば、子どもたちのことを想うのも大事なんですが、何よりも一番は、**自分の心の健康を大事にしてください**。

心の健康が確保されないと、今度は他人の心の健康を害しようとしてしまうことが起きます。依存だったりコントロールだったりをしてしまう。つまり、自分の健康が確保できないと他者に対する危害になるということもある。ですのでまずは、自分がより楽に、健康的に、そして喜ばしい関わり方をできる状況というのはどういったものなのか。そこをぜひ見つめていけるような、今日がそんなきっかけにもなってほしいなと思います。

川上　私たちが一つ一つできることをしっかりやっていくということと、まずは自分の心の健康を大事に、というメッセージをいただきましたので、実現していきたいと思います。

今日は貴重なお時間をいただき、本当にありがとうございました。

２０２２年8月27日開催

図版における引用・参考文献

・赤坂真二「【11月荒れ】荒れの原因ともっとも有力な初期対応」『小五教育技術』小学館、2018年11月号（現在は下記から閲覧可能。https://kyoiku.sho.jp/27077/）
・大津市「いじめについてのアンケート調査（令和3年8月・9月）結果概要」〔行動計画の進捗状況〕参考資料、2021年 https://www.city.otsu.lg.jp/material/files/group/129/2022062806.pdf
・荻上チキ『いじめを生む教室：子どもを守るために知っておきたいデータと知識』PHP新書、2018年
・荻上チキ・増田史作成、伊藤絵美・松本俊彦監修『心理的危機対応プラン「PCOP」Psychological Crisis Coping Plan 日本語版リーフレット』2022年
・竹川郁雄「いじめられた場所はどこか」森田洋司ほか編著『日本のいじめ：予防・対応に生かすデータ集』金子書房、1999年、42-45頁
・文部科学省「令和2年度 児童生徒の問題行動・不登校等生徒指導上の諸課題に関する調査結果について」2021年10月13日 https://www.mext.go.jp/content/20211007-mxt_jidou01-100002753_1.pdf

参加者のみなさまからの声

○学校への登校スモールステップという期間をもちたいと思いました。教師も、はじめから全力モードでは、周りが見えません。学校の生活や、流れを、思い出してなじませていく時間を確保したいと思います。

○川上先生のお話を聞かせてもらい、自分自身のこれまでの実践を振り返ると全てアウトな言動ばかり思い出され、落ち込むことが多いです。これまでそのような言動で子どもや保護者とぶつかり失敗をたくさんしてきました。子どもたちをたくさん傷つけてしまってきたと思っています。私はそこで人権教育に出会い、たくさんの実践から学び変わることができたと思っていましたが、今回のセミナーを聞いて、まだまだできていないところがあると反省しています。「明日も学校に行きたい！」と思える学校づくりのために、生徒と先生、保護者・地域とつながりを大切に明日からも頑張っていきます。

○とてもよかったです。納得、そのとおりと思うことばかりでした。学校に行きたくないと思うことも多いのですが、どうしてそんな気持ちになるのか、セミナーに参加して、私たちを取り巻くさまざまな要因があり、自分だけの問題ではないということもあらためて分かり、だから前に進めます。最後のチキさんの「自分の心の健康を大切に」しながら、微力だけど、子どもも同僚（支援員の先生）も行きたくなるようにしたいなと思えました。

○お二人のお話がとても穏やかでありながら、現場のどうしても変わらない澱にスポットを当て、すくい上げてくださっているように感じました。私たちはこれまでも、変えようにも変えてこられなかったものと向き合い、未来のために〝今〟を変えていかなければいけないとあらためて感じています。慣習化された負の引力に流されず、こうして新しい出会いを大切に、常に人権のアンテナをはり、学び続けていかなければいけないといったことを今日のお話をベースに身近な先生に広げていきます。なかなか変わらない状況に無力感を感じる毎日ですが、このセミナーでエンパワーメントされました。

○川上先生がお話しされる実態に対して、荻上チキさんが、あり方や考え方を丁寧にお話しくださりとても勉強になりました。小学校に比べ、こども園等は、基本が「遊び」であり自由度が高いのに対して小学校は、規律がしっかりあることが大きな違いであり、それに対応する子どもたちは、ものすごく頑張っているのだなぁとあらためて感じました。

大人も子どもも遊びのあること、余裕があることがすごく大切だと考えました。

○理想的な教師になれなくとも、有害な教師にならないように、というように、チキさんが伝えてくださることは、まず一歩踏み出してみようという勇気につながるなと思いました。

○教師間の人間関係、教師自身が民主主義が実現できる場にいないということが根本的な問題だと思った。

○子どもにはルールを変える権利がない以上、学校は専制主義なのだとはっきり認識できました。空気や忖度がはびこる学校は、民主主義を誤認する構造をしているのだと分かりました。

○荻上さんのお話を初めてお聞きしました。保護者としての立場からも学校に対してきっともっと思うことがあると思うのに、学校の現実をよく分かってくださって極めて客観的に語ってくださっていたこと、学校が変わることを応援してくれる一人としてのお話だと受け止めました。途中、こども園との比較のところで通常学級に勤めている教師として申し訳ない気持ちがしました。ケア・サポート・トリートメント不足の指摘、キツイけれどおっしゃるとおりだなと思いました。職員室を支える、担任の後方支援やケアができるよう、心がけていきます。

○まずは子どもたちの居場所の確保、「学校は楽しいと思える雰囲気づくり」を心がけていきたい、考えていこうと思いました。①学校に行くと先生に褒められる。②授業は楽しい。③私の心の健康、この三つを頑張ります。

○学校現場でよくあること、耳にすることと、経験しているお話ばかりでした。教師間の価値観や考え方の違いがあり、子どもたちに関わる先生によって捉え方が違い、担任の負担になる毎日です。学力テストや競争、評価の場などに伴うプレッシャーが、直接子どもたちに接する教師や子どもたちの大きな負担だとも感じています。そして、あまりにもやることが多い毎日に、自分自身も疲れ切っているのが現状です。もっと、子どもたちと笑い、ゆとりをもって働きたいと願いながら、自分なりに、その方法を考え、実行してみたいと強く思いました。

○さまざまな話に対してお二人が丁寧にお話しされてとても参考になりました。最後にチキさんが、教師自身が自分の身体（こと）を大事にすることが大切だとお話しされていて、ぐっときました。

一度、本当に仕事が大変で辞めざるを得なかった経験があります。また昨年は、かなり大変な環境の中で仕事をし、病気が発覚して手術。現在は経過観察中ですが、元気です。

結局のところ、「大変だね」とは言われますが、自分の身は自分で守らなければ誰かが何かをしてくれるわけではないことを、身をもって実感しています。周りの方々と自分が心地よい状態で働くことができるように、理不尽さを飲み込まずに、言うべきことは伝えながらアサーティブな関係をつくれるようにすることが、大人も子どもも大切だと感じます。

私は、いまだに言葉を飲み込んでしまうこともありますが、切り換えのためのいろいろな方法を増やしている最中です。お二人のお話をうかがい「このままでいいんだ」ということが分かり心強かったです。いろいろありますが、9月からまた子どもたちのために自分ができることをやっていきます。

対談を終えて
［荻上チキ］

「いじめマルトリートメント」への理解を

「マルトリートメント」（不適切な関わり）という言葉は、「体罰」「虐待」「ネグレクト」「DV」「ハラスメント」「マイクロアグレッション」よりも、さらに包括的な言葉となっています。そのため、これまで個別に議論されてきた「有害な関わり」「ストレスフルな関係」について、より広く整理することを可能にしてくれます。

対談を受け、本稿ではひとまず、いじめ対応に関わる不適切な対応群を、「いじめマルトリートメント」という言葉でまとめ直し、整理していきたいと思います。

これまで私は、著作などで「不機嫌な教室」という言葉を用いて議論してきました。いじめは単に、いじめっ子の悪い心が生み出すものではありません。個々人の特性や発達段階のほか、いじめ行為を発生させがちな環境要因が深く関わっています。そうした要因が放置されている教室を、不機嫌な教室と呼んでいます。

不機嫌な教室を助長／放置するような「いじめマルトリートメント」には、どのようなものがあるのか。マルトリートメントについてはさまざまな分類が行われていますが、おおむね**「不適切な関与」**（すること）と**「不適切な非関与」**（すべきことをしないこと）とに分けられるでしょう。

どの段階でマルトリートメントが行われるのか。いじめ対策は、予防、発見、介入、事後対応の段階に分けられます。まずはそれぞれの段階ごとに見てみましょう。

予防時のマルトリートメント

いじめについては、「発生しにくい環境」をつくることが重要です。いじめを許さないと明言した上で、いじめ対策プロセスをあらかじめ説明すること。そのことを通じて、「いじめ抑制規範」を意識的につくること。子どもにとって分かりやすい授業をし、信頼できる客観的な教師であろうと努めること。いじめの96％は大人のいないところで起きる（Pepler and Craig, 1995）というデータから、スーパービジョン（見守り）を徹底すること。

効果的ないじめ防止プログラムを導入すること。傍観者が多いといじめが助長されることから、さまざまな援助方略の見本を子どもに示すこと。教室を「逃れられない檻」（森田洋司『いじめとは何か』）にするのではなく、子どもたちの自由を奪わず、統制感覚（自分で選べるという感覚）を確保すること。これらを「しない」こと自体が、非関与的なマルトリートメントにもなり得ます。

一方で不適切な関与（すること）としては、否定的なあだ名で呼んだり、人前で叱咤したり、ストレスフルな指導を繰り返したり、分かりづらい授業をしたりするといったようなことが挙げられるでしょう。こうしたことがストレッサーになるだけでなく、「この教室の秩序に従う必要はないだろう」という、帰属意識の低下を招くことにもなるでしょう。怖くて、理不尽で、イライラしている先生にはならないでほしいと思います。

子どもたちが、「何をいじめと捉えるか」という認知もまた重要です。いじめの範囲を広く捉える子どもは、実際の攻撃行動の頻度が低いという研究もあります（下田、2018）。より幅広く、「いじめの範囲」を伝え続けていくことは、周囲の大人の役割であると言えるでしょう。

発見時のマルトリートメント

前提として、いじめを見つけないこと自体もまた、マルトリートメントであると考えられます。いじめを広く発見するためには、人権感覚を広くもった上で、当人たちが自覚していないようなケースであっても、「それもいじめである」と指摘できるような視点が求められます。

また、発見をするのは教師だけではありません。保護者はもちろん、子どもたちもまた、いじめの目撃者となり得ます。

いじめを発見した際、子どもたちが傍観者ではなく仲裁者、通報者、援護者などになれるかどうかは、教師のモデル的ふるまいや、大人たちによる方法論の提示、教師の受容態度への期待値などによって変わります。教師が自身で見過ごしてしまうことだけでなく、ます。

「子どもによる認知が教師への通報につながらない」こともまた、改善される必要があり

とりわけ、「暴力的いじめ」や「身体的いじめ」と言われるものと比べ、「コミュニケーション操作系いじめ」や「関係性いじめ」「言語的いじめ」といったものは、外形的な発見が難しくなります。そのため、その場面を見合わせた人の気付きから、解決のための介入につなげていく必要があります。特に、小学生に比べて中学生では、「暴力系」のいじめが減少する一方で、傍観者・非相談者の割合も多くなってしまいます。そうしたギャップを埋めることが欠かせません。

また、発見時のアセスメントにも、マルトリートメントがあります。「お前にも隙があったのではないか」「相手はふざけていたつもりなのではないか」といった二次加害が行われてしまえば、子どもは継続的に相談しようとは思わなくなるでしょう。また加害者に対しては、行為そのものについては注意しつつ、背景そのもののヒアリングは、丁寧に行われることが必要です。

介入時のマルトリートメント

いじめは何より、早期に介入することで、エスカレートさせないこと、いじめを中止させることが重要です。そのためには曖昧な瞬間的注意ではなく、子どもに「罪悪感」（自

分の行いに対する軽蔑的・反省的な感情）を抱いてもらった上で、いじめを中止し続けてもらうような関与が重要となります。

いじめ動機に着目すると、「懲らしめ」「異質性排除」「攻撃に対する享楽」「周囲の同調圧力」などが複合的に関わっています。その動機ごとに、説得の仕方も変わることがあり得ます。一方で、「握手で仲直り」のような表面的な対応は、問題を覆い隠すばかりです。子どもたちの面前での叱咤、体罰、連帯責任といった介入は多くの問題があります。攻撃行動の抑制とともに、「適切な関わり方の提示」を行うことなども重要となります。

事後対応のマルトリートメント

いじめ介入を一時的なものとして軽視したり、学校や保護者と共有しないこともまた問題となります。例えば教師との接触頻度が高い児童ほど、いじめ被害の程度が低いという研究があります（水野ほか、２０１７）。問題を発見した場合は、被害者児童に積極的に関わりつつ、いじめ加害を生むようなストレス要因の除去も必要ではないかという予防的な視点もまた、見直すことが必要でしょう。

またいじめ研究については、他者の精神的苦痛に対する共感性の重要さも指摘されています（大西、２０１５）。認知的共感性（他者のつらさを想像する）や情緒的共感性（他者と感情を共有し共鳴する）のため、「いじめ被害に遭うことのつらさ」を伝えつつ、いじめ以外の関係性構築が可能であるとの訓練を重ねていくことが求められます。

このように各場面で、いじめマルトリートメントが存在することが分かります。知識やリソース不足の結果、適切な方略を用い得ない際に生まれてしまうことでもあります。だからこそ、**適切なトリートメントのための方法論を教師間で共有できるような、余力があり科学的でもある教育空間**にしていくことが必要です。私も各所で、そのような環境が当たり前になるよう、働きかけていこうと思います。

引用・参考文献

・Pepler, DJ., Craig, WM. "A peek behind the fence: Naturalistic observations of aggressive children with remote audiovisual recording". *Developmental Psychology*, 31, 1995

・大西彩子『いじめ加害者の心理学：学級でいじめが起こるメカニズムの研究』ナカニシヤ出版、2015年

・下田芳幸「中学生のいじめ認識傾向と攻撃行動との関連性」佐賀大学大学院学校教育学研究科研究紀要第2巻、21-28頁、2018年

・水野君平、加藤弘通、太田正義「小学生のスクールカースト、グループの所属、教師との接触といじめ被害の関連」『心理科学』第38巻第1号、63-73頁、2017年

・森田洋司『いじめとは何か：教室の問題、社会の問題』中公新書、2010年

第4章

教室マルトリートメントの処方箋

——対談を終えて

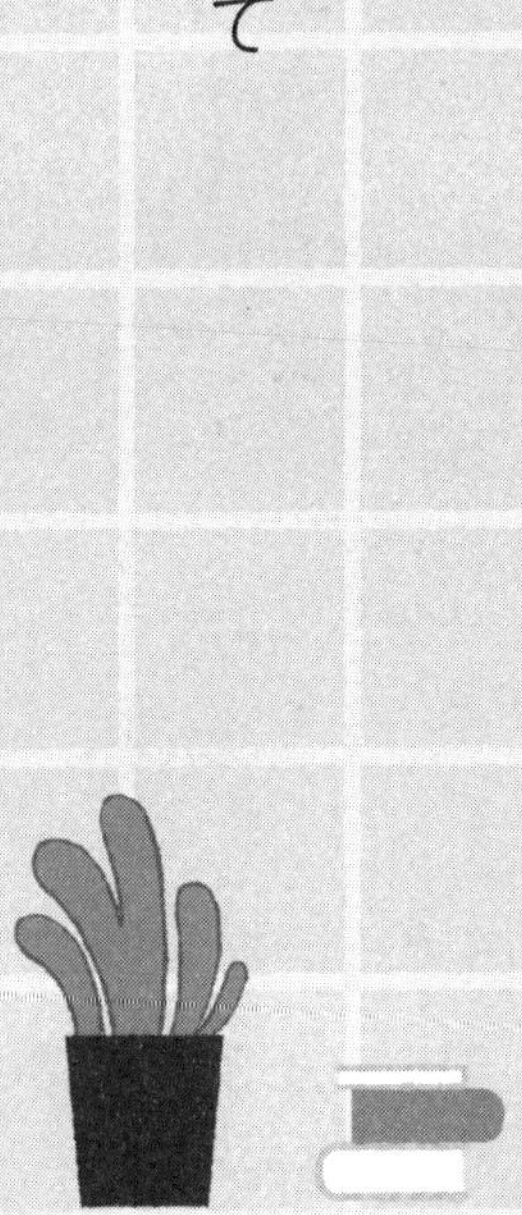

対談を終えて

拙著『教室マルトリートメント』の刊行記念オンラインセミナーを通じて、参加されたみなさんとともに、「どうすれば、学校現場におけるさまざまな不適切な関わりに歯止めをかけることができるのか」を考えることができました。

第1章で武田先生には、「社会的マルトリートメント」の概念を整理していただきました。国際社会と比較したとき、日本は、社会全体が子どもの権利についてあまりにも無頓着であり、子どもたちの育ちに大きな課題を積み残したままであるというご指摘もうかがいました。筆者は、教室という構造が種々の問題を生み出していることに注目してきましたが、武田先生はもっと広い視野をもって、子どもたちの育ちに関わる問題点に着目なさっていました。特に「ディスエンパワー（どうせ無理と思わせる）する大人になっていないか」という問いかけに対して、参加者からも自身の過去の言動を悔やむ声や、今後の行動や言葉を変えていこうというエネルギーを得たという感想が多く寄せられたのが印象的でした。

武田先生のお話をうかがっている間、筆者自身も「私も、自分を変えていける」と自身をエンパワーメントされていることに気付きました。エンパワーメントとは、社会や組織を構成する一人ひとりが本来もっている力を発揮し、自らの意思決定によって、自発的に行動できるようにすることを言います。武田先生から語られる言葉の一つ一つに、受け手の変化を促すエネルギーを感じました。

第2章の村中先生の語り口は、非常に丁寧で穏やかではありましたが、言葉の一つ一つが洗練されていて、その根底には強い信念が感じられました。こちらから「なぜ、上位者が下位者に対する指導において叱るという行為に陥りやすいのか」、そして「なぜ、ネガティブな関わりはなかなか止められないのか」といった質問を投げかけ、それらに一つ一つ答えていただく形をとったのですが、その間もお互いに、気付きや思考の深まりを感じられる瞬間がたくさんありました。

強く印象に残ったのが、人には「相手を処罰したい」という本来的な欲求が備わっているという言葉でした。だとすれば、指導する側に立つ者にはことさら、自らの立場や関わり方を俯瞰《ふかん》するメタ認知が求められることになります。教師という仕事は、教室における規範を「守るべき」立場にあり、そして、そのルールを恣意的につくり出せる立場でもあるからです。

そのような自覚がなければ、いとも簡単に「子どもにルールを守らせるのは正しい指導である」という考え方に陥ります。さらに「この子は、ルールを守らないのだから、叱られて当然なのだ」「私は教師であるのだから、社会から叱ることを許された存在なのだ」

という文脈までもが成り立ってしまうことになります。

村中先生のお話をうかがいながら、安全基地としての教師の役割を考えるのであれば、表面的な指導のテクニック論にとどまるのではなく、教室におけるその場、その瞬間の意思決定にどれだけ子どもたちが関与しているかが重要になると考えるに至りました。


第3章の荻上さんには、拙著『教室マルトリートメント』の帯に推薦文を寄せていただきました。そのご縁に感謝するところから対談は始まりましたが、実際の対談では、荻上さんの豊富な知見と具体的で明確な方法論が示され、そして今後の展望についても触れていただき、ただただ圧倒されるばかりでした。一つのよどみもなく繰り広げられるお話に、私だけでなく、その場に居合わせた参加者が「一言も逃すまい」という緊張感でいっぱいでした。この緊張感は、本書でもきっと読者のみなさんに伝わったのではないかと思います。

荻上さんが語られたエピソードの中で、幼児期の保育者の関わりと、小学校での教師の関わりが対比的に語られた部分があります。保育者の関わりが「ケア、サポート、トリートメント」を中心としていたのに対して、教師の関わりが「命令、叱咤、マルトリートメント」であったのを目の当たりにしたという部分です。これは「保育所と小学校の違い」としてではなく、集団の秩序をどのように形成するかということや逸脱的な行動への寛容度の高さにおいて、何故各現場で違いがあるのかという視点で語られていましたので、学校種での単純な比較はできません。しかし少なくとも、子どもたちにとって、どちらの関わり方が「安全基地」としての役割を果たしていたかは、もはや論じるまでもありません。

対談の中では、いわゆる高圧的な指導の背景に、教師のゆとりのなさがあることを荻上さんも看破していらっしゃいました。個々の教師の努力だけで改善することではなく、マンパワーの確保と、仕事の削減は喫緊の課題であることがあらためて示されました。

荻上さんのお話の中で非常に印象的だったのは、「ハームレス（harmless）な教師であることをまずは目指してほしい」とおっしゃった場面です。「ハームレス」は、害がないという意味合いの言葉です。「よい教師」「優秀な教師」「理想的な教師」といった教師像を目指そうとすると、どうしても、教室内の不具合を力で押さえ込もうとする指導スタイルに陥りやすくなります。そうした傾向を見据えた上で、「害をもたらさない教師でいることから始めよう」と逆説的に提案してくださったものなのではないでしょうか。

「指導者の窮屈さ」論を乗り越える

対談を経て、筆者の気持ちは、「教師が安全基地としての機能を果たせるようになるには、一体何が必要なのか」を掘り下げる方向へと大きくシフトしました。武田信子先生からうかがった**「社会全体で取り組むべき子どもたちへの温かなまなざし」**、村中直人先生からお聞きした「**叱ることの依存性や権力の構造**」、そして荻上チキさんから学んだ「**ストレスや害のない教師のふるまい**」など、筆者にとっては、全てが新たなステージへの誘いのように感じられました。

前作『教室マルトリートメント』は、いわば教室における「不幸の再生産の抑止」を目指すものでした。予防の方法や、改善のためのプランなども提示しましたが、それらはある意味では単なる羅列にすぎず、一貫性があるとまでは言えないものであったかもしれません。三つの対談を通して、あらためて本書『不適切な関わりを予防する　教室「安全基地」化計画』を、教室における「関わりの質の保証」を目指すものと位置付けて論を進めていきたいと思います。

日本では一般的に、マルトリートメントは養育や子育ての文脈において扱われてきました。その多くは、「しつけのつもりだった」「子どもの将来のことを思って」「人様に迷惑をかけないように」などの言葉で語られてきました。そのため、たびたび、「しつけなのか行きすぎなのかの線引きが難しい」といった議論も繰り広げられてきたような経緯もあります。

このことは裏を返せば、将来の社会の形成者となる子どもたちを育てるためには、多少のストレスを与えることになったとしてもそれは子育てや教育の一手法として許される行為であると解釈されてきたとも言えます。

このような背景があるため、学校現場におけるマルトリートメントという発想を取り上げることについてもいささかのためらいがありました。「こんなことを言われたら、指導ができなくなってしまう」という教師側の窮屈さにつながるかもしれないという思いがよぎったのです。

実際に、前作『教室マルトリートメント』が「話題の本」として新聞の書評やネットニュースで取り上げられるようになると、「自分自身の指導を振り返って反省している」といった感想を多数いただく一方で、匿名のSNSや書籍の紹介記事のコメント欄などには、「行きすぎた人権尊重」や「これでまた教師がナメられてもいいということになった」といったメッセージも寄せられました。

後者のようなコメントの背景には、「自分の教育的信念を否定された」とか「踏み込まれたくない部分について言及された」という傷つきにも似た気持ちもあったであろうことは想像に難くありません。しかし、ここでは、それらのコメントの発信者が「否定的な言葉が湧き起こりやすい心的状態にあること」に注目したいと考えています。なぜなら、そこに子どもへ不適切な関わりであるにもかかわらず、「私は正しい指導をしている」と捉え変えてしまう事情が潜んでいるからです。

「こんなことを言われたら余計に窮屈に感じてしまう」「あれもこれも不適切と言われかねない」といった**「窮屈さへの不安や心配」**は、一体どこから生まれてくるのでしょうか。

傷つき体験は怒りになる

「窮屈さへの不安や心配」は、教師自身の傷つき体験によって生じます。教師の傷つき体験とは、具体的には、次のようなものなどが挙げられるのではないでしょうか。

・人手不足や仕事量に伴う負担感
・思い描くイメージと実際との落差
・周囲とのコミュニケーションの乏しさ
・エンパワーメントされない組織風土

傷つき体験は、抑え切れない感情のはけぐちを求めます。そして、二次的感情としての「怒り」となって、子どもたちへの無自覚なマルトリートメントに至ります。

虐待・ＤＶ・暴力などの防止に長年携わる森田ゆり氏（２００４）によれば、体罰や虐待を繰り返してしまう保護者や教師がその言動を止めるためには、第一に「子どもをしつけるためであるよりは、自分のおさえ切れない感情のはけぐちとしていることに気がつくこと」、第二に「その感情と向き合うこと」がポイントだと述べています（40頁）。

森田氏は、怒りには二つのタイプがあり、「不正や不当な扱いは許せない」という一次的感情と、「寂しさ、不安、恐れ、自分への自信のなさ、絶望、見捨てられ不安」などのさまざまな二次的感情があると述べています。このうち、後者の二次的な感情こそが、自他への攻撃行動を引き起こしている元凶だというのです。虐待・体罰を繰り返す人はしばしば「あの子がわたしを怒らせる」と発言する、とも述べています。この図式はそのまま、教室における教師のマルトリートメントにも当てはまると言えそうです。

・時間がないことによって、焦りが生まれる
・上手くいかないことが続くと、不安が大きくなる
・周囲の視線への警戒から、「早く解決したい」という気持ちが芽生える
・どうすればよいか分かっていないため、自信のなさを感じる
・空回りと同時に襲ってくる後悔が、苦しさ・悔しさ・喪失感を強くもたらす

これらの事情が生み出す「怒りの二次的感情」に向き合えないままでいると「自分の感情は正しい」「自分の指導は間違っていない」と自身の指導に固執することになってしまいます。

教師の「正義のフィルター」の構造

教室を安全基地にしていくためには、教師の傷つき体験の元となっている事象の解決を早急に図らなければなりません。マンパワー不足や仕事量の多さなどの改善は、個々の教師の自助努力ではどうにもならないことですから、教育行政も含めて教育関係者が一丸となって取り組むべきことだと考えます。また、組織風土の改善においては、学校管理職による風通しのよい穏やかな学校経営が不可欠であることは言うまでもありません。

そして、個々の教師ができることとして、**本当の感情に目を向けること**を提案したいと思います。

【図4-1】は、本当の感情に蓋をしたまま、子どもと向き合うときに怒りや苛立ち、憤りを全面に出してしまう教師の心のメカニズムをイメージ化したものです。教師の「正義のフィルター」と名付けておきたいと思います。

思い描くイメージと実際との落差を埋めるのは、マニュアルや手引ではない

さらに踏み込んで考えていきたいのは、教師の傷つき体験の一つとして挙げた「思い描

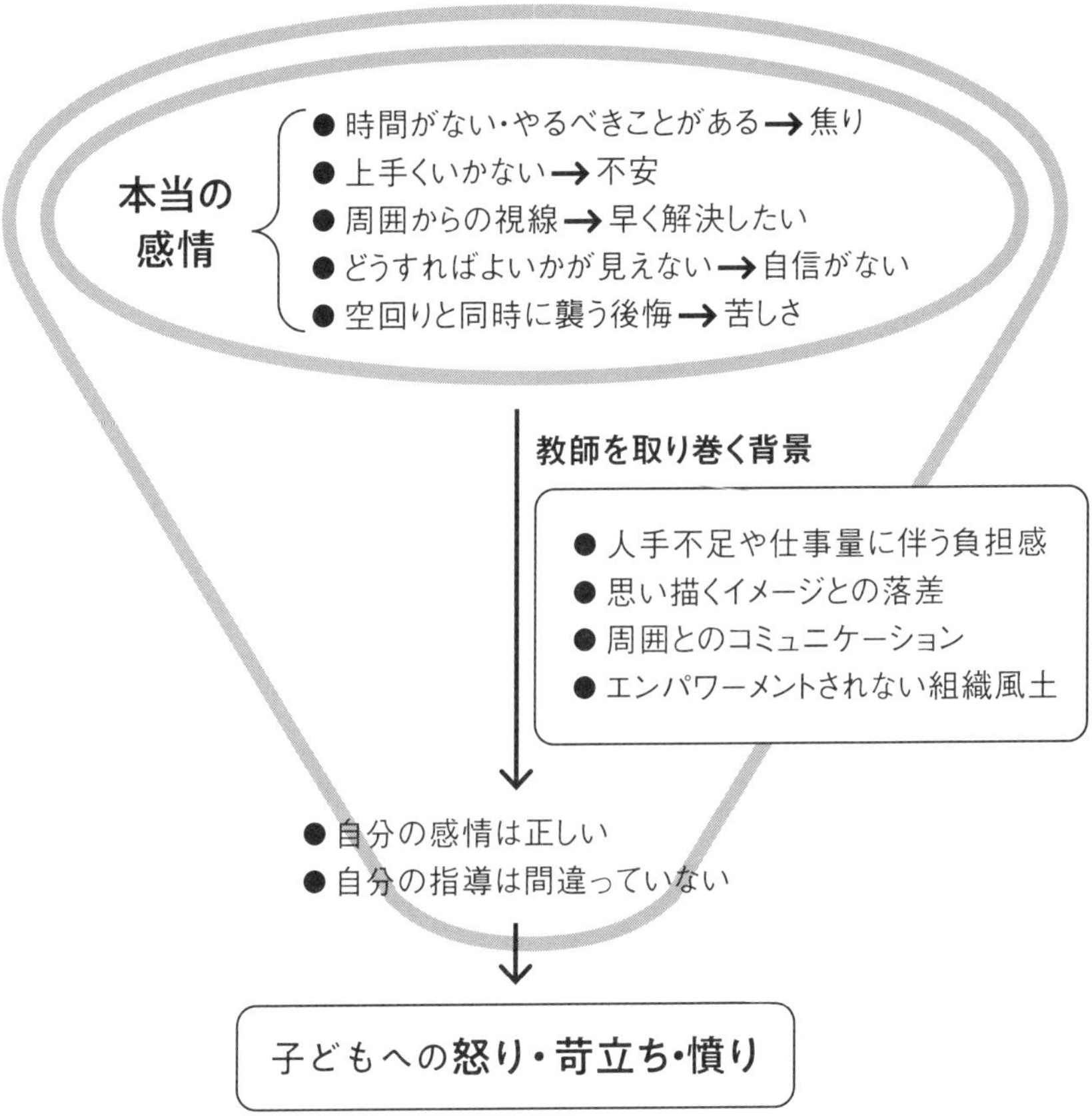
本当の感情
● 時間がない・やるべきことがある → 焦り
● 上手くいかない → 不安
● 周囲からの視線 → 早く解決したい
● どうすればよいかが見えない → 自信がない
● 空回りと同時に襲う後悔 → 苦しさ
教師を取り巻く背景
● 人手不足や仕事量に伴う負担感
● 思い描くイメージとの落差
● 周囲とのコミュニケーション
● エンパワーメントされない組織風土
● 自分の感情は正しい
● 自分の指導は間違っていない
子どもへの怒り・苛立ち・憤り

図 4-1　教師の「正義のフィルター」の構造

くイメージと実際との落差」の埋め方についてです。

学校現場において、2010年代頃から授業中の学習規律を求める動きが強まってきました。また、ベテラン世代と呼ばれる人たちのノウハウをもとに、校内の統一ルールを浸透させたり、指導の均一化を図ったりする動きも強まっていきました。これらが「授業のルール」や「学習のスタンダード」と呼ばれ、現在に至ります。

校内で一定の基準を示すことによって、到達イメージの均一化を図ることが可能になります。基準が明示されることによって一定の質を保てているかを確認することができますし、それらをブラッシュアップしながら、個々の教師が自己の実践を見直していくという発想に立つこともできます。

しかし、実際にはどうでしょうか。ルールやスタンダードを「理想」や「正解」と捉えてしまう傾向ばかりが強くなり、「守るべきもの」「信じ貫くもの」という方向性に傾いているのが現実なのではないでしょうか。こうなってしまうと、ルールやスタンダードまでもが、いとも簡単に子どもを責める道具になり替わってしまいます。

教師が思い描くイメージと実際の指導時の落差を埋めるのは、ルールやスタンダードではありません。マニュアルでも、ガイドラインでも、手引でもありません。

「観」を磨くことの大切さ

一体「何」がイメージと実際の落差を埋めるのに寄与していくのでしょうか。それは**「観（＝物事の捉え方）」**です。

教育現場では、「観」はしばしば話題になり、授業の指導案にも「子ども観（児童観や生徒観）」「指導観」「単元観」「教材観」などを記載することが求められています。しかし、それらを共有することの大切さや、どのように磨いていくかについては、ほとんど考えられてきませんでした。むしろ、個々の教師の経験や直感、教師間のＯＪＴなどに委ねられてきたと言えるでしょう。

大学の教員養成課程でもあまり触れられることはなく、また現職教員向けの研修でもほとんど取り上げられることがありませんでした。

しかし、筆者はそこに着目することこそが、真の意味での「教室の『安全基地』化」につながると信じてやみません。いや、むしろ「観（物事の捉え方）」を磨くことを疎かにしてきた結果が、教室での不適切な関わりにつながっていると言っても過言ではないと感じています。

保育者の関わりの原則を述べた高山静子氏（２０２１）も、観は関わりに大きな影響をもたらすと言います。「たとえば、主体性に価値をおき、子どもを生活の主人公にして保育を行う保育者は、保護者に対しても、保護者自身を子育ての主役と考え、保護者が経験の中で学びながら自然に親としての力を獲得できる環境を考えようとするでしょう。実習生や後輩に対しても同じです。人間観、支援観、価値観は、相手にかかわらず、保育者の関わりに共通して現れると考えられます」と述べています（22頁）。

「確かな観」をもつことによって、相手が誰であったとしても穏やかで温かなまなざしを向け続けることができるという高山氏の主張には、保育や教育といった場の違いにかかわらず首肯できることが多々あります。

人間観を磨く

人という存在をどのように捉えるかは、教室マルトリートメントの予防という視点のみならず、教師としてどのようにふるまうかにも大きな影響をもたらします。

人をどう見るか、どう捉えるかを「人間観」と言います。捉える相手によって「子ども観」「保護者観」「同僚観」「教師観」などと言い換えることもできます。それはすなわち、「自分という人間、自身の存在をどう捉えるか」という観点となって、立ち返ってくるものにもなっていきます。

それでは、子どもの安全基地としての役割を果たせる教師が描く人間観とはどのようななものでしょうか。筆者は、以下のような人間観が欠かせないと考えています（岩田、1998を参考に）。

・人はそれぞれ異なる固有の人生を生きている
・人は弱い存在であり、互いに補い合って生きている
・誰もが自分の人生と生活の主体者として歴史をつくっている
・人の役割は固定的ではなく、多様であり、一人が複数の役割を担っている
・支援の受け手であると同時に与え手にもなる＝プロシューマーである
（※プロシューマー：プロデューサー（生産者）とコンシューマー（消費者）からなる語）
・人はそれぞれ異なる能力をもち、得意不得意がある
・人は絶えず変化し、成長する存在である
・人は場や状況によって変わり得る存在である
・人が見せている姿は、その人の一部にすぎない
・人の心は環境と切り離すことができず、常に流動的である
・自分の見方・捉え方・フィルターによって、相手に対する見方や未来の予測までもが変わっていくことがある

関わりの基本的な原則

教育は、人と人とが関わる営みです。関わりの価値をどう捉えるのかという価値観次第で、関わり方には大きな差が生まれます。一つ一つの関わりに、どのような価値や意味があるかをあらためて問い直すことによって、その基本的な原則が見えてきます。

以下に挙げる12の原則は、そのまま実行すれば不適切な関わりを防止することにつながります。これらは、子どもに対するマルトリートメントに限定されるものではなく、ハラスメントや差別やネット上の攻撃的な発信などを食い止めることにもつながるはずです。

①肯定的な関わりを基本とする。
②未来志向を維持し、相手に期待を寄せる。
③主体性を尊重し、自己決定を応援する。
④相手の価値や考えを知ろうとし、それを受け止める。
⑤相手や状況に応じた柔軟な姿勢を示す。
⑥相手の立場で考え、それに合わせて応答的に関わる。
⑦客観的で公平な立場を保つ。
⑧相手を好き嫌いや手がかかるなどの感情論では捉えず、専門的知識に基づいて行動する。

⑨一緒に考え、悩み、協働的にふるまう。
⑩相手の発達の段階に合わせた言葉を用いる。
⑪相手の感情や態度に巻き込まれない。
⑫環境面を整えることも同時に行い、直接的な関わりだけに頼らないようにする。

教師の関わりは、子どもたちがこれから出会うであろう人たちとどう関わっていくかにもつながる重要なアティチュードモデルになり得ます。関わりの価値を大切にする人たちが集う場は、より多くの人が安心して暮らせる社会になっていきます。

今までの習慣を改めて、関わりの価値に目を向けること。これを繰り返していけば、やがてそれが当たり前の日常になっていくはずです。

「主体的に生きる存在」としての子どもを支える教師の態度

本書が目指す「教室の『安全基地』化」は、そこに安全基地の機能を果たせる大人が存在するということだけではなく、最終的には、子どもたちの主体性の発揮によってもたらされるものと考えています。

前出の高山氏（2021）は、学習心理学の動機づけ理論の一つである「自己決定理論」

に着目し、「①自律性（自分でできる、自分で行動を選べること）、②有能感（うまくできるという感覚や自信）、③関係性（大切にされている感情、他者とつながっている感覚）という三つの根源的な欲求が満たされるとき」に、人は自分が本来もつ能力を発揮できると述べています（36頁、出所はDeci and Ryan, 2000）。

【図4-2】は、高山氏が整理した図をもとに、「子どもが主体者として生きることを支える教師としての姿勢と態度」をまとめたものです。

まず、子どもの自律を支える教師の態度としては「子どもを信じる」「子どもに期待を寄せる」「未来を志向する」「子どもも指導者も『成長する存在』として捉える」「自分で行動を選び、決められるようにする」などが挙げられます。

次に、子どもの有能感を支える教師の態度としては「子どもを信じる」「協働する」「子どもの力量の獲得と発揮を促す」「承認欲求（肯定されたいという欲求）に応える」「応答的に関わる」「待つ」「見守る」などが挙げられます。

そして、子どもの関係性を支える態度としては、「肯定的な表情」「穏やかな態度」「丁寧な言葉」「支持的なまなざし」「子どもを尊重し受け入れ、共感する」「子どもの感情や考え、能力、価値観をくみ取ろうとする」「他者や環境とのつながりの維持を支える」などが挙げられます。

もしも「教室『安全基地』化計画」の「チェックリスト」を作成するとしたら、これら

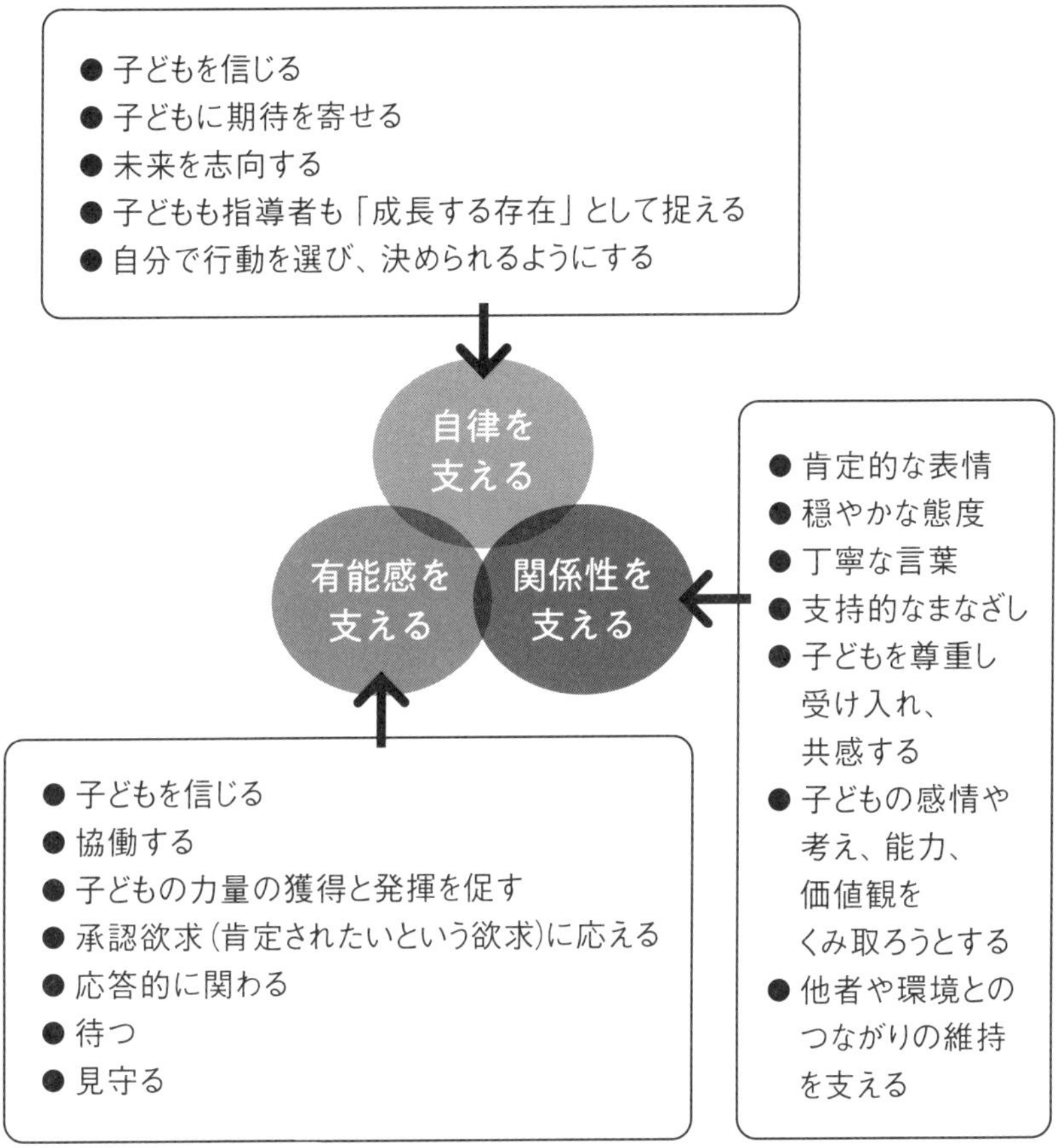
● 子どもを信じる
● 子どもに期待を寄せる
● 未来を志向する
● 子どもも指導者も「成長する存在」として捉える
● 自分で行動を選び、決められるようにする
自律を
支える
有能感を
支える
関係性を
支える
● 肯定的な表情
● 穏やかな態度
● 丁寧な言葉
● 支持的なまなざし
● 子どもを尊重し
受け入れ、
共感する
● 子どもの感情や
考え、能力、
価値観を
くみ取ろうとする
● 他者や環境との
つながりの維持
を支える
● 子どもを信じる
● 協働する
● 子どもの力量の獲得と発揮を促す
● 承認欲求（肯定されたいという欲求）に応える
● 応答的に関わる
● 待つ
● 見守る

図 4-2　子どもが主体者として生きることを支える
教師としての姿勢と態度
（高山、2021、37頁を一部改変）

の項目が網羅されたものになるはずです。

教師自身も「主体的に生きる人」を実現する

子どもたちは、身近な大人との直接的な関わりを通して「良質な自己像」を構築します。それは大人も同じです。教師もまた、日々の自分自身のふるまい、相手（子どもだけでなく、保護者や同僚等も含む）からのフィードバック、周囲との情緒的交流等を通して「肯定的な自己像」をつくっていることを忘れないようにしたいと思います。

その事実を踏まえて、見つめ直したい瞬間がたくさんあります。

相手に対して話している言葉やその内容にリスペクトの気持ちは含まれているでしょうか。相手の前で、他の人について話している事柄についても配慮が加えられているでしょうか。

今回、対談で三人の先生方のお話をうかがって、筆者自身も子どもたちと過ごす一つ一つの瞬間をもっと大切にしようという気持ちを強くしました。読者のみなさんもきっと同じ気持ちだと思います。教師もまた「主体的に生き抜いていく存在」としての力量を発揮していきたいものです。

人生からの問いかけに対して応えていくこと

先に述べたように、職場環境の改善は喫緊の課題であり、解決に向けて本腰を入れる必要があることは間違いありません。

職場環境の改善は、快適な職場環境が提供され、さらに業務内容や雇用条件等に納得することで初めて実現します。業務の内容に納得できなければ、そこで働く人たちの不満が高まります。雇用条件に納得できなければ、そこで働く人の流出が進んだり、そこで働くことを希望する人が減ったりします。職場環境が改善されなければ、その事業の成長性が見込まれず、当然のことながら業界全体が衰退に向かうこともあります。

近年の学校現場の人手不足は極めて深刻です。もはや教師という職業は、社会全体で「敬遠される仕事」になりつつあります。

では、そのような中で、私たち現場の教師はどのように生き抜いていけばよいのでしょう。

そのヒントは精神科医のヴィクトール・E・フランクルの著書『夜と霧』にあります。そこで描かれているのは、第二次世界大戦中のアウシュヴィッツ強制収容所での体験記録です。著者のフランクルは、ナチスドイツからの残虐な行為を目の当たりにし、ユダヤ人である自身も拷問を受けながら、それでも過酷な状況の中で生き抜いていくことを諦めませんでした。

『夜と霧』では、収容所のような極限に悲惨な状況におかれた人間に現れる精神の変化が描かれています。フランクル曰く、多くの人が、受け入れ難い状況の中で生き抜いていくために、何を見てもいちいち感じない「無感動」「無関心」な、いわゆる「心の鈍麻」の状態になっていきました。その状態をフランクルは「心の装甲《そうこう》」と呼んでいます。そうやって希望が一向に訪れないことを嘆くだけの人が数多くいた一方で、生き延びていった人たちは「どんなときにも人生には意味がある」という希望をもち得ていたと言います。

フランクル研究の第一人者である諸富祥彦氏（2013）は、フランクルの思想の中核に「人間は、人生から問いかけられている」という考えがあると述べています。人生に嘆いたり、人生を問うたりするのではなく、人生のさまざまな状況に直面しながらその都度、「人生から問われていること」に全力で応えていくことこそが大切だというのです（55-56頁）。

「人間は、人生から問いかけられている存在である」というフランクルの考え方は、日本においても東日本大震災やコロナ禍など、ことあるごとに注目されてきました。そして、名著『夜と霧』もそのたびに何度も読み継がれてきました。

同書が伝えたいことの本質は「**逃れられない生きづらさに直面したときの希望の見いだし方**」です。

希望は待つもの、与えられるものではなく、自らの手でつかみ取っていかねばならないものです。そこで働く人たちの「納得感」が得られなければ、多くの人材が離れていくと先に述べましたが、今の状況では、どうやらその納得感は待っていても私たちの元にやってきてくれることはなさそうです。

「いつかこの状況は変えてもらえるだろう」「きっとよくなっていくはずだ」という願いがかなえられないと、失望が押し寄せます。失望が絶望に変わる前に、自分事として、目の前の苦悩の状況を「自分はどう受け止めていくのかという問いかけ」だと捉え直すきっかけにしていきませんか。周囲に対する期待ではなく、自分への希望を見いだすという形で、生き抜いていくことを考えるようにするのです。

「ホモ・パティエンス（苦悩する存在としての人間）」であり続ける教師

『夜と霧』では、強制収容所という過酷な環境の中で最後まで生き延びていけたのは「今おかれている状況で何ができるかという問いかけに応え続けた人間」であると描かれています。すなわち、解決方法や答えを探し求めるような生き方をしていては生き延びていくことは難しい。むしろ、目の前の状況を「自分は今、人生から問いかけられている」と捉え変えて、その問いかけに対して「自分はこう考える」と応え続けることこそが生き延びるためのポイントだったというのです。
同書（旧訳）の１８３頁には以下のような記述があります。

> すなわちわれわれが人生の意味を問うのではなくて、われわれ自身が問われた者として体験されるのである。

これを受けて、前出の諸富氏（２０１３）はこう述べています（１０２-１０３頁）。

> 悩みや苦しみを抱えている状態というのは、居心地の悪いものです。この苦しみがなかったら、自分の人生はどんなにいいだろう。（中略）それに対してフランクルの心理学では、人間が心の中に抱えるそうした「悩み」や「苦しみ」の持つ積極的な意義に着目します。この地球上で苦悩を感じることができるのは唯一人間だけであり、したがって「苦悩することは」は、人間の一つの「能力」である、と考えたのです。

フランクルは、人の本質は「苦悩する」ことにあると考え、「**人間は、ホモ・パティエンスである（人間は苦悩する存在である）**」と言いました。「ホモ・パティエンス」としての教師。フランクルが投げかけたテーマは、全ての学校関係者が主体的に、自分らしく豊かに生きていくための大きなヒントになります。

まず、指導場面においても、教師としてのキャリアについても、「答えが世の中のどこかにあって、それを探し求めれば問題が解決できるだろう」という考え方を一度手放しましょう。与えられるのを待つのではなく、「問題の本質は何か」という課題意識を常にもちながら、今、目の前の状況を考えることが大切です。

そして、「目の前の出来事を通して、何らかの仮説を見いだしていく」という考え方をベースにあらゆる事象に向き合いましょう。

例えば、**「この態度で接することは、子どもの心にどう受け止められるだろうか」「この言葉は、子どもたちにどう伝わるだろうか」**と日々の自身の関わりを振り返るようにします。あるいは、「人手不足、教師のなり手がいない、と叫ばれる中で、私たちが今でき得ることは何だろうか」と自分のおかれている状況を一つの問いかけだと考えるようにすることもできます。目の前の事象を一つ一つ分析する視点をもつことにつなげることで、「苦悩」から目をそらさずに、受け止めていく覚悟をもつことが可能になります。

そして、「日々の良質な対話を維持することが、関係者間の信頼につながり、結果的に不適切な関わりの火種をつくらないことになっていくのではないか」と仮説を立てながら自身の言動を振り返るようにします。

繰り返しになりますが、苦しい状況が好転するのを、ただ待ち焦がれているだけでは何も解決しません。むしろ苦悩にまっすぐに向き合うことを大切にしていきたいと思います。**「どんなときも人生には意味がある」**というフランクルの考え方を用いながら、次のことなどを、今を生き抜く術にしていくようにするのです。

・教育現場で働くことの重苦しさは、自分自身への問いかけと捉える。
・自身を取り巻く状況の変化に期待を抱くことは、それが実現しないときに怒りや失望を生み出しやすいので、自分自身の可能性に期待を向ける。
・苦悩することに価値を見いだし、それを受け止め、考え、行動するきっかけとする。
・苦悩の中に見いだした希望こそが、今の自分が存在する意味なのだと考える。

苦しみや悩みを直視し、自分で問いに応えていくことの先には、その都度の行動にあらゆる「選択肢」を見いだせる自分がいます。さまざまな「選択肢」の中には、子どもたちを励まし、認め、勇気づけるようなポジティブなものもあれば、嫌味や皮肉や威圧などのハームフル（harmful／害を及ぼす、害になる、ためにならない）なものもあります。それらの中から、「瞬間瞬間の最高の選択」を体現し、「これだ！」という実感を得ていくようにします。その実感こそが「不適切な関わりにならないように気を付ける」という日々の努力の源となります。継続していくことでやがて習慣化され、**「不適切だと子どもに感じさせるや**

り方は選ばないし、そうするのが自然」になっていくはずです。

言うなれば、「マルトリートメントをしないと戒める」のではなく、「マルトリートメントは選ばない」という発想です。

最高の選択に「定型的」なものはありません。だからこそ、教育現場はおもしろいのだと思います。そのためにも、苦悩を直視し、考え抜かねばなりません。

そして、こうしたことに希望を見つけ、子どもの安心感につなげることを目指そうとする仲間は、きっと想定以上にたくさんいるように思うのです。


以上のようなプロセスを繰り返して自身のメンタルを守りつつ、目の前にいる子どもたちが心の底から安心できる教室をつくっていくことを、もう一度考えてみませんか。

「誰かが問題を解決してくれるだろう」という前提を一度捨て去り、教師一人一人が「目の前の状況を自分はどう受け止めるか」というマインドを維持し続けていくことが「教室『安全基地』化計画」の答えの一つなのだと考えています。


（川上康則）

引用・参考文献

・Deci, EL., Ryan, RM. "The "what" and "why" of goal pursuits: Human needs and the self-determination of behavior". *Psychological Inquiry*. 11(4), 2000, pp. 227-268

・『現代思想4月臨時増刊号　第41巻第４号imago』「総特集　ヴィクトール・Ｅ・フランクル　それでも人生にイエスと言うために」青土社、２０１３年

・稲葉俊郎『いのちの居場所』扶桑社、２０２２年、71-75頁

・岩田泰夫「新しい社会福祉援助技術の基本的枠組みを求めて」松本眞一編著『現代社会福祉論』ミネルヴァ書房、１９９８年

・ヴィクトール・Ｅ・フランクル著、霜山徳爾訳『夜と霧：ドイツ強制収容所の体験記録』みすず書房、１９５６年

・ヴィクトール・Ｅ・フランクル著、池田香代子訳『夜と霧　新版』みすず書房、２００２年

・高山静子『改訂　保育者の関わりの理論と実践：保育の専門性に基づいて』郁洋舎、２０２１年、10-39頁

・森田ゆり『新・子どもの虐待：生きる力が侵されるとき』岩波書店、２００４年、40-41頁

・諸富祥彦『ＮＨＫ「１００分ｄｅ名著」ブックス　フランクル　夜と霧』ＮＨＫ出版、２０１３年

おわりに

「この先生は信頼できる」「私の気持ちを大切にしてくれる」……。そんな教師の関わりは、自然と穏やかな風に包まれて安心します。今、子どもたちが求めているのは、力に頼らない指導です。

ところが職員室では、今もなお「叱れない教師は力がない」「そんなことでは子どもからナメられる」「あの先生は甘すぎる」「そこで厳しくしないから子どもが付け上がるんだ」などと発言する教師がいます。不適切な関わりは、職員室の会話などを通して築き上げられた指導観の延長線上にあります。中には「叱られたことがない子どもはかわいそうだ」「自分の指導スタイルを貫くことで真剣さが伝わる」などと本気で話す人もいます。本当にそうでしょうか？　これらの言葉は一見すると正しいことのように聞こえますが、全てにおいて「教師目線オンリーの語り」でしかないという点を看過してはいけません。教師側の視点だけで設定された「ブレない指導」ほど危険なものはありません。なぜなら、子どもたちはそこに居場所を感じられず、かといって逃げ場もないからです。

不適切な関わりの背景には、必ずと言ってよいほど、教師側の「自分の指導は間違っていない」という思い込みと、「ここまで来たら引くことはできない」という貫く必要もない余計なプライドが潜んでいます。そうした思い込みやプライドは、もはや「思い上がり」ですらあります。身勝手な思い上がりを「ブレない指導」などと呼んですり替えることによって起き得る悲劇は、何としても食い止めなければなりません。「自分自身が抱く信念こそが正しい」という考え方はとても危険です。これが許されるのであれば、ハラスメントもマルトリートメントも、「自分は教師であり、正しい信念をもっているのだから」という一方的な理由で全てが認められることになってしまいます。

大切なのは、自身の指導が子どもたちにもたらす影響を「リフレクション（省察）」する習慣をつくることです。そして、今、苦しい立場におかれていると感じるのであれば、その状況を「人生からの問いかけ」だと受け入れていくことなのではないでしょうか。

本書がきっかけとなり、子どもたちの「安全基地」となれる教師を目指そうという機運が高まればうれしいかぎりです。

さて、本書は多くのみなさまに支えられて、刊行までたどり着くことができました。武田信子先生、村中直人先生、荻上チキさんにはご多忙な中、対談の企画をご快諾をいただき、たくさんのご示唆をいただくことができました。

本書の編集をしてくださった東洋館出版社の河合麻衣さんにも深謝申し上げます。

そして、オンラインセミナーに参加してくださったみなさま、本書を手に取ってくださったみなさまにも感謝申し上げます。本当にありがとうございました。

2023年7月　川上康則

［付記］

川上執筆章の左記の原稿については、各雑誌の連載に加筆・修正を加えて、改題し掲載しました。

○「教室と職員室をつなぐマインドセット」（21-23頁）――教育公論社『週刊教育資料』「現場仕込みのメンタルケア論」no.1「不機嫌は『無言の暴力』、ご機嫌は『活力の源泉』」

○「教師もまた『権威勾配』の影響を受ける当事者である」（27-30頁）――同前、no.18「権威勾配」

○「『働き方改革』がもたらした『時間をかけたくない』の気持ちの増長」（30-34頁）――同前、no.19「教師が権威に固執する理由」およびno.20「『時間をかけたくない』がもたらす影響」

○「あらためて子どもへの適切な関わりを考える」（43-44頁）――光村図書出版『みつむらweb magazine』「子ども理解の『そこ大事！』」第1回「重要な他者（Significant Others）」

○「『安全基地』としての教師の役割」（44-48頁）――『みつむらweb magazine』同前、第10回「子どもが大人に求める関わり――安全基地（Secure Base）」

○「人生からの問いかけに対して応えていくこと」（367-369頁）――『週刊教育資料』前掲、no.21「人生からの問いかけに対して答えていく」

教室「安全基地」化計画ブックガイド

対談において登場した参考書籍やwebサイトをまとめました。
＊書籍は各スピーカーから直接言及のあったものや本書の趣旨に照らして重要な単行本のうち、現在入手しやすいものに限定。 紹介文は版元HPから抜粋。
＊序章、第4章で参考にした文献については章末の一覧を参照のこと。

参考書籍

- 多賀一郎 著
- 『ヒドゥンカリキュラム入門：学級崩壊を防ぐ見えない教育力』
- 明治図書出版、2014年

同じようにやっているのにうまくいかないのは…なぜ？ それは、若手教師がなかなか意識できない「かくれたカリキュラム」が働いているから!

- 武田信子・多賀一郎 著
- 『教師の育て方：大学の教師教育×学校の教師教育』
- 学事出版、2022年

教員採用試験の倍率が2.6倍と過去最低を更新し続ける中、大学・学校現場は、教師をどう育てればいいのか。

- 中川諒 著
- 『いくつになっても恥をかける人になる』
- ディスカヴァー・トゥエンティワン、2021年

反射的に恥を回避しようとする「無難な自分」を乗り越えるためのヒントを紹介。

- 赤木和重 著
- 『子育てのノロイをほぐしましょう：発達障害の子どもに学ぶ』
- 日本評論社、2021年

ちゃんとしてなきゃダメ、やればできる…そんな子育てのノロイを、発達障害の子どもに関わる心理学者が優しく楽しくほぐします。

- 野井真吾 著
- 『子どもの“からだと心”クライシス：「子ども時代」の保障に向けての提言』
- かもがわ出版、2021年

子どもの「からだ研究」の到達点を示す本書を基に、「子ども時代」を輝かせるための議論と取組を!

- F・コルトハーヘン 著・武田信子 監訳
- 『教師教育学：理論と実践をつなぐリアリスティック・アプローチ』
- 学文社、2010年

欧米で広く読まれ、活用されてきた教師教育改革の実践的理論書。

- 武田信子 編著
- 『教育相談』
- 学文社、2019年

教員による教育相談を、ミニカウンセリングと捉えるのではなく、教員だからこそできる相談業務と考え、もっているとよい考え方をまとめた。

- ジョン・ロックラン、武田信子 著・監修
- 『J.ロックランに学ぶ教師教育とセルフスタディ 教師を教育する人のために』
- 学文社、2019年

国際的に教師教育をリードしてきたジョン・ロックランの業績をできる限りわかりやすく紹介。

- 植松努 著
- 『不安な時代に踏み出すための「だったらこうしてみたら?」』
- PHP研究所、2021年

「どうせ無理」とあきらめるのではなく、「だったらこうしてみたら?」と道を探す考え方を学び、壁を乗り越える具体的な方法を教える本。

- 松尾英明 著
- 『不親切教師のススメ』
- さくら社、2022年

「そもそも教師がやたらと“親切”なのはなぜなのか」を考察し、子どもたちを主体的に伸ばしていくことを提案。

- 武田緑 著
- 『読んで旅する、日本と世界の色とりどりの教育』
- 教育開発研究所、2021年

著者が訪れてきた多種多様な教育のあり方を紹介するとともに、その多様な姿から、これからの教育のあり方を見つめ直す。

- 村中直人 著
- 『ニューロダイバーシティの教科書：多様性尊重社会へのキーワード』
- 金子書房、2020年

多様性尊重社会の実現に関心のある方、必携! 人間理解の新たな視点である「ニューロダイバーシティ」の入門書。

● 帚木蓬生 著
●『ネガティブ・ケイパビリティ 答えの出ない事態に耐える力』
● 朝日選書、2017年

容易に答えの出ない事態に耐えうる能力がネガティブ・ケイパビリティである。共感の土台にある負の力がひらく、発展的な深い理解へ。

● 俵原正仁 著
●『崩壊フラグを見抜け!』
● 学陽書房、2019年

え! これが学級崩壊フラグ!? 「日常にありがちなこの状態」を挙げ、教師のタイプ別に秘策を伝授。(※電子書籍で入手可能)

● 川上康則 著
●『〈発達のつまずき〉から読み解く支援アプローチ』
● 学苑社、2010年

27の具体的な子どもたちの姿を取り上げ、つまずきのサインの読み解き方と、指導や支援の具体的な方向性を示す。

● 信田さよ子 著
●『加害者は変われるか?:DVと虐待をみつめながら』
● 筑摩書房、2015年

家庭という密室でDVや虐待は起きる。「普通の人」がなぜ? 加害者を正面から見つめ分析し再発を防ぐ考察につなげた初めての本。

● エドワード・J・カンツィアン、マーク・J・アルバニーズ著、松本俊彦訳
●『人はなぜ依存症になるのか:自己治療としてのアディクション』
● 星和書店、2013年

今日最も関心を寄せられている障害の一つ、依存症。その発症と一連の経過を説明する理論のうち、「自己治療仮説」を主題とした一冊。

● スチュアート・マクミラン著・イラスト、松本俊彦著・小原圭司 監訳
●『本当の依存症の話をしよう:ラットパークと薬物戦争』
● 星和書店、2019年

オーストラリアの新進気鋭の社会派漫画家が研究者への取材をもとに依存症問題の本質に迫った、ノンフィクション漫画を収載。

- 多賀一郎 著
- 『多賀一郎の荒れない教室の作り方』
- 黎明書房、2016年

学級の荒れのピークである「5年生11月」に焦点を当て考察する中で全学年に通ずる「荒れ」に対する手立てや予防法、考え方を紹介。

- 小島慶子 編著
- 『さよなら! ハラスメント：自分と社会を変える11の知恵』
- 晶文社、2019年

そもそも、ハラスメントとはどういうことなのか? ハラスメントのない社会にするために何が必要なのか? 11人の識者に尋ねる。

- 綾屋紗月 編著
- 『ソーシャル・マジョリティ研究：コミュニケーション学の共同創造』
- 金子書房、2018年

発達障害者の側から多数派社会のルールやコミュニケーションを研究する「ソーシャル・マジョリティ研究」をまとめた初のテキスト。

- 縄田健悟 著
- 『暴力と紛争の"集団心理"：いがみ合う世界への社会心理学からのアプローチ』
- ちとせプレス、2022年

人間の心理・社会過程、集団間相互作用過程を捉え、暴力や紛争が誘発されるメカニズムを読み解く。

- 荻上チキ・内田良 著
- 『ブラック校則：理不尽な苦しみの現実』
- 東洋館出版社、2018年

「ブラック校則をなくそう! プロジェクト」による詳細な統計データや当事者の声、多様な論点を提案し、解決策を探る。

- デラルド・ウィン・スー 著、マイクロアグレッション研究会訳
- 『日常生活に埋め込まれたマイクロアグレッション：人種、ジェンダー、性的指向：マイノリティに向けられる無意識の差別』
- 明石書店、2020年

あいまいな、無意識で見えにくいが重大な結果をもたらす差別の内容・メカニズムや影響、対処法を明らかにした必読の書。

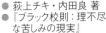

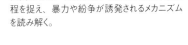

その他情報提供として

一般社団法人ジェイスホームページ
https://jace-pom.org/

武田信子note
https://note.com/nobukot/

「子どもの権利委員会・ジェネラルコメント第17号　休息、余暇、遊び、レクリエーション活動、文化的生活および芸術に対する子どもの権利（第31条）」（日本語訳:平野裕二）PDF
https://www.nichibenren.or.jp/library/ja/kokusai/humanrights_library/treaty/data/child_gc_ja_17.pdf

---

日本弁護士連合会「国際人権ライブラリー」
https://www.nichibenren.or.jp/activity/international/library/human_rights.html#child

---

NPO法人ストップいじめ! ナビ ホームページ
https://stopijime.org/

編著者

川上康則

東京都杉並区立済美養護学校主任教諭。公認心理師、臨床発達心理士、特別支援教育士スーパーバイザー。肢体不自由、知的障害、自閉症、ADHDやLDなどの障害のある子に対する教育実践を積むとともに、地域の学校現場や保護者などからの「ちょっと気になる子」への相談支援にも携わる。

著者

武田信子

臨床心理士。武蔵大学教授、トロント大学、アムステルダム自由大学大学院で客員教授などを歴任した後、一般社団法人ジェイスを立ち上げ、代表理事。

村中直人

臨床心理士、公認心理師。一般社団法人子ども・青少年育成支援協会代表理事、Neurodiversity at Work株式会社代表取締役。

荻上チキ

評論家。NPO法人ストップいじめ! ナビ代表理事。一般社団法人社会調査支援機構チキラボ所長。TBSラジオ番組『荻上チキ・Session』メインパーソナリティ。

不適切な関わりを予防する
教室「安全基地」化計画

2023(令和5)年8月16日 初版第1刷発行
2023(令和5)年9月 8 日 初版第2刷発行

編 著 川上康則

著 者 武田信子 村中直人 荻上チキ

発行者 錦織圭之介

発行所 株式会社 東洋館出版社

〒101-0054 東京都千代田区神田錦町2丁目9番1号 コンフォール安田ビル2階
代表 TEL:03-6778-4343/FAX:03-5281-8091
営業部 TEL:03-6778-7278/FAX:03-5281-8092
振替 00180-7-96823
URL https://www.toyokan.co.jp

イラスト マエダユウキ
装幀 北村陽香
印刷・製本 藤原印刷株式会社
ISBN978-4-491-05085-0 Printed in Japan

本書をお読みになった
感想を下記サイトにお寄せ下さい。
https://www.toyokan.co.jp/products/5085